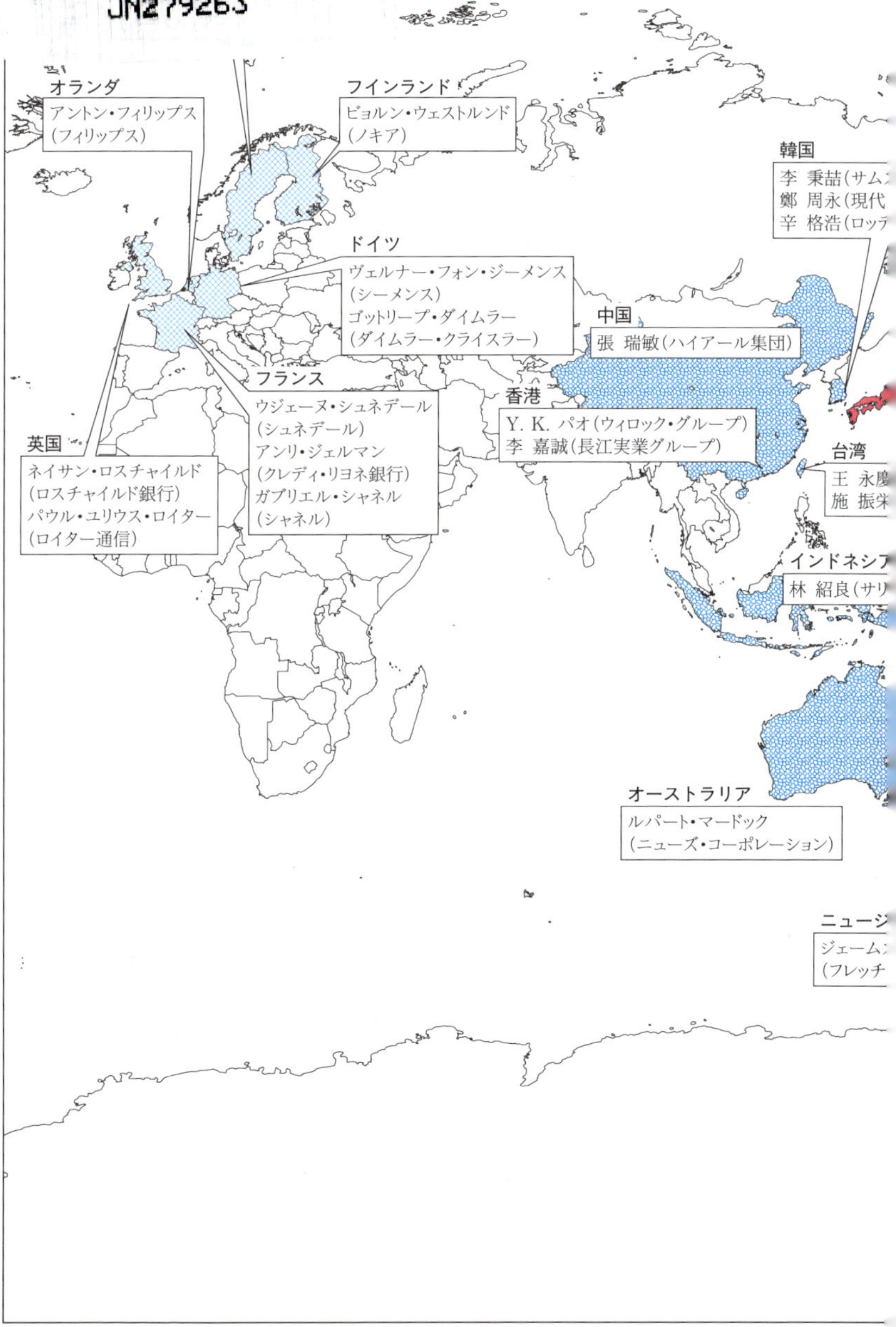

オランダ
アントン・フィリップス
(フィリップス)
フインランド
ビョルン・ウェストルンド
(ノキア)
韓国
李 秉喆(サム
鄭 周永(現代
辛 格浩(ロッテ
ドイツ
ヴェルナー・フォン・ジーメンス
(シーメンス)
ゴットリープ・ダイムラー
(ダイムラー・クライスラー)
中国
張 瑞敏(ハイアール集団)
フランス
ウジェーヌ・シュネデール
(シュネデール)
アンリ・ジェルマン
(クレディ・リヨネ銀行)
ガブリエル・シャネル
(シャネル)
香港
Y. K. パオ(ウィロック・グループ)
李 嘉誠(長江実業グループ)
英国
ネイサン・ロスチャイルド
(ロスチャイルド銀行)
パウル・ユリウス・ロイター
(ロイター通信)
台湾
王 永慶
施 振栄
インドネシア
林 紹良(サリ
オーストラリア
ルパート・マードック
(ニューズ・コーポレーション)
ニュージ
ジェーム
(フレッチ

世界の起業家50人

チャレンジとイノベーション

大東文化大学起業家研究会 編

学 文 社

執筆者紹介（五十音順）

浅野美代子（あさの みよこ）
穴見　明（あなみ あきら）
石垣 信浩（いしがき のぶひろ）
石橋 春男（いしばし はるお）
大杉 由香（おおすぎ ゆか）
大塚 栄寿（おおつか えいじゅ）
岡田 良徳（おかだ よしのり）
加藤 正昭（かとう まさあき）
上遠野武司（かとうの たけし）
黒柳 米司（くろやなぎ よねじ）
五味 俊樹（ごみ としき）
佐々木憲文（ささき かずふみ）
篠永 宣孝（しのなが のぶたか）
首藤 禎史（しゅとう ただし）
清家 伸彦（せいけ のぶひこ）
荘　幸美（そう ゆきみ）
内藤 二郎（ないとう じろう）
中島　宏（なかじま ひろし）
永野慎一郎（ながの しんいちろう）
永林　惇（ながばやし あつし）
中村 年春（なかむら としはる）
中村 宗悦（なかむら むねよし）
中本 博皓（なかもと ひろつぐ）
花輪 宗命（はなわ むねのり）
馬場 靖雄（ばば やすお）
濱本知寿香（はまもと ちずか）
原田喜美枝（はらだ きみえ）
布施 茂芳（ふせ しげよし）
丸山 航也（まるやま こうや）
山下　勝（やました まさる）
横溝えりか（よこみぞ えりか）
和田　守（わだ まもる）
渡部　茂（わたべ しげる）

《編集委員》

岡村 與子・加藤 正昭・篠永 宣孝
※永野 慎一郎・渡部 茂（※は代表）

まえがき

いつの時代にもビジネスチャンスはあり、ビジネスチャンスがある限り企業を興す機会は常にある。重要なことは、新しい発想と、それを実現するための勇気と、そして情熱があるかどうかである。その上に、やり遂げるための絶え間ない努力とどんなことがあってもひるまない忍耐も必要であろう。どのような状況下にあろうともアイデアと勇気、そして情熱さえあれば、企業を興すことは可能である。それに時流に乗るという運に恵まれることも必要であるが、これらの条件が整えば、その企業を巨大企業に作り上げることさえ可能である、ということが本書の編集に当たっての卒直な感想である。

本書で取り上げている起業家の大部分はいまも世界経済を動かしている世界トップレベルの企業の創業者であり、またはユニークな企業の創業者である。一部創業者ではないが、当該企業の再建の立役者で、中興の祖ともいうべき企業家もいる。本書では、これも含めて起業家として扱うことにした。

世界の起業家五〇人は、五〇企業を意味している。なかには共同創業者もいれば、親子二代の場合もある。五〇人の選定に当たっては、地域別、国家別、業種別に配慮し、特色のあるユニークな起業家を選んだ。また、欧米の起業家、アジア・オセアニアの起業家、日本の起業家に分け、それぞれの部にまとめた。

本書に登場する起業家からみる限り、一九世紀初めから半ばにかけて活躍した起業家は英国、フランス、ドイツに多く、一九世紀半ば以降は圧倒的に米国が多い。しかし、欧州の小国であるオランダ、スウェーデン、フィンランドからも世界的に有名な企業が誕生した。国家の経済発展期に多くの起業家が出現していることがわかる。逆にいえば、起業家の活躍が国家経済発展に多大な貢献となったともいえそうである。草創期には製造業中心であったが、いったん発展し繁栄の時代に入ると、時代の変化と共に、サービス産業や新産業などが登場している。この事実は、日本およびアジア・オセアニアにおいても同じ傾向である。日本の場合、明治維新以来の近代化推進時代に新しい企業が次々と出現し、とくに製造業が活発であった。また、アジア・オセアニア地域においては、早い段階に先進国隊列に入っていたオーストラリアおよびニュージーランドは別として、一九七〇年代頃からＮＩＥＳ（新興経済地域）と呼ばれる韓国、台湾、香港など東アジア地域に新しい起業家が多数誕生している。これら地域の起業家たちの多くはすでに成功した日本の企業から何らかの方法で学んだ。日本の企業は欧米の企業から学びながら、独自の研究開発を進め、そのうちに、欧米企業を超えるようになった。現在、日本の企業はアジア諸国の企業に追われている立場である。

米モルガン・スタンレーキャピタル・インターナショナルと日経ビジネス社の共同作業による二〇〇四年度『世界一〇〇〇社番付』によれば、本書に登場する企業の三〇数社がランクインされている。本書で取り上げている起業家たちの偉大な功績を理解するうえで役立つデータである。

本書のねらいは、一九九〇年代初以来の不況の混迷の時代にあって、出口を見出せず、右往左往している人々に光を当て、希望と勇気を与え、やる気を起こすきっかけを与えることである。そのために、世界的に著名な起業家たちのサクセスストーリーを紹介することにした。成功した起業家はそれに値するような独創的なアイデアをもち、希望と情熱をもってチャレンジし、絶えず、イノベーションに努めてきた努力家であった。その過程では失敗も数多くあったが、失敗を教訓として活用するような技があったと思われる。この先人たちの貴重な経験と知恵を記録して後世に伝えることにした。若い人たちが成功した先人たちの生き方から、その真髄を学び、勇気づけられ、起業家として成長してくれんことを願うものである。

具体的には、各起業家がどのようにして企業を興したか、どのようなアイデアをもって、どのような

まえがき

やり方で、資金繰りはどのようにし、何を売り物にしたか。創業当時の政治、経済、社会的環境はどのようなものであったか、とくに、チャレンジ精神とイノベーションに焦点を当てるようにした。

本書に登場する起業家のほとんどは、金儲けのための感覚が鋭くその方面では優れた才能があったに違いない。しかし、一定の目的を達成し、企業経営が安定すると、何らかの形の社会福祉事業・慈善事業・教育事業などに精を出している人も多い。企業の利益の一部を社会に還元する仕組みとして社会福祉財団などを設立して社会貢献を義務付けている企業も多い。彼らの社会的評価は企業を拡大するだけでなく、社会的貢献にどのように取り組んでいるかということも合わせて評価すべきであろう。

本書は、研究書よりも入門書、または解説書として大学生および一般人向けの教養書として位置づけている。したがって、できるだけ解かりやすく読み易い本にしたつもりである。

本書は、大東文化大学経済研究所「世界の起業家研究」プロジェクトの共同研究成果の一端である。同プロジェクト・メンバー以外に広く学内関係者にも呼びかけて多くの方々の協力を得て本書が出来上がった。二〇〇二年八月、刊行された『戦後世界の政治指導者50人』(自由国民社)に続く企画である。本書の編集作業を進めるにあたって、財政的にも支援を受けた大東文化大学経済研究所に深謝したい。また、起業家についての資料や写真などを提供し、さらに、原稿の内容の確認作業にも協力していただいた関連企業の関係者にもお礼を申し述べたい。さらに、教育・研究などに追われながらも短期間中に本書の原稿を執筆していただいた執筆者の皆様に感謝の意を表したい。

最後に、本書の企画を理解し、出版にご尽力くださった学文社の田中千津子社長および複雑な編集作業を快く担当してくださった同社編集部の落合絵理さんに心からの感謝の念を表明する次第である。

二〇〇四年一月

大東文化大学起業家研究会代表　永野　慎一郎

世界の起業家50人　目次

目次

【凡例】

○本書『世界の起業家50人』は、世界的に著名な企業の創業者またはユニークな起業家五〇人についての記述である。五〇人の起業家は、地域・国別、業種別に配慮しながらアトランダムに選んだ。五〇人は五〇企業の意味であり、共同創業者や親子二代を取り上げている場合もある。

○五〇人の起業家は、欧米一九人、アジア・オセアニア一一人、日本二〇人で構成されており、それぞれ生年順で配列した。

○起業家名には、漢字名使用の場合は漢字とローマ字で併記し、欧米人の場合はカタカナと英文で併記し、西暦で生年・没年を併記した。また、各起業家の主要企業名とともに、外国人は主要企業の本拠地のある国名を、日本人は出身都道府県名を併記した。

○本文を含め氏名にはすべて敬称を省略し、年代は西暦で統一した。

○年表は、世界の起業家と日本の起業家に分け、各起業家の生涯を一覧表にし、年代ごとの主な出来事を記した。それぞれの起業家が活躍した時代的背景を知るためである。

○参考文献は、紙幅の都合で各起業家につき主要なもの二〜三冊に限定した。

写真提供・協力

㈱共同通信社
㈱中国通信社
PANA通信社
日本シュネデールエレクトリック㈱
シーメンス㈱
クレディ・リヨネ銀行
ダイムラー・クライスラー㈱
日本フィリップス㈱
日本アイ・ビー・エム㈱
ノキア・ジャパン㈱
ヤフー㈱
Fletcher Challenge Archires
日本サムスン㈱
㈱ロッテ
三洋ハイアール㈱
トヨタ自動車㈱
花王㈱
京セラ㈱

第1部

欧米の起業家

ネイサン・ロスチャイルド Nathan Meyer Rothschild 1777–1836

緻密な情報ネットワークで金融帝国を構築した金融王

（ロスチャイルド銀行）〔英　国〕

英国・ロスチャイルド商会

一七七七年にドイツのフランクフルトにあるユダヤ人のゲットーに一人の男子が生まれた。この人物こそ後に「ロスチャイルド金融帝国」の中心的役割を担ったネイサン・マイヤー・ロスチャイルド（以下、ネイサン）である。父マイヤー・アムシェル・ロスチャイルド（以下、マイヤー）には五人の息子がいたが、ネイサンはその三男であった。保守的な父や兄とはそりが合わず、たびたび衝突していたネイサンは、早くからゲットーから抜け出したいという気持ちもあって、一七九八年、単身で英国に渡り、マンチェスターで織物貿易を開始した。彼は二一歳の若者で、ろくに英語も話せなかった。父マイヤーは反抗的なネイサンに愉快ではなかったが、その才能には一目置いていたこともあって、資金を提供し、英国での綿製品の買い付けをネイサンに託した。英国では繊維産業を手始めに早くも産業革命による大量生産が始まっており、その中心が工業都市マンチェスターであった。パリでの革命の騒ぎはドイツにも波及し、必需品である綿製品は急騰していたので、マイヤーはネイサンを通じてマンチェスターでこれまで以上に安く大量の買い付けを行い、ドイツに直送して大きな利益を得た。ネイサンはさらに中間マージンを徹底的に圧縮するために、単に最終製品を買い付けるだけでなく、たとえば、綿糸から染色のための藍の売買まで手がけて利益の幅を広げていったのである。繊維関連の取引で資本を蓄積したネイサンはロンドンに進出し、一八〇四年に英国ロスチャイルド商会を創設した。

ナポレオンの野望とロスチャイルド家の繁栄

フランスで政権をとったナポレオンは、英国の産業力や政治力を崩壊させるために、一八〇六年に大陸封鎖を敢行するが、かえってこれがロスチャイルド家の繁栄にとって一大チャンスとなったのである。英国と大陸との貿易が禁止されたことで、交易品がドーバー海峡を挟んで大幅な価格差を生み、その利ざやを稼ぐ千載一遇の経済的機会が発生した。情報こそ最大の武器であり、情報合戦に勝つことこそ乱世の時代を生き抜く最大の知恵であると考え、独自の高度な交通・通信網を確立していたネイサンにとってはまさに独壇場であった。フランス軍の網の目をかいくぐり、ロスチャイルド家の専用の馬車や船隊が密輸品から現金、手形、金塊にいたるさまざまな物資を乗せ、ドイツ語とイディッシュ語とヘブライ語の混じった奇妙な言語で書かれた書簡とともに欧州中を縦横無尽に駆け回った。まさに、ロスチャイルド家の交通・通信網が反ナポレオン戦線のいわば生命線となったのである。実際、イギリス政府は、一八一一〜一六年の間に反ナポレオン同盟国に四千万ポンド強の軍資金を提供したが、その半分がネイサンを窓口にしたロスチャイルド家を通じて各国に提供されたという。

ワーテルローの戦い

ネイサンを通じたロスチャイルド家の活躍によって反ナポレオン戦争が成功した典型的な例が「ワー

テルローの戦い」であった。英国政府はネイサンに対して、スペインでフランス軍と戦っている英国軍の将軍ウェリントンのもとまで軍資金の輸送を依頼した。これは、きわめて困難で危険な仕事であったが、企業家精神にあふれるネイサンにとってはまさに願うところであった。危機のときこそチャンスであることを、鋭敏な臭覚で嗅ぎ取っていたのかもしれない。ネイサンは、東インド会社から英国に持ち込まれた八〇万ポンド相当の金を大陸に持ち込んでスペインに送り込んだのである。末弟のジェイムズは、ドーバー海峡を経てネイサンから送り込まれた金貨をこともあろうに敵対するナポレオンの本拠地パリの銀行に持ち込み、それを手形に換えてピレネー山脈を越え、軍資金に窮していたウェリントン将軍のもとに届けるという大胆なことをやってのけたのである。無論、それにはロスチャイルド家の独自の交通・通信網が活躍したことはいうまでもないが、フランス官憲がその行動を黙認せざるを得ない状況にあったことも確かである。すなわち、ネイサンによる英国からの金の流出に英国が驚いてそれを阻止しようとしている、という報告がナポレオン軍にもたらされたことがそれである。敵国英国が大陸封鎖によって経済的打撃を受け、通貨危機に陥る可能性があり、財政破綻をする前に、商人たちが自分たちの資産を金に代えて回収しようとしているようだと、解釈されたのである。敵国英国の窮状は、フランスにとっては好都合だという論理が成立した。まさかその資金が敵の将軍の軍資金になり、ナポレオン失脚の決定的要因になるとは思いもよらなかったことであろう。

ワーテルローの戦いの影の勝者

ワーテルローの戦いで確かに英国は勝利を得るが、その背後にあって軍事的な勝利をもたらすとともに、それを最大限に利用して経済的な勝利を得たのはまさにネイサンその人であった。ネイサンがウェリントン将軍のもとに送り込んだのは軍資金だけではなかった。ワーテルローの戦いの勝敗を見届ける使者をも配置したのである。伝書鳩を使ったのか、馬と船を使ったのか、ウェリントン勝利の密書を誰よりも早く受け取ったのはドーバー海峡の反対側にいたロンドンのネイサンであった。英国の市場はまだそれを知らなかった。そして突如英国の公債が暴落した。公債を売りまくる人物がいたのである。それが引き金となって「ナポレオンの勝利」という誤報が流れた。あるいはその逆かもしれない。ナポレオン勝利というデマが英国公債を大暴落させたのかもしれない。その動きを演出したのが誰であるかはいうまでもない。いずれにしても、真実の報が入る前に、ネイサンは二束三文になった公債を今度は買い続けたのである。その直後に英国軍勝利の報が入り、公債は一転して暴騰した。この賭けでネイサンは巨額の富を手に入れた。まさに、情報こそカネであることを証明する典型的な例であり、ネイサンをはじめとするロスチャイルド家の力をまざまざと見せ付けた出来事であった。

アーヘンの逆襲

オーストリアの宰相メッテルニヒによって開催されたウィーン会議が、ナポレオンに追われた旧体制の支配者たちの権利を回復したことに伴って、貴族たちが旧領地に戻ってきた。一貫して反ナポレオン勢力の支持を貫き、結果として旧体制の復活に貢献したロスチャイルド家は、その繁栄が約束されたかに見えたが、ベアリング商会を筆頭とする老舗の銀行家たちは各国首脳を取り込んで、新興のユダヤ人金融業者であるロスチャイルド家を欧州の金融界から排除しようと画策し始めた。ロスチャイルド家には、ユダヤ人差別と妬みと映ったに違いない。当然のことながら、そうした動きはネイサンをはじめとするロスチャイルド一族の怒りをかった。そして、敗戦国フランスからの賠償金額の決定をはじめとする戦後処理のために各国首脳が集まるアーヘン（ドイツ）会議（一八一八年）が、ロスチャイルド家の反撃の舞台となったのである。ある日突然、会議の列席者を震撼させる出来事が起こった。欧州各地でフランスの公債が暴落したのである。フランスの財政が破綻しては、賠償どころではない。賠償金を当てにして財政の立て直しを図ろうとしていた各国首脳が青ざめるのも無理からぬことであった。この暴落こそ、ネイサンたちが仕掛けた逆襲であった。会議に出席していた次男ソロモンと四男カールからの報告もあって、一族は極秘のうちに欧州各地でフランス公債を買い込み、一挙に売りに出したのである。この連係プレーこそロスチャイルド一族の最も得意とするものであり、それをこの間の戦乱で嫌というほど知らされてきたのに、それに気づかなかった、あるいはその力を軽視した愚かな旧体制の人びとには、ロスチャイルドに抵抗する力はもはやなかった。これだけの相場を動かせるのは誰かということに会議の参加者たちが気づいたときには打つ手は一つしかなかった。この暴落を放置すれば各国に飛び火し、欧州経済の破綻につながるだろうとの観測が広がった。彼らはロスチャイルド家を排除する姿勢を変え、懐柔策に打って出たのである。まもなく、公債相場が落ち着き始めたことはいうまでもない。ロスチャイルド家が金融界で不動の地位をものにしたのがこのときであり、まさに天下分け目の戦いであったといえるかもしれない。

ネイサンは公債の発行について新しい方式を採用した。それまでは、公債は発行国でしか償還されなかったし、その利息も発行国でしか支払われなかった。償還時期も事前に決められていなかったし、為替レートも変動が激しく償還金額を予測することは困難であった。こうしたことから、外国の公債はリスクの高い金融商品とみなされ、なかなか国際的な取引にまでいかなかったのである。それをネイサンは、外国の公債をロンドンで償還できるようにし、償還時期も、為替レートもポンド建で事前に決定しておくという方式を開発したのである。まさに企業家ネイサンの面目躍如たるところである。ロンドン市場が一躍欧州金融市場の中心地となったことはいうまでもない。こうしてマーチャント・バンカーとしてのネイサンの地位はゆるぎないものとなり、一八二〇年から二四年までに欧州諸国が発行したすべての公債に関与したといわれている。

金融王の死

ネイサンは五人兄弟のなかでは一番早く一八三六年に六〇歳でこの世を去った。長男ライオネルを弟カールの娘とフランクフルトで結婚させ、ロスチャイルド家に外部の血を入れるなという父マイヤーの教えを守り、一族の血を守ったことを見届けてから、死の床についた。ネイサンは父とあまりそりが合わなかったようであるが、それは二人が似通っていたからだと思われる。内心の反発をよそに、二人の行動は実によく似たところがあった。彼は父と同様に、一族の団結を最後まで訴えたのである。

ネイサンの死は伝書鳩で欧州中のロスチャイルド事務所に伝えられたといわれている。それが本当かどうかはわからないが、もしそうであったとしたら、彼にふさわしい伝達方法であっただろう。残した遺産は五〇〇〇万ポンドといわれているが、当時の経済的規模からすれば途方もない金額である。その死は、一時代の終焉を告げる出来事であった。英国政府高官はもとより、欧州各国から大使がネイサンの葬儀に駆けつけ、さながら国葬なみであった。当時は「すべてのロンドン市民が集まった」といわれるほどの騒動になったのも無理からぬことである。それほどまでに彼の影響力は人びとの社会生活のすみずみにまで及んでいた。まさに「巨星落つ」の感であった。

（渡部　茂）

◆参考文献
広瀬隆『赤い楯』（上・下）集英社、一九九二年
デリク・ウィルソン（本橋たまき訳）『ロスチャイルド―富と権力の物語』（上・下）新潮社、一九九五年
河明生『ケース・スタディ　企業者史』アートン、二〇〇一年

ウジェーヌ・シュネデール

Eugène Schneider 1805-1875

シュネデール社創業者
フランス企業経営者の原型

（シュネデール）〔フランス〕

シュネデール社の設立～幸運と好機の巡り合わせ～

フランス第一の鉄鋼・機械製造会社の創業者シュネデールの名によって、即座に「クルゾー王」、フランスのパトロン（経営者）の原型、フランス・パテルナリスム（家族主義的経営）の先駆者、フランスの支配者「二百家族」のメンバー、フランスの「鉄鋼王」、ドイツのクルップと並び称されるフランスの「死の商人」（武器・弾薬の製造・販売業者）等の決まり文句が想起され得るであろう。フランスのように古い成熟した階級社会において、一代でシュネデール王国といわれるほどの輝かしい成功と巨万の富を獲得するには、まず門閥、閨閥、姻族関係等の血縁あるいは地縁によってもたらされる幸運や時代的・経済的僥倖が大きく作用することは、シュネデール家の例でも確認されるであろう。

ウジェーヌ・シュネデールは、一八〇五年にフランス東部ムルト・エ・モーゼル県のビドストロフの城で裕福な家庭に生まれた。父親のアントワーヌは、農家出身であったが、モーゼル県デューズの公証人に出世しムルト県会議員も勤めたロレーヌ地方の名士であった。東部アルデンヌ地方のプロテスタント名家ヌフリーズ家（企業家、後にパリのオート・バンク、ヌフリーズ銀行当主）やロレーヌ地方の名門セイエール家（毛織物商・軍御用達・銀行家、セイエール銀行当主）との関係がウジェーヌに幸運をもたらすことになる。ナンシーで学業を終えたウジェーヌは、ランスの卸売商の店員として社会への第一歩を踏み出したが、二七年に兄のアドルフが勤めるセイエール銀行（パリのオート・バンク）の行員に迎えられた。同年ウジェーヌはヌフリーズ男爵（スダンの大企業家、スダン市長）からスダン近郊バゼイユ製鉄所の経営を委ねられ、製鉄工場主への足掛かりを得た。また、兄アドルフがフランス中部ニエーヴルのフルシャンボー製鉄工場主ルイ・ボワグ（代議士）の義理の娘を娶り、三七年にはウジェーヌが銀行家ヌフリーズの姪に当たるアルデンヌの企業家の孫娘と婚姻したので、シュネデール兄弟はヌフリーズ家等ロレーヌ地方の名士・名門との繋がりや製鉄業界への関わりを深めることができた。

一八三三年に破産したイギリスのマンビー＝ウィルソン社が経営していたル・クルゾーのフランス有数の近代的製鉄所に関心を抱いていたセイエールとボワグは、シュネデール兄弟の従兄の陸軍省高官シュネデール将軍（アントワーヌ・ヴィルジル、代議士で一八三九年には陸軍大臣）の支援もあり、一八三六年にシュネデール兄弟会社の設立（シュネデール兄弟は資本金の一割出資）とクルゾー製鉄所の買収（二六八万フラン）に協力した。これが、シュネデール王国を築くことになるシュネデール社クルゾー工場の始まりである。シュネデール社発祥の地となったル・クルゾー（ソーヌ・エ・ロワール県）は、フランス中央高地の北東部に位置し、周辺部は石炭と鉄鉱石の産地であり――一九世紀後半には資源の枯渇が大きな問題になるが――古くからフランス製鉄業の中心地であった。一七八二年ル・クルゾーに最初の製鉄所が、ロレーヌの製鉄業者ヴァンデル家や名門銀行家ペリエ家（フランス最大のアンザン炭鉱所有者）等によって創設されたが、その後、幾度もの経営破綻を経験してシュネデール兄弟が引き継ぐまではその経営状況は概して不良であった。創業後のシュネデール兄弟の成功と急速な台頭には、時代（フランスの経済状況）

が彼らに味方することになる。シュネデール兄弟は、経営を引き継ぐと直ぐさま大規模な投資を行い、新しい工場設備を建設すると同時に、機械製造工場を設置した。そうして、シュネデール社は、早くも一八三八年にフランス最初の機関車「ジロンド号」を製作して機関車製造の英国独占を打ち破り、翌年にはソーヌ河岸のシャロンに造船所を建設して最初の蒸気船を建造した。四〇年には四五〇馬力の蒸気機関を大西洋横断定期船に供給し、以後も「ラブラドール号」「カナダ号」「カリブ号」等の蒸気エンジンを製作した。シュネデール社の蒸気エンジンのお陰で、「ユニオン号」はシェルブール―ニューヨーク間就航を一五日半で達成することができた。一方、バカロレア取得後もパリの国立工芸院に通って自らの技術水準の向上に努めてきたウジェーヌは、一八四〇年と四六年に渡英して技術革新への強い関心を示し、これが四〇年のシュネデール社技師フランソワ・ブルドンによるフランス最初の蒸気ハンマーの製作に結実することになった――これはネイスミスの蒸気ハンマーの発明に遅れることわずか一年であり、最初の渡英の際ウジェーヌとブルドンはネイスミスと会い意見交換していたことから産業スパイの嫌疑を掛けられることになった――。そうこうするうちフランスでは第一次鉄道ブーム（一八四二～四五年）が到来し、シュネデール社は、レール、機関車、鉄道資材、あるいは公共土木事業資材等の販売の急増によって生産の飛躍的な拡大を実現した。そのような折、創業以来パリで販売部門を統括していた兄アドルフが四五年に突然事故で死亡し、以後経営はウジェーヌ一人に委ねられることになった。

シュネデール社の発展とウジェーヌ・シュネデールのパテルナリスム

一八四八年危機（二月革命）による社会的混乱の後、五二年からはサン・シモン主義者ナポレオン三世の生産第一主義・殖産興業政策に支えられて、フランスは産業革命の進展と景気の上昇局面に突入した。ウジェーヌはこうした経済的好機を捉えて事業に更なる発展と拡大をもたらすことに成功した。クルゾー地方は取り分け石炭産地であったことから鉄鉱石は遠方から調達せざるを得なかったシュネデール社は、一八五三年と五五年にソーヌ・エ・ロワール県のマズネイ鉄鉱山とシャンジュ鉄鉱山の採掘権を相次いで取得し、後にはドーフィネ地方のアルヴァール鉱山も傘下に収めた。一八六九年にはモンシャナン炭鉱、ロンパンデュ炭鉱、ドシーズ炭鉱を取得して原料の安定的確保の体制を整えた。クリミア戦争の際には、シュネデール社は戦艦の装甲板をはじめて供給し、装甲艦や潜水艦を建造して大きな利益を上げた。また、五〇年代後半からは、ベッセマー製鋼法の発明（一八五五年）、マルタン法の発明（一八六四年）、ギルクリスト・トーマス法の発明（一八七八年）と製鋼法に革命的な技術革新がもたらされ、鉄鋼業界に大きな変革と再編の時代が到来した。シュネデール社はこれらの新技術の導入にも積極的であり、一八六九年にはベッセマー転炉やマルタン炉を装備した製鋼所を稼働させている。こうして、シュネデール社の銑鉄生産高は、一八四七年の二万トンから七〇年の一二万トンへと六倍に増大し、鉄鋼生産高は七三年には六万トンに達した。また機械製造工場は「ジロンド号」以来七三年までに一一〇〇台の機関車を製造し、シュネデール社はフランスを代表する巨大複合企業に成長した。

シュネデール社の著しい発展には、経済的・時代的僥倖ばかりでなくウジェーヌの努力と才能・才覚も不可欠の要素であった。取り分けウジェーヌの成功に資することになったのは、地元ル・クルゾーにおけるシュネデール家のパテルナリスムであり、彼の政治活動（政商としての活動）であった。

社会・経済学者ル・プレの『社会経済』に影響を受けたウジェーヌは、兄アドルフによって始められていたパテルナリスム（労働者に対する厚生福祉事業）を継承し、更に発展・拡充した。シュネデール家によるパテルナリスムの実践には、低賃金に対する労働者の不満を和らげ労働者の定着を促すという経営者の思惑も働いていたが、労働者のための住宅・学校・病院等を建設することによって労働者を教育・

育成し労働者の愛社精神を高めようとしたのである。実際、一八三七年からシュネデール小学校が複数創設され、五六年からはクルゾー工場の技術者を養成するためエクサンプロバンス工芸学院への入学を準備する専門部も設けた。七三年には小学校は無料となり、翌年二二〇〇名の小学生を迎えるために新学校が二校開校した。六三年には薬局を併設した病院が建設され、シュネデール社の広大な敷地内には労働者都市が出現した。熱心なプロテスタント信者の妻コンスタンスも、教会堂、学校、養老院等を相次いで設立した。こうしてル・クルゾー市はシュネデール家の支配する企業城下町として発展してきたのである。パテルナリスムに基づくシュネデール家の支配力は選挙でのウジェーヌの得票率にはっきりと表れ、下院選挙でウジェールは投票数の九六％を得票し、ル・クルゾー市では総投票数三七〇七票中実に三七〇六票獲得するという驚異的結果をもたらしたのである。

政治家ウジェーヌ・シュネデールの台頭〜第二帝政期の政界の大立て者で政商〜

シュネデール家の事業での成功には、彼らの政治活動（政界での台頭）が次第に大きな役割を担うようになってきた。七月王政下ウジェーヌは一介の市議に過ぎなかったが、ル・クルゾー市長・下院議員であった兄アドルフの死後、ウジェーヌが兄に代わり下院議員となった。ルイ・ナポレオンのクーデタ後ウジェーヌは直ぐさま彼の党派に加わり、五一年には農商務相に任命され、次いで立法院副議長を経て六七年には立法院議長にまで登り詰め「帝政の最も重要人物の一人」と目されるようになった。こうした政治的栄光は業界、財界、経済界における活動に反映され、五二年に企業家としてフランス銀行理事に選ばれ、六四年には四大預金銀行の一つ、ソシエテ・ジェネラルの創設者・頭取となった。またフランスの幹線鉄道ＰＬＭ社（パリ・リヨン・地中海鉄道）の副社長を勤める傍ら、六四年に有力鉄工場主を糾合して結成されたフランス鉄鋼協会の初代会長も引き受け、協会を後ろ楯に強大な発言力を行使した。

ウジェーヌのこうした政治的経済的成功の絶頂は、六五年六月の立法院での「議員諸君、クルゾー工場は英国に一五台の機関車を販売いたしました。お聞きですかな、議員諸君、英国に販売ですぞ！」との宣言にいみじくも表現されている。

シュネデール社の新機軸～兵器生産への傾斜と「死の商人」～

帝政の崩壊によりウジェーヌの輝かしい政治生命は突然終わりを迎えたので、ウジェーヌはシュネデール社の新機軸の展開に最後の努力を傾注した。七〇年の普仏戦争でフランスの大砲がクルップ砲よりも劣っていたと考えたフランス政府は、シュネデール社にクルップ砲に匹敵する大砲の研究・製作を依頼した。そこから大砲用の強い鋼鉄の生産と重砲（大口径砲）製作のための最新の設備・装備を整える努力が払われた。こうして七六年に巨大な百トン鍛造ハンマーが製造され、シュネデール社は次第に装甲鋼板や兵器等軍需品の生産に傾斜しその輸出に活路を見出していった。八八年に大砲製造所が拡充され、九七年にはメディテラネ社からル・アーヴル大砲製造工場を買収し、ギュスターヴ・カネ指導の下にシュネデール社の大砲部門と統合して新型の速射砲「シュネデール＝カネ」（商標）を開発し、クルップ砲やアームストロング砲との競争に対抗した。こうした努力が実り、九八年にはシュネデール社の軍需生産の六〇％が輸出に回され、軍需品販売が同社輸出総額の八〇％以上を占め、同社は正に世界の「死の商人」と呼ばれるに相応しい軍需企業へと転身していったのである。

（篠永　宣孝）

◆参考文献

トリスタン・ド・ラ・ボワーズ『シュネデール、華々しい歴史』パリ、一九九六年（仏語）

『シュネデール家、ル・クルゾー―家族、企業、市―』ファヤール書店、一九九五年（仏語）

ヴェルナー・フォン・ジーメンス *Werner von Siemens* 1816–1892

通信・電機産業における初の国際的企業家

〔シーメンス〕〔ドイツ〕

電信機の発明と企業の設立

ヴェルナー・フォン・ジーメンスは、一八一六年、小作人の長男として、ハノーファー近くのレーンテ（現・ゲアーデン）で生まれた。高校卒業後、大学進学をめざしたが、一家の経済的困窮が原因で、断念せざるをえなかった。一八三四年に、ベルリンでプロイセン技術者団体への加入を求めるが、うまくいかなかった。マクデブルクの砲兵隊入隊後、三五年にベルリンの砲兵隊＝技術者学校へ派遣され、そこで数学、物理学、化学の基礎教育を受けた。ここで彼は、科学技術の分野で優秀な成績を収めた。

彼の最初の発明は、四二年の電気メッキ技術である。彼の弟のヴィルヘルム（後のウィリアム）は、英国で翌年、電気メッキの特許を販売するのに成功した。この特許権の販売収益によって、ヴェルナーは彼の研究をさらに進めることができた。ジーメンスのその後の活動は、電信の改良に集中した。この分野の技術はまだ未発達であり、ヴェルナーは、電信技術が「未来の技術」になることを確信していた。この四七年、世界初の指針電信機を開発したが、特許として販売せず、自分の企業を起こして、商品化しようとした。この点に、早くからジーメンスの企業家としての才能が現れていたことがわかる。彼の企業設立に際して、ジーメンスは有能な機械工であるヨーハン・ゲオルク・ハルスケと組み、四七年秋に、「ジーメンス・ハルスケ電信機製作所」を設立した。この出来事が、「ヴェルナー・フォン・ジーメンス自身の業績のなかでだけでなく、一九世紀の科学技術全体の中の最も重要な開発路線の一つを切り開いた」のであった。

電信事業の発展

ヴェルナーが電信機製造会社を設立した時期は、ドイツ産業革命の開始期（一八三〇〜四〇年代）と重なっていた。彼が会社を設立したベルリンは、ドイツ産業革命の一大中心地であり、特に機械工業の発達が著しかった。鉄道、河川、運河などの交通手段も早くから整備された。ヴェルナーの企業家（起業家）としての出発は、幸運に恵まれていたといえよう。

自己の会社を設立したものの、彼は当時なお軍隊に籍をおいていた。プロイセン電信機委員会の顧問だった一八四八年に、ジーメンスの会社は、ベルリン・フランクフルト（マイン）間の、最初の電信網建設の受注に成功した。通信システムの建設は、一九世紀中頃大きなブームを迎え、ジーメンス・ハルスケ社は、この状況をうまく利用したのである。彼はまた電線の絶縁問題をプレス機の設計・製造によって解決し、このプレス機を使って、シームレス電線の製造に成功した。注文が次々に殺到し、この結果、彼は一八四九年に軍隊を辞めて、本格的に企業経営に専念した。ビジネス・チャンスを逃さないこの決断は、ヴェルナーの企業家（起業家）としての本領を発揮したものといえよう。このとき、彼は弟のカールを設計士として迎え入れた。

一八五一年になると、電信網の建設と関連製品の注文が減少し、企業経営は悪化し始めた。プロイセン電信機委員会がベルリン・フランクフルト間の電信網の度重なる故障を理由に、今後ジーメンスに発注しないといってきたからである。翌五二年にフランスに電信事業の拠点を築くという試みも失敗した。これとは反対に、ロシアとの取引は順調に進み、一八五一年以降、ロシアからの電信網建設の受注が増え続けた。ロシア事業を強化するために、五三年に弟のカールがザンクト・ペータースブルクへ派遣され、ロシア支店が開設された。五五年までにロシアで数ヵ所の電信網が建設され、そのなかで黒海沿岸のセヴァストポールおよびワルシャワ電信網が最も重要だった。五六年に勃発したクリミア戦争で、ロシア事業は停滞したが、しかし既存の電信網の補修契約は増加し、これが経営の安定に貢献した。

ジーメンス・ハルスケ社は、鉄道会社に対する電信設備と信号設備、後には照明設備の納品を通じて、ベルリンの蒸気機関車製造諸企業（そのなかではボルジヒ社が最も抜きん出ていた）と同じく、本格的な鉄道時代の到来をうまく利用した。この分野では、ジーメンスは他の競争者を寄せ付けなかった。

海外支店の設立＝多国籍企業への道

カールは一八五五年以降、ロシア支店の事業をヴェルナーと絶えず連絡をとりつつ、自己の責任で行った。ベルリン本社とロシア支店との間には、電信技術の開発に関して相互の連絡があったばかりでなく、ヴェルナーとカールという二人の兄弟間の強い人的な結びつきが維持され、それが企業の統一を強化した。これこそヴェルナーが最も望んでいたことである。しかし、ロンドン支店の経営は、ヴェルナーの意図したとおりには進まなかった。イギリスでの事業を任された弟のヴィルヘルム（一八八三年以降は、サー・ウィリアム）は、ベルリン本社の意向に従わず、ヴェルナーとの間に意志の疎通を欠いた。当初、ジーメンス・ハルスケ社は外国企業として、英国の電信機市場で受け入れられなかった。しかし、一八五七年に、ある英国企業との間に海底電線を敷設するためのパートナーシップが結ばれた後は、英国での業績は次第に上向き始めた。ロンドン支店の経営が本格的に動き始めるのは、英国政府が五九年にヴェルナーとヴィルヘルムを深海海底電線敷設のコンサルタントに任命したとき以降である。英国市場への参入がこうして保証されたのである。一八六九年にロンドン支店は、自前の電線製造工場を設立したが、期待したほどには業績は上がらなかった。ベルリン本社のハルスケは、ロンドン支店の閉鎖を要求するが、ヴェルナーはこの要求を退けた。彼はジーメンス・ハルスケ社を「世界企業」に育て上げる構想を抱いており、その実現のためには、英国に拠点を築くことが不可欠と考えたからである。この点からも、彼が単なる技術者ではなく、戦略的に重要な決定を下さなければならない創造的な企業家であったことがわかる。

一八六七年、ロンドンのジーメンス・ブラーザースは、ロンドン・カルカッタ間一万一〇〇〇キロの電信設備建設の受注に成功した。この印欧電信網の設計と建設は、ジーメンスの企業活動の頂点をなすものであった。同社は、この事業に資金・技術のすべてを投入して、一八七〇年に開通にこぎ着けた。一八七九年にはウィーン支店が開設され、八三年以降、電信機とその関連製品の製造が開始された。同支店の活動領域は、オーストリア・ハンガリー帝国ばかりでなく、東南欧一帯に拡大された。

発電機の発明と強電事業の展開

ヴェルナー・フォン・ジーメンスの企業は、このように会社創立期から国際的に活動する多国籍企業の性格をもっていたが、企業そのものは組織的にみて、同族の協力関係に基礎をおいていた。そのうえ、ベルリンが企業活動においても、企業金融の面でも活動の中心だった。

一八七七年、アレキサンダー・グラハム・ベルの電話機がはじめてベルリンに登場した。これに対するヴェルナー・フォン・ジーメンスの対応は素早く、彼は即座に改良電話機の特許をとり、生産を始めた。

ジーメンスの最も重要な発見は、一八六六年のダイナモ原理の発見と最初の発電機の設計・製造である。こうして照明と電気モーター用の強電の製造、電気駆動の鉄道（＝市街電車）の製造が可能となった。ジーメンスは七五年、最大五キロワットの能力をもつ発電機を開発した。七九年には三五〇基以上の発電機が販売された。強電事業の分野では、非常に早くジーメンスの競争相手が現れた。そのなかでもアー・エー・ゲー〔ＡＥＧ〕が最も手ごわい競争相手となった。ＡＥＧは、一八八三年にエミール・ラーテナウによって設立され、強電事業において、以後、ジーメンスと熾烈な競争を展開することになる。ジーメンスが最も力を入れたものの一つに、輸送の電化がある。最初に市街鉄道と鉱山鉄道の電化がめざされた。七九年のベルリン博覧会において、ジーメンスは車両付きの、最初の電気機関車を出品した。八一年には彼はベルリンで、世界初の路面電車を走らせた。

路面電車網の建設と電力供給企業の設立は、都市当局の手におえないほどの巨額の資本投資を要求したので、ジーメンス・ハルスケ社は、自前の路面電車会社と発電所を建設せざるをえなかった。金融の面で、同族の資金に依拠していたジーメンス・ハルスケ社にとって、必要な資金を調達するのは困難だった。それにもかかわらず、ヴェルナーは、一貫して同族企業の形態を主張して譲らなかった。

ヴェルナーの同族主義的経営理念

ヴェルナーは、販売組織の近代化の必要性をほとんど考えなかった。彼は研究と開発を重視し、生産技術を絶えず改良し、企業に対する職員や労働者のむすび付きを強化しようと試みた。彼は同族会社のシニアおよび家長として（「リベラルな家父長主義」）、「世界企業」を管理経営した。彼の息子たちはジーメンス企業の後継者として予定されていた。彼の年長の息子＝アルノルトとヴィルヘルム（サー・ウィリアム）は、八二年に共同経営者として、企業経営に参加した。彼の三番目の息子＝カール・フリードリヒが、近々企業の経営に参加することをヴェルナーは期待していた。(ヴェルナーのこのような個人的性格、すなわち研究と技術重視の態度、それと裏腹の近代的企業経営を軽視する態度については、その評価をめぐって議論が分かれている。最近は、戦略的な企業家としてのヴェルナーの側面を強調する人もいる。この点は、次項で明らかにするように、彼が早くから欧州の関税同盟(=経済統合の前段階)について言及していることを考慮するだけでも説得力がある。)

欧州関税同盟を提唱

ヴェルナー・フォン・ジーメンスは、欧州は米国に対抗するためには、欧州諸国が関税同盟に結集する必要があると主張した。彼はこう述べている。「もし欧州が世界の先導的立場を維持する、あるいは少なくとも米国と同等でありつづけるためには、遅すぎる前にこの困難を乗り越えなければならない。そして、欧州相互の関税障壁を可能な限り撤廃することが必要である。関税障壁が商業領域を制限し、製造コストを割高にし、世界市場における我々製造業者達の競争力の刃をにぶらせている」と。一〇〇年以上も前に、欧州経済統合の壮大な構想を抱いていたヴェルナー・フォン・ジーメンスの、未来を見据えた戦略的、国際的企業家としての慧眼にはただ驚くばかりである。

(石垣　信浩)

参考文献

シーメンス社『ジーメンス社の一五〇年』(英語、二種類あり。資料を提供してくださったシーメンス(日本)社にここでお礼を述べたい)。
竹中亨『ジーメンスと明治日本』東海大学出版会、一九九一年
フェルデンキルヒェン『ヴェルナー・フォン・ジーメンス』ミュンヒェン、一九九六年(独語)

パウル・ユリウス・ロイター *Paul Julius Reuter* 1816-1899

国際通信社ロイターの創始者
一九世紀情報革命の申し子

（ロイター通信）〔英国〕

経営の独立と正確なニュース

一九世紀半ばの欧州に誕生した初期の近代通信社の中で、唯一つ残る英国のロイター通信社は、現在の世界の通信社の中で最大規模であり、経済情報を中心とした総合情報産業に変貌している。近代通信社が生まれた背景としては、初期の資本主義の成長過程で、株式、為替、商品相場などの経済情報と、それに大きな影響を及ぼす戦争、政治、外交などのニュースに対する需要が急速に高まったこと、また米国人S・モースの電信機の発明（一八三七年）による新たな情報革命が始まったことが挙げられる。その上にロイターは大英帝国の繁栄の波に乗って成長した。とはいえロイターの経営の特徴は、第二次大戦中に政府から秘密の補助金をもらっていたことを除けば、国家の援助に頼らず、迅速、正確、偏らないニュースに徹しようとしていることにある。それが国際的な信用につながり、今も世界的な通信社として生き残る大きな条件となった。ロイター通信の国際社会における影響力は計り知れない。

鬼才アバスに通信業を学ぶ

ロイターの創始者パウル・ユリウス・ロイターは一八一六年、プロイセン（現・ドイツ）のカッセルで生まれた。本名はイスラエル・ビアー。父はユダヤ教のラビだった。少年時代について詳しいことを本人は語っていないが、父の職業からみて、毎日が厳しい戒律の下で育ったことが考えられる。

一三歳の時に父が亡くなると、大学都市ゲッチンゲンの親戚に預けられ、やがて銀行で働き、為替業務を覚えた。次にベルリンに行き八年間滞在、その間にユダヤ教からキリスト教に改宗し、名前もロイターと改め、ベルリンの銀行家の娘イーダと結婚した。義父の援助も受けて出版事業を始めたが成功せず、一八四八年、パリに行った。この決断が後の通信社経営の道につながるのである。

パリにはやはりユダヤ系のフランス人シャルル・アバスが、早くから欧州諸国の新聞を翻訳して新聞、銀行、商社に売るという仕事を始めていた。一八三五年からはアバス通信と名乗り、世界最初の近代通信社とされる。ナチスにより消滅させられたが、その後、今も世界通信社の一角を占めるフランス通信（ＡＦＰ）として再生している。

アバスは、速報を重視し、奇策を次々に編み出し、商業情報の速いことで信用をつけた。腕機の組み合わせで通信する「腕機通信」を取り入れ、伝書鳩も使った。船しかなかったロンドンとパリ間を、伝書鳩で七、八時間でつなぎ、株式相場を速報した。電信線がパリ―ルーアン間に開通すると直ちに利用、またパリ―ブリュッセル間も、いち速く用いて経営基盤を固めた。

一八四八年、アバスの下にロイターともう一人の同じくユダヤ系のドイツ人、ベルンハルト・ヴォルフという男が入社し、あらゆる手段を用いての速報を重視するアバスの通信業務の手法を学んだ。この年はフランスが二月革命で第二共和制に入り、新聞が続々と誕生、経営が拡大した年だった。

ロイターは、修行期間を数ヵ月で切り上げ、翌四九年の春には独立し、そのままパリで独自の外国ニユースサービスを始めた。だが、またもうまくいかず、同じ年にベルギー国境に近いドイツのアーヘンに行き、電信事務所を開いた。アーヘン、ベルリン間に敷かれたプロイセン政府の電信線が民間に開放されたためだった。初めはベルリンで、この線を利用しようとしたが、アバスでの元同僚ヴォルフが既に通信社を開設し、先んじていたためベルギー国境に近いアーヘンに来たのだった。ロイターは、パリからベルギーのブリュッセルまで電信線が来ているが、ブリュッセルとアーヘン間一七〇キロに空白があるのに目をつけた。この間をつなげばベルリン、パリの二大都市が結ばれるのである。彼は列車で九時間かかる所を、アバスにならい伝書鳩を利用して二時間に縮め、速報に成功した。次第に電信線の工事が進み、空白が小さくなると早馬で対応したが、ついに全線がつながり、彼の仕事もなくなる。八ヵ月の苦闘だったが、名前を売り、後のロンドンでの事業に大いに役立った。

ロンドンで創業

次いでロイターは一八五一年、英仏間のドーバー海峡に海底電信線の敷設工事が進むなかをロンドンへ移った。彼に海底電信線の情報を教え、英国行きを勧めたのは、後にドイツの大企業ジーメンスの創業者となるドイツ人電気技師ヴェルナー・ジーメンスで、その後も積極的に協力し合う関係となった。

ロイターはこの年の一〇月、ロンドンの金融街シティの中心にある株式取引所の中に電信事務所を開いた。ロイター通信社の歴史はこの時をもってスタートしたとされている。開設の一ヵ月後に海底電信線が開通、欧州からの金融証券情報の速報をロンドンで、ロンドンの情報を欧州で販売し、ビジネスは大幅に拡大した。ロイター通信社の誕生により、フランスのアバス、ドイツのヴォルフとともに近代通信社の端緒とされる欧州の三通信社が出そろった。

ロイターはさらに一八五八年からロンドンの新聞にニュース提供を始め、最初は冷淡だった英国きっての高級紙『タイムズ』もロイター通信の顧客となり、六〇年までには英国のすべての新聞が契約した。ロイターの成功の原因は、次々にスクープする重要ニュースが新聞に掲載され、また証券取引所など経済界にも情報の速さで大きな衝撃を与えたためである。最初に有名になったのは、一八五九年にフランスのナポレオン三世がオーストリアとの関係について議会で行った重要演説のテキストを事前に入手して流したこと。さらに六一年からの米国の南北戦争の経過と、六五年の戦争終結直後のリンカーン大統領暗殺事件の速報では決定的なスクープをした。当時はまだ大西洋海底電信線が敷設されておらず、欧州と米国の間は定期船で運ばれるニュースが最大のソースだった。ロイターは奇策をもって船のニュースを他社よりも速く入手してスクープしたのだった。

ロイターはまた、自社記事を載せる際にクレジットをつけ、名前が世間に広まった。ニュースが迅速で正確、偏らないという、今も継承される特色はこの頃に確立された。さらに一八六八年には英国の地方紙による国内通信社PAと相互依存協定を結び経営基盤を強化した。

三大通信社の世界分割

三通信社の競争で次第に勢力範囲が定まり、相互の協力も進んだ。一八五六年に株式相場速報の交換協定が、五九年には欧州の一般ニュースの交換協定が結ばれた。さらに三社は一八七〇年一月、有名な世界市場の分割協定を結ぶ。五九年協定をほぼ再確認する内容だったが、背景には当時の初期の植民地獲得競争が一段落したという事情があった。各社の独占地域はそれぞれの国の勢力範囲とその後の戦略目標の地域にほぼ一致しており、ロイターが英帝国とその諸領、オランダ、極東など、アバスがフランスとその植民地、南欧など、ヴォルフがドイツ全土と中欧、北欧、ロシアなどとなってる。各地域のニュースは相互に交換、各社がその地域での排他独占的な取材権、配信権をもった。三国の力を背景にしているが、当時の通信が主として有線の電信によるものであるため、電信を制する者が支配したのだった。さらに一八七五年には米国のAP通信も参加し、四社協定になる。この協定は第一次世界大戦まで約四〇年間続いたが、ドイツの敗北でヴォルフが脱落し、ロイターとアバスがヴォルフの支配地域を分割。この体制は、短波無線が発達し、有線電信の独占が崩れ、米国のAPと、日本の聯合との連携で、一九三四年にロイター通信の独占が崩れるまで続いた。日本を含む極東、アジアのニュース報道は、六〇年以上もロイターの支配下にあったのである。

ユリウス・ロイターは世界協定成立後の一八七一年、男爵の称号を贈られた。当時、彼の開催するパーティーには英国の著名人が数多く出席し、社交界でも注目の的だった。その七年後、彼は社長を長男のハーバートに譲り、会長的な立場に退いた。そして一九世紀も終わろうとする一八九九年二月に死去した。二代目の任期中にロイターの経営は第一次世界大戦でかつてない試練にさらされた。彼は一九一五年愛妻の死後に自殺、息子のヒューバートが三代目の男爵になったが、大戦中に戦死、直系の後継者が絶えてしまった。ロイター王国は二代目の死後に〝共和制〟となり、社員のロデリック・ジョーンズが三代目社長に就任した。

為替相場システムで急成長

ロイターは大通信社としての名声の陰で、実はずっと財政的には苦しかった。英国の新聞産業が強力でなく、また他の欧州の通信社と違い、政府の支援を受けないことを原則にしていたからだ。だが第二次世界大戦後の一九六四年に大きな転機を迎えた。ノンメディア向けの経済情報を強化するため、コンピューター利用の株式相場速報検索システム、ストックマスターを欧州市場で販売し始めたのである。七〇年には、これを改良したビデオマスターを採用した。さらに、急速な成長の決め手になったのは、七三年にロイター通信自身が開発した為替相場速報検索システム、モニター・サービスだった。各銀行が通貨の売買価格をコンピューターに打ち込み、互いの価格を見せ合うという画期的なシステムで、事実上ロイターが創出した電子為替市場といえるものだった。世界金融市場における為替の固定相場制が崩れ、変動相場制の時代に入ったからこそのビジネスだった。八一年には銀行同士がコンピューター画面を通じて通貨を直接売買、貸し借りできるマネー・ディーリング・サービスを始めている。ロイターのマネー・モニターは爆発的に伸び、通信社は貧しいという定説を覆し、収入も以前はAPの五分の一だったのが、今は一〇倍以上になっている。

二〇〇二年の営業収入は三六億ポンド（約六五〇〇億円）、全世界の社員一万六〇〇〇人、二四〇〇人の記者とカメラマンを配置し、二六ヵ国語で一日約三万本の情報を約五〇万ユーザー、五万二九〇〇社に提供している。まさに世界最大規模の通信社である。一般メディアからの収入は数パーセントに過ぎず、誕生当時の商業通信社に先祖帰りしてしまった形だ。だがそれでも、正確なニュース、国家から独立した地位という信条は変わらないとされている。一九八四年にはロイターの株式が上場されたが、特定の個人や集団に支配されないよう特別な仕組みを設けている。もちろん英国および欧米流の物の考え方から完全に自由であるわけではないが、ロイターのニュースに対する国際的な信用は今も大きい。ロイター自身も、これが危うくなれば、メディア向けだけでなく、ノンメディア向けの商業通信社としての地位も脅かされることをよく知っているのである。

（中島　宏）

◈参考文献
倉田保雄『ニュースの商人ロイター』朝日文庫、一九九五年
ジョン・ローレンソン他（中川一郎・篠山一恕訳）『ロイターの奇跡』朝日新聞社、一九八七年

アンリ・ジェルマン

Henri Germain 1824–1905

クレディ・リヨネ創設者
フランスの銀行家の範

（クレディ・リヨネ銀行）〔フランス〕

アンリ・ジェルマンの生い立ち～リヨンのブルジョワから大資産家へ～

二〇世紀初め（第一次世界大戦前）にはフランス第一の預金銀行、世界第一の銀行へと急成長したフランスを代表する大銀行（クレディ・リヨネ）の創設者となるアンリ・ジェルマンもシュネデールと同様、血縁・地縁による幸運や時代的僥倖に恵まれることが成功の必須の要件であった。

アンリ・ジェルマンは、一八二四年にリヨン（フランス第二の都市、絹取引・絹工業の中心地）の裕福なブルジョワ家庭に生まれた。祖父はリヨン市の参事会員を務め絹商人として成功したリヨンの名士であったが、フランス革命の折にリヨンから一時的に避難せざるを得なかった。父のジャン・マリ・アンリもリヨンの絹織物業者として成功し市内に四階建ての邸宅とサンアンドレ・ド・ルシー（アン県）に地所を所有していた。母のクロディーヌ・エメ・エルパンもリヨン人で、父と同様、先祖はサヴォワ出身であった。裕福で厳格な家庭で育ったアンリは、リヨンの王立高等中学校に進学して「ルイ一四世時代のイエズス会士」教師による時代遅れの教育や実用言語が学習できないことに不満をもつが、ノワロ神父の経済に関する教育に唯一興味を抱いた。二〇歳を過ぎてパリに出て、パリ大学で法学を修めて弁護士資格を取得した。四八年の二月革命前にパリからリヨンに戻り、政治家を志して進歩的な政党に所属した。五〇年アンリ二六歳の時、リヨンの裕福な絹織物業者の孤児ロール・デュモワ——父のピエール・デュモワは一人娘の結婚直前の五〇年一月に死亡した——と結婚したことが彼に大きな転機をもたらすことになった。ロールは巨額の持参金（七六万五九八五フラン）と多数の不動産や有価証券をもたらし、ジェルマンは、自らの資産五〇万フランと合わせて、百数十万フランを所有する大資産家となったからである。彼はリヨン近郊に一〇ヘクタールの庭園をもつルイ一三世様式の豪華なラ・パプ城を購入し、ナポレオン三世治下、この莫大な財産を背景に精力的に経済界と関わっていくことになったのである。

サン・シモン主義者との出会いと新しい銀行クレディ・リヨネの創立

クレディ・リヨネの設立にとって、サン・シモン主義信奉者となったアンリ・ジェルマンとサン・シモン主義の父アンファンタンと並び称されるアルレス - デュフール（一七九七〜一八七二年）との関係はきわめて重要であった。なぜなら、アルレス - デュフールがジェルマンとともにクレディ・リヨネを設立することになるからである。サン・シモン主義者は科学者、技師、銀行家、産業資本家、労働者等からなる「産業者」の管理運営する社会——銀行による産業の組織化が社会的正義の実現であると考えた——を建設しようとした。故にサン・シモン主義は「産業主義」と名づけられ、フランス産業革命の精神的支柱としての役割を果たすことになった。一八三二〜三三年頃から実践「サン・シモン主義者の一団」は「大陸のマンチェスター」リヨンに結集するようになり、リヨン実業界の大立者アルレス - デュフールは彼らを指揮する「参謀長」と見做されていたのである。リヨンで経済界に踏み出したジェルマンは、程なくアルレス - デュフールの影響を受け、サン・シモン主義を信奉するようになった。二八歳のジェルマンは証券取引所の公認仲買人から身を起こし、五五年にモンランベール＝ラ・ベロディエール炭鉱取締役、五九年に絹保税倉庫の創設者、そして六〇年以後はさまざまな種類の事業に関わり投資するようになった。たとえば、ユーグ・ダルシーとともに、フランス中部の有力製鉄会社ブゲレ＝マルトノ社や政商ミレスが放棄したマルセイユのトラスト（ガス照明社）の取締役を引き受けた。ブルゴーニュのブルジョワの出である大立者ユーグ・ダルシー（一八〇七～八〇年）は――帝政期の大物アドルフ・ヴュイトリの妹を娶っていたので、六九年にヴュイトリの娘と再婚するジェルマンはダルシーの甥に当たることになる――、ジェルマンの生涯にきわめて重要な役割を果たすことになる。六二年にダルシー主導の下にフランス有数の製鉄会社シャティヨン＝コマントリー社が株式会社に改組された時も、ジェルマンは同社の取締役として彼に協力した。このような活発な企業経営や経済活動を通して資金調達や金融の問題に精通するようになったジェルマンは、リヨンやリヨン地方の製造業や商取引などさまざまな産業部門での資金需要を見定めることができ、新しい銀行の創設の必要性を実感することになった。

一八六〇年代前半のリヨンとリヨン地方の経済状況は、新しい銀行をリヨンに設立する機運を醸成していた。まず、フランス最大の輸出品である絹織物の生産中心地リヨンは、当時その絹業が幾多の困難に直面していたばかりでなく、六〇年の英仏通商条約（自由貿易協定）締結以後は大きな転機を迎えていた。六一年の南北戦争によって米国市場は閉鎖され、リヨンの絹織物は最大の販売市場を喪失してしまった。その上、フランス養蚕業は五一年より開始した蚕病の蔓延によって大打撃をうけ五六年から繭生産が激減したため、絹飢饉に直面したリヨン絹工業は極東にまで生糸の調達を仰がねばならなくなった。そのため、英国の銀行と対抗してこの生糸貿易を金融する銀行がどうしても必要とされるようになった。また、フランス製鉄業の中心地の一つ中部の製鉄業界は、石炭・鉄等資源の枯渇の問題に直面していた上に、英仏通商条約の締結で英国との競争にさらされ、ベッセマー製鋼法等の技術革新の到来で大きな変革と再編の時を迎えていた。一方、リヨンはフクシン（赤色塩基性染料）の工業的製法の発見（五九年）以来、一時、染料工業の世界的中心地となり、化学工業やガス照明業等新産業の発展が著しかったので、銀行による産業金融（企業への投融資）の機会も大いに見込まれたのである。

こうしたリヨンとリヨン地方のニーズ（信用供与と融資の必要性）と時代的な好機を捉えたジェルマンは、アルレス‐デュフールを中心としたリヨンのグループが進めていた新しい銀行設立の推進者の一人となり、六三年七月に資本金二〇〇〇万フランのクレディ・リヨネを設立した。そして、その最大の大株主となったジェルマンが頭取に任命され銀行の将来を託されることになった。

クレディ・リヨネの発展とジェルマン・ドクトリン

クレディ・リヨネはリヨンの地方銀行として出発したが、精力溢れる野心家ジェルマンは創業直後からフランスの大動脈PLM鉄道（パリ・リヨン・地中海鉄道）沿線での事業の拡大を構想し、六五年にまずはパリとマルセイユに支店を開設した。次いでクレディ・リヨネは、広く一般国民から退蔵されている資金を動員することを目的として、支店を順次開設することによって、全国支店網の完成に努めた――七〇年の三店、七五年の一二店、八〇年の五二店、八五年の九〇店、九〇年の九六店、九五年の一三七店、一九〇〇年の一七〇店、〇五年の二一五店、〇九年の二五三店、一二年の二九〇店――。かくて、クレディ・リヨネは全国に支店網を備えた大預金銀行へと発展し、一九〇〇年には世界第一の銀行となった。クレディ・リヨネの成功に倣い、ソシエテ・ジェネラルやパリ割引銀行などの銀行も競って全国支店網の拡充に努めたので、フランスは全国津々浦々に銀行の支店を備えた世界最初の国となった。このように支店開設によって全国支店網を確立するという現象は、フランスの銀行が開発・考案した方法であり、その多くはジェルマンの創意に負っているといえよう。また、クレディ・リヨネは、長らく銀行不信や銀行アレルギーに陥っていた一般大衆から預金を勧誘するために、新しいテクニック――広告手段の利用――を開発した。即ち、預金者の預金の安全性や顧客への様々な無料サービス――五〇フランの預金で顧客が無料の銀行サービスが受けられることなど――を広告し、当時は無利子であった預金に三%の利子を付けることなどを宣伝した。新しい支店を開設する度に、クレディ・リヨネはこうした宣伝を地方紙や宣伝パンフレットで繰り返し行い、広く多数の顧客から資金を引き出すことに成功したのである。

創業当初クレディ・リヨンは、設立の目的でもあったことからロワール地方の石炭や冶金会社など地方産業への金融（資本参加や中期信用）やリスクの多い事業（フクシン社、サラゴサ・ガス会社）を手掛けていたが、七四年頃からフランスにも深刻な影響が出てきた「大不況」や八二年のリヨン、パリ証券取引所の崩壊に始まる金融恐慌によって、クレディ・リヨネは大きな打撃を被った。そこからクレディ・リヨネは、ジェルマンの各支店長への厳命――借入金や一覧払い預金額に相当する金額を現金や手形等即座に換金可能な使途の形で保有し資本の固定化を回避せよ――に従って、七〇年代初めから次第に産業からの離脱を開始し、八二年以後ははっきりと産業金融から撤退して、通常業務といわれる商業手形の割引や有価証券類の大規模販売（大部分は外国証券）に専業化するようになった。つまりクレディ・リヨネは、創業当初のドイツ型混合銀行から純粋な英国型商業銀行へと転身していったのである。こうして「預金銀行は資本の固定化を避け、流動資産を常に保持しておくべきだ」とするきわめて慎重な銀行経営方針がジェルマンの有名なドグマとして定式化され、以後、数十年にわたってフランス銀行界を支配しフランスの産業発展や経済発展に重大な影響を及ぼすこととなった。

政商アンリ・ジェルマンの台頭 ～第三共和制期の国内・国際金融に最も影響力ある政治家～

リヨンの財界人から中央（パリ）財界の巨頭への上昇、また政治家ジェルマンの台頭には、第二帝政期の著名人アドルフ・ヴュイトリ（一八一三〜八五年）の娘ブランシュとの再婚が決定的に重要な役割を果たしている。七月王政期の代議士ポール・ヴュイトリの息子アドルフ・ヴュイトリは、理工科学校卒業生、法学博士、国務院評定官、国務院担当大臣（五二〜六三年）、フランス銀行総裁（六三〜六四年）、上院議員（六七年）、PLM社長等を務めた第二帝政期の重要人物であった。六七年にロールを亡くした田舎者のジェルマンは、六九年にブランシュ・ヴュイトリ——皇后とも近親関係——と再婚することによって、パリの社交界・上流社会に受け入れられることとなった。また、同年ジェルマンはアン県代議士にも選出され、政界で事業ブルジョワが集まる「中央左派」グループの大御所となった。七二年にアルフォンス・ド・ロチルドの反対がなければレオン・セイに代わりティエール内閣の蔵相なっていたといわれるように、金融・財政の権威として三度蔵相候補となった。

一方、ジェルマンは政商として政治的立場を実業に大いに利用した。ジェルマンは、ドイツへの償金支払のための七二年の解放国債発行（三〇億フラン）で莫大な利益を得たばかりでなく、鉄道やユニオン・ジェネラル銀行に関わる金融的策謀に深く関与した。また、大不況、八二年恐慌以後短期金融に専業化してきたクレディ・リヨネは、安全で高利潤の投資先を求めて海外投資——特に外国債の購入——をする戦略をとった。特に、九〇年代以降のロシア借款や一八九八〜一九〇五年のドイツへの短期金融はよく知られており、クレディ・リヨネはそれに重要な役割を演じたことから物議を醸す原因となった。

（篠永　宣孝）

参考文献

ジャン・ブーヴィエ『一八六三〜一八八二年のクレディ・リヨネ』パリ、一九六一年（一九九九年再版）（仏語）
ベルナール・デジャルダン他『クレディ・リヨネ』ドロ書店、ジュネーヴ、二〇〇三年（仏語）

アルフレッド・ノーベル　*Alfred Nobel*　1833-1896

ノーベル・ダイナマイト・トラストを創設した発明家・企業家

〔ノーベル・ダイナマイト・トラスト〕〔スウェーデン〕

ノーベル賞創設

アルフレッド・ノーベルの名は、ノーベル賞とともに世界中に知られている。毎年、ノーベルの命日である一二月一〇日にストックホルムとオスロで行われるノーベル賞の授賞式には、スウェーデンおよびノルウェー国内だけでなく、世界中の注目が集まる。ノーベルは、ダイナマイトの発明家としても有名であるが、企業家としても成功をおさめた。この点について、『ノーベルとその時代』(Gunnar Brandell m.fl, *Nobel och hans tid*, Stockholm : Atlantis, 1983) という本のなかで、トーレ・ブローヴァルドは、次のように述べている。

「アルフレッド・ノーベルは製造業の企業家に必要なあらゆる人間的な特徴を備えていた。彼は、商人としての発意に富んでおり、また、そのさまざまな発明の技術的革新力を通じて積極的に変化を促進した。彼の人間的な資質には、優れた商才、持続力、イノベーション能力、そして、企業家の役割にとっての不可欠の構成部分であると思われる、冒険精神が含まれていた。ノーベルはまた、外的環境の変化に自らの活動を適応させる能力をも保有していた。」

以下では、発明家および企業家としてのノーベルの活動を、ここに指摘されたような特徴をあらわすいくつかの局面に即して、描いていくこととしたい。

ダイナマイトの発明

ノーベルが企業家として活躍したのは一九世紀後半であるが、この時期、欧米では工業化の急速な進展を背景として、一方では、鉄鉱石をはじめとする各種鉱産物への需要が高まり、他方では、道路建設や鉄道建設がさかんになっていた。それらはいずれも爆薬への需要をもたらすものであった。

当時、すでに爆発力の強い物質としてニトログリセリンが発見されていた。しかし、ニトログリセリンはそのままでは、爆薬としての実用に適さなかった。そこで、ノーベルはこのニトログリセリンを爆薬として用いるための方法を考案し、その特許を取得した。そして、一八六四年から、ストックホルムの工場でその製造事業に乗り出したのであった。右に述べたような事情から、製品に対する需要は大きく、売り上げは順調に伸びていった。

しかし、ニトログリセリンは、液体であるため運搬が厄介であり、また、衝撃によって爆発しやすいので事故を起こしやすいという欠点をもっていた。じっさい、一八六五年の冬から翌年にかけて大きな爆発事故があいついで発生した。そこで、ノーベルは、ニトログリセリンの製造および販売の事業活動と並行して、その爆薬をより扱いやすいものに改良するための研究も続けていった。失敗を重ねた後、彼はついにある解決法に到達した。それは、ニトログリセリンを珪藻土に吸わせるという方法であった。この方法によって作り出された製品を、ノーベルは「ダイナマイト」と命名した。ノーベルの企業家としての成功は、以後、このダイナマイトの特許を武器に事業を拡大していったことに基礎を置いている。

発明家としてのノーベル

しかし、ノーベルの発明の才は爆薬のみに向けられたわけではなかった。「もし一年に三百のアイデアを思いついて、そのうちの一つが役に立つならば、それで私は満足だ」と、ノーベルはある機会に述べている。その言葉どおりノーベルは、必ずしも収益のあがる事業とは結びつかなかったものも含めて、多数の発明アイデアを思いつき、それを試している。それらのアイデアは、薬品および生理学、照明、動力機械、合成皮革、合成ゴム、人口繊維、アルミニウム製造法、製鉄法、ミサイルなど広い範囲にわたっている。

前出の『ノーベルとその時代』のなかでシーグヴァルド・ストランドの伝えるところによると、たとえば、ある時ノーベルは、医学雑誌に載った残像効果についての論文に目をとめ、その応用を考えた。残像効果の応用としては、以前から、連続した何枚もの絵を続けて見せることによって「動く絵」を見せる仕掛けがすでに存在していたが、ノーベルは、スライド写真に光を照射することによって壁に動く写真を映し出すことを構想したのである。この構想は、ノーベルの下では実現に至らなかったが、発想自体はいうまでもなく映画技術のそれと共通するものである。

ストランドによれば、この「動く写真」の構想の実現のためには、ノーベルはあまり多くの時間とエネルギーをさいた様子はない。しかし、他方で、たとえば、合成皮革および合成ゴムの改良については、かなりの労力を注ぎ込んでいる。きっかけは、新しい種類の火薬の製造にかかわる実験過程のなかで、ニトロセルローズを使ってより弾力性と伸展性に富んだ合成ゴム、あるいはより耐久性があり柔軟な合成皮革が作れるのではないかと思いついたことにあった。

当時、皮革は新式の工場において伝動ベルトとして、また鉄道の客車にと、増大する需要を見出していた。ゴムもまた、電信網の（そして、後には送電網の）ケーブルの絶縁材として急速な需要の増加が見込まれた。したがって、より良質の合成皮革・合成ゴムの製造に成功すれば、大きな利益をあげることが期待できたのである。ノーベルはそのような皮革とゴムの利用状況についての数ヵ国にまたがる調査を一八七〇年代に行っている。おそらく、その調査によって大きな利益の見込みが明らかになったことが、合成皮革と合成ゴムの改良に大きな労力が注がれた一つの理由であったと思われる。

ノーベルは、その他に、たとえば、電気分解によるソーダの製造法や鉄鋼炉の改良などに関してもアイデアをもっていた。それらのアイデアは、時代の先端を行くものであった。ソーダの製造に電気分解を用いることについては、当時の化学工業の経営者の多くはまだ懐疑的であった。鉄鋼炉の改良に関する彼のアイデアは彼の死によって実現に至らなかったが、後に一九五〇年代に実用化されている。

工業化の時代としての一九世紀

世界史的にみて、工業化時代のはじまりは、一八世紀末から一九世紀初頭にかけての英国における産業革命にもとめられるが、一九世紀後半には、より全面的な技術革新が起こり、人間の生産活動と日常生活に巨大な変化がもたらされた。製鉄・製鋼の技術が飛躍的に進歩し、鉄が大量かつ安価に供給されるようになったのも、石油を燃料とする内燃機関が発明されたのも、自動車の製造が始まったのも、電気エネルギーが照明用・通信用に、また、作業機械や鉄道の動力として、実用化されるようになったのも、みなこの時代に属する。さらに、人造ソーダの製造をはじめとする化学工業が本格化したのもこの時代であった。

ノーベルの発明したダイナマイトが、鉱業や鉄道・道路の敷設のために広く用いられることになったという事実、および、右に述べたようなノーベルの発明アイデアの対象の範囲を考えると、ノーベルの活動は、一九世紀後半の「工業化の時代」を体現するものであったといえよう。

多国籍企業家ノーベル

ノーベルの生涯をたどってみたとき、特徴として浮かび上がってくることの一つは、その国際性である。彼は、一八三三年にスウェーデンの首都ストックホルムで生まれたが、一八三七年に父の事業の失敗により、一家はフィンランドおよびロシアに移住している。その後、ノーベルは一八五〇年から五二年にかけて修業のためにアメリカに渡り、さらに一八五七年にはパリで爆薬についての勉強をするなど、若いうちから、国境を越えて移動しながら生活してきた。また、彼は、英語、ドイツ語、ロシア語、フランス語を流暢に話すことができた。こうして、若いうちに身につけた国際的な素養が後のノーベルの多国籍企業家としての素地になったとみることができよう。

前述のように、ノーベルは一八六〇年代の初頭から、ニトログリセリンに改良を加えた爆薬の製造事業を開始した。その製品の売れ行きはスウェーデン国内において着実に伸びていった。しかし、前出のブローヴァルドによれば、彼は最初から国外でもその製造事業を営むことを計画していた。その場合、爆薬は、鉱業および鉄道・道路建設に大口の需要を見出していたので、彼の目は、英国、ドイツ、米国などの当時の産業先進国に向けられた。そして、彼は、実際に、早くも一八六〇年代の半ば以降から外国での事業に乗り出している。

一八六五年、ハンブルクに会社を設立し、ドイツでのニトログリセリンの製造と販売が開始された。一八六六年には米国において、ノーベルは、特許使用許諾と引き換えに爆薬製造会社の多数の株を獲得し、共同経営者となっている。他方、英国でニトログリセリンの製造を開始するのは、彼にとってより困難で、時間を要するものであった。それは、一つには、英国の世論がニトログリセリンの使用に否定的であったことによる。これに対し、彼は、独自のPR活動を展開した。彼は何回も英国を訪問し、新聞の論説、業界団体での講演、そして実演などを通じて、彼の改良したニトログリセリンの長所と安全性をアピールしたのであった。そのような努力をへて、彼はようやく、一八七一年に、英国におけるダイナマイト製造会社（British Dinamite Company）の設立にこぎつけることができた。

英国は当時の植民地帝国であり、その帝国内に、南アフリカやオーストラリアなどの、まさに鉱山開発が大規模に進められようとしている地域を抱えていたので、その英国に拠点をもつことは、事業の発展にとって重要な意味をもっていた。じっさい、英国のダイナマイト製造会社は、一八七五年以降、海外での販売実績を著しく伸ばしていった。

しかし、ブローヴァルドの指摘するように、資本と商品の国際的な移動に対する障壁が小さいという、当時の国際経済的な条件は、他方で、国際的な競争の激化を招くものでもあった。多くの製造業者は、価格の低下と収益率の低下に悩まされたが、ノーベルも例外ではなかった。ノーベルの場合、同じ国内における別のダイナマイト製造会社との間の競争だけでなく、異なった諸国における彼自身の出資するダイナマイト製造会社どうしが競争によって価格を低下させているという事態に見舞われていた。このことが、彼をして、諸国に存在する、彼の息のかかった会社の合併という道を選択させることになった。この合併を進める過程もけっして易しいものではなかったが、最終的には、一八八六年に、ドイツと英国の諸会社を合併して、爆薬製造業の大トラスト、ノーベル・ダイナマイト・トラスト株式会社の設立に至ったのである。

（穴見　明）

◈参考文献

G. Brandell, T. Browaldh, G. Eriksson, och S. Strandhoch, och S. Tägil, *Nobel och hans tid*, Atlantis Stockholm, 1983.

ゴットリープ・ダイムラー *Gottlieb Daimler* 1834–1900

自動車産業のパイオニア

（ダイムラー・クライスラー）〔ドイツ〕

©ダイムラー・クライスラー日本㈱

新産業としての自動車産業

ダイムラー・クライスラー社は、一九九八年、ダイムラー・ベンツ社とクライスラー社が合併してできた会社である。ダイムラー・ベンツ社は、一八八九年設立のベンツ＝ライン・ガスエンジン製造会社（九九年以降は株式会社に組織変更）と、一八九〇年設立のダイムラー・エンジン製造株式会社が、一九二六年に合併してできた会社である。ダイムラー・ベンツ、ダイムラー・クライスラー両社の基礎を築いた起業家の一人として、ゴットリープ・ダイムラーをとりあげてみたい。

ゴットリープ・ダイムラーは、一八八六年に最初の自動車を完成させた。この年に、カール・ベンツも彼の自動車の第一号車を作り上げた。両者の自動車製造の年が同じであったことは、まったくの偶然としかいいようがない。両人は、互いに遠くない距離に住んでいたとはいえ、当初はまったく面識がなかったが、一九世紀末という時代の雰囲気を考えれば、そこには一定の必然性が作用したともいえよう。一九世紀末は「新工業」の勃興の時代であり、技術革新と工業化が一段と進んだ時代である。「新工業」

としての自動車産業、自動車の発明はまさに目前に迫っていた。道路交通は馬車から自動車の時代へ、道路交通の自動車化は、時代の要請でもあり、ダイムラーとベンツはまさにそれに応えたのである。

ダイムラーとベンツは互いにライバル関係にあり、両者の「自動車」に対する考え方は、根本的に異なっていた。したがって、自動車産業に対する両者のアプローチの仕方も異なっていた。ここでは勃興期の自動車産業の一起業家としてのダイムラーの足跡をたどってみよう。

機械工としてのダイムラーの出発

ゴットリープ・ダイムラーは、一八三四年、シュトゥットガルトに近いショルンドルフで生まれた。彼は機械についての知識を鉄砲鍛冶工としての徒弟時代およびシュトゥットガルトの国立職業学校で得、その後、各地の機械製造工場で経験を積んだ。現在のバーデン・ヴュルテンベルク州は、一九世紀後半にはドイツ機械工業の一つの中心地であった。ダイムラーは、一八五七年にシュトゥットガルトの高等工業学校に入学し、ここでエンジンに対する関心を深めたが、これは彼のその後の人生を決定した。おりしもドイツ産業革命の進行につれて、工場の動力源の改良が問題になっていた。伝統的な動力源としての水車は、水の豊富な供給に依存しており、一方、当時普及しつつあった蒸気機関は作動までに数時間暖気運転する必要があった。彼は動力源の革新を絶えず考え、「一台の動力機を所有すること、この動力機は、絶えず作動の準備が整っており、準備によって時間の浪費を生じさせないこと、莫大な費用をかけないで作動できること」を目指した。

ガスエンジンの製造から乗り物用エンジンの製造へ

この時点では、ダイムラーの自動車製造への道は、まだ遠い。彼は一八七二年から一〇年間、オイゲン・ランゲンとニコラウス・オットー経営の「ドイツ・ガスエンジン製造所」（ケルン近郊のドイツにあった）で技術監督として働いた。（ニコラウス・オットーは、一八七六年に四サイクル・ガスエンジンの特許をとっている。いわゆる「オットー・エンジン」である）。同製造所でダイムラーは、製造コストをできるだけおさえつつ、工場用ガスエンジンの品質の向上を追及したが、ここでの経験が後の自動車製造に活かされたことは間違いない。彼は小型軽量・高速の内燃機関が早急に必要とされること、しかもそれが当時一般的に利用されていた乗用馬車、気動車、小型船舶のエンジンとしても不可欠であることを認識していた。

ダイムラーは一八八二年に、オットーのガスエンジン製造所を退社し、乗り物用エンジンの製造という、彼の年来の計画を実現する機会をねらっていた。彼は、ドイツ・ガスエンジン工場の同僚であり、かつロイトリンゲン機械工場時代からの友人である設計技師ウィルヘルム・マイバッハと協力して、シュトゥットガルト近郊のカンシュタット（現在はシュトゥットガルト市内）に別荘を購入し、ここにエンジン製造のための実験工房を設立した。ダイムラーは「あらゆる乗り物に搭載可能なエンジンの開発」を目指した。彼は既存のあらゆる動力機の欠陥である「移動不可」を解消しようとした。ここで二つの難問の解決に迫られた。一つは、可動性のエンジン用の新しい燃料の発見、二つ目はエンジンの軽量化と性能のアップ、すなわち高速回転ガソリンエンジンの開発である。この高速ガソリンエンジンの開発に約一年を費やし、八三年に特許をとった。八五年夏にダイムラーとマイバッハは、この高速エンジンをテストするためにこれを二輪車に搭載した。（結果的に、ダイムラーは世界初のオートバイの発明者になった）。

マイバッハ主導の自動車製造

二輪車に搭載されたエンジンの性能が保証されたので、ダイムラーは一八八六年、エスリンゲン機械工場で、米国製の乗用馬車にこのエンジンをベルト伝動装置、後輪駆動装置、操舵装置とともに組み込んだ。この車は数回のテスト走行の後、カンシュタット・ウンタートゥリュクハイム間の本格走行に成功した。（この車は、世界初の「自動車」といわれる。この年にカール・ベンツも同様に世界初の「自動車」を製造）。数年後、同型のエンジンは、気動車や小型船舶などにも搭載された。しかし、この時点ではダイムラーは、カール・ベンツとは違って、自動車の製造は時期尚早と考えていた。

ダイムラーの新型エンジンは、人々の注目を集め、エンジンの個別生産は急増し、需要に追いつかなくなった。早くも実験工房から工場生産への移行が急務であった。彼は八七年七月、カンシュタットのゼールベルクにあったニッケルメッキ工場の大ホールを購入し、これを工場に改装した。従業員は当時二九人だった（八九年には三四人）。この工場では最初、主としてエンジンの単体生産およびモーターボートの生産が行われた。このモーターボートは、世界から需要が相次ぎ、世界各地の港湾交通で利用された。ダイムラーが当初、モーターボートの生産に重点をおいていたのは、自動車市場がいまだ十分成熟していないと考えていたからである。しかし、僚友のマイバッハはダイムラーとは考えが違い、自動車市場に対して一定の展望をもっていた。特にカール・ベンツ社の動向がマイバッハに与えた影響は大きい。マイバッハはベンツの「特許自動車」を知るに及んで、ベンツのところでは、ダイムラーのエンジンつき乗用馬車の場合よりもはるかに未来を展望した自動車の構想が実現されている、と述べている。

ここで、ダイムラー社に影響を与えたベンツ社の自動車製造の動向を簡単に見てみよう。ベンツ社では、一八九八年以降、多気筒エンジンが製造され、九九年には会社は株式会社に組織替えされた。会社はこれ以降、経営が上向き、一九〇〇年には種々のタイプの車を六〇三台製造した。創業期の六九台の実に八倍の生産高である。こうしてベンツ社は当時、世界最大の自動車会社になった。営業の好成績に支えられて、マイハイム郊外のヴァルトホーフで、新工場の建設が決定されたが、それは将来の自動車需要の増大を見込んでの投資であった。

こうしてベンツ社の動向に影響されつつ、ダイムラー社における、マイバッハ主導の本格的な自動車生産がはじまるのである。マイバッハはベンツの「特許自動車」に依拠して、いわゆる鋼鉄製車輪付き自動車を製造した。ここでもベンツ社の場合と同じように、一時凌ぎの馬車の「自動車化」ではなく、エンジンと車体の有機的統合が図られ、真の意味での「自動車」の製造が試みられた。マイバッハ設計・製造のこの車は、八九年開催のパリ世界博覧会に出品された。この車の出品は、フランス自動車産業の成立に大きな刺激を与えた。同時にダイムラー社とフランス自動車業界との取引関係を活性化した。パリのパナール&ルバソール社は、ダイムラー車のライセンス生産の権利を獲得した。同社は、九〇年に初めて前部搭載のダイムラーエンジン付きの一台の車をライセンス生産した。ダイムラー社の最大の顧客は、プジョーだった。プジョーは世界博覧会終了後、ダイムラー車をモデルに、自動車の自社製造に乗り出し、フランス最大の自動車会社になった。一九〇六年まで、プジョーは自社の車に、パナール・ルヴァソール社のダイムラーエンジンを装着した。

ダイムラーは一八九八年、英国のコヴェントリーにダイムラーモーター会社を設立し、みずから取締役に就任した。同社は長期にわたって英国の自動車市場を支配し、第一次世界大戦の勃発後は、ドイツ本社から独立して経営を続行した。ダイムラーは、オーストリア・ハンガリー帝国にも進出し一八九〇年、ウィーンに代理店を設置した。九九年夏には、ウィーンのノイシュタットにオーストリア・ダイムラー・モーター会社が設立され、同社は一九〇六年、ドイツ本社から独立後、中東欧ヨーロッパで高級車ブランドの名声を獲得した。

本格的な自動車生産の開始

フランス企業との取引の強化にもかかわらず、ダイムラー本社の売上げは伸びなかった。資金は減少の一途をたどった。生産拡大のための資金調達を図るため、ダイムラーは一八九〇年、会社を「ダイムラーエンジン製造株式会社」に組織替えした。この株式会社への移行後、ダイムラーと大株主との間で意見が対立し、ダイムラーとマイバッハは退社を余儀なくされた。彼らは直ちにカンシュタットに新しい実験工房を設立し、一二名の従業員を雇用して再出発した。九三年三月以降、新型エンジンの開発と、市場性のある自動車の開発に集中的に取り組んだ。製造された車はいわゆる「ベルト駆動車」で、この車は後にダイムラー社の主要製品になった。その後、ダイムラー株式会社の旧経営陣との和解が進み、ダイムラーとマイバッハは古巣に戻った後、会社の経営は順調に進展した。経営の重点はいまや単体エンジンの製造から自動車自体の製造に置かれた。ベルト駆動車の販売は順調だった。九七年に、エンジン前置きのフェニックス車の供給が始まった。九九年以降、六馬力、四気筒エンジン付きの新型車が製造された。それに加えて、最初のレースカー、トラック、乗り合いバスが製造され、車種の多角化が図られた。この時期、カンシュタットの実験工房は、製造能力が限界に達したので、ダイムラーは、生産の拡大を図るため、ウンタートリュクハイムに広大な土地を購入し、新工場を建設した。ここには、今日なお、一九二六年合併のダイムラー・ベンツ株式会社の主要な工場がある。

ゴットリープ・ダイムラーは、一八九〇年代に入って、内外の自動車市場が熟し始めた時期にドイツでは工場の拡大と市場性のある自動車生産の強化を図り、外国では子会社を設立することによって国際的に自動車時代の幕開けを準備した。

（石垣　信浩）

◆参考文献

ヴェルナー・オスヴァルト『メルツェーデス・ベンツ乗用車　一八八六年〜一九八四年』シュトゥットガルト、一九八四年（独語）

アンドリュー・カーネギー *Andrew Carnegie* 1835–1919

カーネギー鉄鋼創業・『富の福音』

〔カーネギー鉄鋼〕〔米　国〕

カーネギー・ホール建立

ニューヨーク・マンハッタンのセントラル・パークを少し南に歩くと、七番街と五七丁目の角に一五階建ての重厚な建物が見えて来る。これは、一八九一年に鉄鋼王のアンドリュー・カーネギーが私財を投じて建てたカーネギー・ホールと呼ばれる音楽堂であり、そのこけら落しには、チャイコフスキーがオーケストラの指揮をしたという。カーネギーは一八八九年に『富の福音』という著書を出版し、そのなかで「富は墓場まで持ってはいけない」と記し、それまでに稼いだ巨万の富をさまざまな公共の用途のために寄付した。近年、企業を中心に「フィランソロピー」がさかんに推奨されているが、カーネギーは今から一世紀以上も前にそれを実践した大富豪の一人である。では、生前から多くの人々に「富の福音」を遺していったカーネギーとは、どのような人物であったのだろうか。その姿に迫ってみたい。

新天地を求めての「夜逃げ」

アンドリュー・カーネギーは米国の成功物語には必ずといってよいほど登場するが、彼の場合、スコットランドに生まれ、米国にやって来て「アメリカン・ドリーム」を実現させた人物である。彼の生地、ダンファームリンは、エディンバラの北西に位置するスコットランドの古都である。父親のウィリアムは、地場産業であるチェッカー織りの紡織業を営んでいた。アンドリューが生まれた一八三五年当時、父親の仕事は比較的順調であった。ところが、その後、状況は一変する。スコットランドの手織りはイングランドの機械織りとの競争に敗れ、斜陽の一途を辿ることになる。母親のマーガレットは、靴造りの内職をして家計を助けたが、暮らしはけっして楽にならなかった。

そこで、アンドリューの両親は、新天地を求めて米国へ移住することを決断する。スコットランドでは「渡米移住」のことを〝flit〟（「夜逃げ」）と表現するそうだ。彼らは、まさに「夜逃げ」同然で住み慣れたダンファームリンを離れ、ピッツバーグに移住していたアンドリューの叔母を頼りに米国へと向かうのだった。それは、アンドリューが一三歳の一八四八年のことであり、奇しくもカリフォルニアでは金鉱が発見された年にあたり、彼の輝かしき未来を象徴するかのようであった。

勤労少年＝アンドリューとトマス・スコットとの出会い

長い旅路ではあったものの、アンドリューの一家は無事、ピッツバーグに到着した。米国に来たからといって、すぐに条件の良い仕事が見つかるわけでもなく、ダンファームリンのときと同様、父親は織物、そして母親は靴造りをして、家計をどうにか遣り繰りした。アンドリューもまだ一三歳の少年だったが、遊んでいるわけにはいかなかった。まずは、紡織工場での糸巻きの仕事で、週給一ドル二〇セントの稼ぎになった。次に、工場のボイラー室での見張り番で、給与は週給二ドルに増えたものの、ススまみれになるきつい仕事だったため、早く別の場所に移りたかった。たまたま、勤務先の帳簿係が突然、辞めたため、アンドリューに帳簿づけの仕事が回って来た。チャンスを物にするのがアンドリューのすばらしいところである。彼は上司を驚かせるほどにその仕事をそつなくこなしたのである。

一八四九年には、より賃金の高い仕事を求めて、電報会社の配達夫になる。ここでもアンドリューは、顧客のほとんどの住所を短期間に記憶して、社内での評判を高めた。一年後には、配達夫のまとめ役に抜擢され、同時にオペレーターの仕事も与えられた。ここでの仕事が彼に予期せぬ幸運をもたらした。それは、南北戦争時にリンカーン政権下の陸軍次官補に抜擢されることになるトマス・スコットという人物との出会いに関係する。一八五二年にペンシルヴァニア鉄道はフィラデルフィア＝ピッツバーグ間に路線を開いた。それに伴い同社は、ピッツバーグに西部管理局を新設した。同社の進出によって、ピッツバーグにおける電報量の飛躍的増大が見込まれた。西部管理局長にはトマス・スコットが任命された。スコットは着任早々、連絡のために電報会社を訪れたが、たまたま接客に応じたのがカーネギーだった。この偶然の出会いがきっかけで、スコットはカーネギーの仕事振りに惚れ込み、潜在能力を高く評価し、彼を秘書兼オペレーターとして、スカウトしてしまう。ペンシルヴァニア鉄道に移籍した彼は、オペレーターの仕事を通じて、鉄道会社の業務内容を習得するのだった。やがて、カーネギーはスコットの薫陶よろしく、ビジネスの才を開花させていく。将来の需要を見込み、寝台車製造会社の創業に向けて投資を行い、多額の配当金を手にすることになる。また、社内でも認められ、一八五九年にはかつてスコットのポストであった同社の西部管理局長に二四歳の若さで抜擢されたのである。

軍需の恩恵

一八六〇年代に入ると、米国は建国以来、最大の危機に陥った。すでに五〇年代から南部と北部は、関税政策と奴隷制をめぐって対立し、両者は抜き差しならぬ関係にいたっていた。六一年四月一二日、南部連合軍がサウス・カロライナ州にある連邦側のサムター要塞を攻撃すると、ついに内戦の火蓋は切られた。南北戦争は米国を真っ二つに引き裂きかねない不幸な出来事であったが、鉄道会社に身を置くカーネギーにしてみれば、それは別の意味合いを帯びていた。人と人とが殺傷し合う戦争という悲劇のなかにあって、皮肉にも、恩恵に与かる人々がいる。「鉄」に関わる産業の人々はそのなかの典型的な集団であろう。あえていうまでもないことだが、戦争で用いる武器の大部分は、「鉄」でできている。陸戦における補給のための大量輸送には、「鉄道」が便利である。連邦軍の補給線を確保するために、カーネギーが勤務するペンシルヴァニア鉄道もその軍需で潤ったわけである。そうした戦争の表舞台では見過ごされがちな側面を、彼は南北戦争を通して学び取り、戦後のビジネスに活かしていった。

ただし、カーネギーの名誉のために付言しなくてはならないが、彼はスコットランドから米国へ移民してきた一世として、この戦争を第三者的に傍観したわけでもなく、「死の商人」のような振る舞いをしたのでもない。彼は、鉄道および電報の業務に通じていたことが買われて、連邦政府に設営された鉄道・電報本部の責任者に任命され、義務を果たしたのである。

時代の潮流を読み取る「先見の明」

南北戦争が終わると、カーネギーはペンシルヴァニア鉄道を退社し、新しい事業に乗り出した。一九世紀後半の米国では、陸路で遠方まで行く交通手段は鉄道が主流であった。このトレンドを促進した理由には二つの要因が考えられる。第一には、英国のジョージ・スティーブンソンが一八二五年に蒸気機関車を製作し、ストックトン＝ダーリントン間を走らせて以来、大量輸送機関としての鉄道は世界中に「路線」を広げていった。米国にもその流れは及んだ。第二には、一八四八年のカリフォルニアにおける金鉱の発見である。爾来、米国では「ゴールド・ラッシュ」が起こり、人々は一攫千金を夢見て、西へ西へと向かった。そのために、鉄道需要が飛躍的に増大し、大陸横断鉄道の建設ラッシュが起こった。

カーネギーがペンシルヴァニア鉄道に職を得たのは、まさに「鉄道の時代」と重なっている。もっとも、それはスコットがカーネギーを採用したという「他力」によるものであった。しかしながら、カーネギーの凄さは、「他力」によって与えられた機会を利用して、「自力」で人生の「路」を切り開いていったところであろう。その為せる業は、時代の潮流を読み取る「先見の明」にあったと思われる。カーネギーは、南北戦争において、鉄道の線路や線路橋がいとも簡単に破壊されることを痛感した。当時の線路橋は木で造られていた。そこで、彼が将来性のある鉄道関連事業として着目したのが、「木橋」を「鉄橋」に建て替えることであった。彼が一八六五年に、鉄橋建設を事業とするキーストーン・ブリッジ会社を起こしたのは、皮肉にも、悲惨な戦争を通して思い付いた発想に基づいている。さらに皮肉な点は、この新規事業が戦争という悲劇をある種、肥やしにしながらも、見事に開花したことだろう。

カーネギーが次に展開した事業は、ペンシルヴァニア鉄道時代に培った鉄道および電信の両分野におけるノウハウがいかんなく発揮されたものである。一八六七年に、彼はキーストーン・テレグラフ会社を創業する。事業内容は、電信網をまずはペンシルヴァニア州全域に、次に米国全体へと拡大させることであった。採られた手法は巧みにも、既存の鉄道路線を利用して、電信線を敷設することであった。この事業も見事に的中して、ネットワークの拡大がはかられた。

ファイナル・ステージとしての「スティール」（鉄鋼）と社会への「富の還元」

「鉄」とは多少、縁の薄い電信分野でも事業を始めた一八六七年のカーネギーはまだ三二歳という若さであったが、すでに莫大な富を手中に収めていた。ところが、彼は突然、虚脱感に襲われ、ビジネスへの関心を喪失してしまう。翌年、カーネギーは三五歳をもって、実業の世界から身を引くことを決意した。それが、米国に移住したばかりの一三の歳から働き尽くめの毎日を送ってきたことの疲れから来るものか、それとも別の理由によるものか、定かではない。いずれにせよ、彼は、しばらく仕事から距離をおき、スコットランドやイングランドに出掛けたりして、のんびりした時間を過ごした。

しかし、三〇代の隠遁生活は早すぎた。一八七二年にカーネギーはイングランドへ旅した際、鉄鋼精製技術で世界的に知られていたヘンリー・ベッセマーのプラントを訪れた。この工場見学によって、カーネギーの体内の血は再び騒ぎ始めた。彼は、近い将来、「鉄鋼の時代」が到来することを確信して米国に戻り、鉄鋼事業の拡大に着手する。その後、カーネギーは、いくつかの鉄鋼関連企業を傘下に組み入れて、米国の鉄鋼業界における独占状態を築き上げていく。そのなかには、フリック・コークス会社やホームステッド・ワークス製鉄所などが含まれていた。しかし、一九〇一年に自らが経営するカーネギー鉄鋼会社が、J・P・モルガンの大攻勢を受け、吸収合併の憂き目にあうと、カーネギーはビジネスから身を引くことになる。その意味で、鉄鋼事業は彼にとって、ビジネスのファイナル・ステージであったといえよう。ただし、これにより彼は、米国における鉄鋼王の名を不動のものとした。

カーネギーは、「鉄」にまつわるさまざまな事業で大成功をおさめ、莫大な富を蓄えた。だが彼は、その蓄財を自分のところに留めようとせず、成功の機会を与えてくれた米国社会に感謝し、全米に教育研究機関、美術館、博物館、音楽堂等を寄贈した。カーネギーの遺産は現在も生き続けている。

（五味　俊樹）

◆参考文献

大森　実『独占者の福音』講談社、一九八六年
アンドリュー・カーネギー（坂西志保訳）『カーネギー自伝』中公文庫、二〇〇二年

ジョン・ロックフェラー *John Davison Rockefeller* 1839–1937

自己の信念を完遂した石油王

（スタンダード石油）〔米　国〕

対照的な両親

一八三九年七月八日、石油王ジョン・D・ロックフェラーは父ウィリアム・エイベリー・ロックフェラーと母エリザ・デイヴィソンの長男として、ニューヨーク州のリッチフォードで生まれた。父は人を騙して世渡りするペテン師的な人物で、道徳観などほとんど持ち合わせていなかったが、旅の話や経済の話を面白おかしく語ってきかせ、不思議と子供たちから慕われていた。それに対して母は敬虔なバプティスト信者で、道徳と躾に厳しく、教育にも非常に熱心であった。こうした対照的な個性に挟まれて育ったロックフェラーはその狭間のなかで揺れ動きながらも、自らを失うことなく、かえってそれを自らのなかで消化し止揚させ、経済と宗教を矛盾なく見事に自己同化させていった。敬虔なバプティスト信者である彼はまじめに節倹と勤勉に勤めることこそ、神の意思を体現することである、という考えを何のためらいもなく自然なものとして実践していったのである。その結果として富が蓄えられることも神の意思であり、その富を寄付することも神の摂理であると考えたのである。まさにマックス・ウェーバーの『プロテスタンティズムの倫理と資本主義の精神』を己の信念として実践した稀有な人物であるといえよう。それが彼のなかではまさに無理のない自然な精神の発露としての信念の実践であったからこそ、九七歳という当時としては異例の長命をまっとうできたのかもしれない。しかも、性格的に非常に穏やかで、興奮したり大声を出したりすることはまずなく、いつも淡々と自己の信念に忠実であった。

起業家ロックフェラーの第一歩

起業家としての基礎を学んだのは、一八五五年に仲買問屋と農産物の運送を行っているヒューイット・アンド・タトルという会社に帳簿係として採用され、経営の実務を目の当たりにしたときであった。彼は創意工夫を重ねて複雑な会計計算をこなし、経営の合理化に勤めた。ここでの経験は起業家ロックフェラーを誕生させる修業の場として無駄なものは何一つなく、貴重なものであった。一九五八年、ロックフェラーはモーリス・B・クラークとともに卸仲買業を専門とするクラーク・アンド・ロックフェラーという会社を設立し、一八歳にして共同経営者として名を連ねた。起業家ロックフェラーの第一歩を踏み出した瞬間である。事業は順調に発展したが、彼はそれに満足する人物ではなかった。利益は内部留保し、投資に充て、ときには銀行から融資を得てその規模を拡大していった。やがてロックフェラーは他の事業への投資を考えるようになったが、彼が本格的に石油事業に参入したのはクラークの二人の兄弟と英国人の石油精製技術者サミュエル・アンドリュースとともに新会社を設立したときであった。彼にとって単純な化学処理で利益が確実と思われた石油精製業は将来性のある安定した魅力ある事業に思えた。彼は無駄を省き、倹約に努め、その余裕資金を石油精製業に再投資していった。原油を卸業者に頼まず、直接に採掘業者から購入して中間マージンを削減し、その運送も独自で行った。

スタンダード石油の誕生

規模の経済こそ勝利につながると確信し、事業の拡大にこだわり続けたロックフェラーと、会社がすでに負債を抱えていることを心配していたクラークとの間に、やがて決定的な意見の対立が生まれ、クラーク兄弟は共同事業から抜けることになった。一八六五年のことであった。これによって、ロックフェラーはアンドリュースの信認も得て最高責任者として、その企業家精神を発揮する基盤ができたのである。当時は石油資源の枯渇問題や銀行信用の低さなども手伝って、誰もが精製設備への投資を躊躇していた。そのうえ精製技術が単純であったため、参入は容易で、クリーブランドやピッツバーグへ向かう鉄道線路沿いに製油所が次々と作られていた。このような時代に、ロックフェラーの新たな補佐官となったフラグラーは精製技術の向上とその近代化こそが勝利への道であると彼に進言し、ロックフェラーもその言葉を受け入れ、大規模な設備投資を行って、近代化を図るというイノベーションに取り組んだのである。彼は一度決心したら断固として自説を曲げずに進むタイプであるが、それまでは熱心に人の話に耳を傾け、有効と判断したらそれを受け入れる人物であった。結果として、彼は同業者よりも良質な灯油の大量生産に成功し、ほどなく全米最大の精製業者となった。一八七〇年、ロックフェラーは資本金一〇〇万ドルの株式会社オハイオ・スタンダード石油（以下、スタンダード石油）を立ち上げた。スタンダード石油は設立当初から全米一〇%のシェアを誇る世界最大の石油精製会社であった。

水平的統合による製油業界の支配

当時の製油業界は参入が容易であったことから、慢性的な過当競争に悩まされていた。ロックフェラーは過当競争の排除こそ業界の繁栄につながる道であると信じていた。彼はカルテルの結成や同業他社の吸収・合併を精力的に行いながら、絶えず業界の整理・統合を進めていった。主要な石油地帯を支配するというロックフェラーの野望はJ・N・キャムデン・アンド・カンパニーの買収と、ロックフェラー帝国に反抗し続けている製油業者の最後の砦であるボルチモア・アンド・オハイオ鉄道が支配する地域の買収によって完遂した。これによってロックフェラーは三〇代にして米国製油業界の帝王となり、同時に、ロシアの油田を例外とすれば、ペンシルヴァニア西部以外では大きな油田が発見されていなかった当時では、世界の製油業界の独占者となったのである。一八七〇年代末には全米の石油精製能力の九〇～九五%がロックフェラーの支配下にあった。彼の買収作戦は、まず穏便に相手が納得するような形で話を進めていくが、話が進まない場合には自分の信念に従って相手が屈服するまで対決姿勢を示して、最初に地元の有力な企業を買収し、その後はその企業や地元有力者を通じて周辺企業を買収していった。しかも、買収した企業の経営陣を自社の役員に加え、そうでない場合にも経営陣や従業員をできるだけ変えないようにして、地元民や従業員との融和を図る戦略を用いたのである。

トラストによる完全支配

一八八〇年当時の法律では、州外の工場の所有や株式の取得が禁止されていたため、スタンダード石油と呼ばれていた組織は、実際には多岐の分野に渡る多数の会社を支配していたとはいえ、オハイオ・スタンダード石油とその傘下にある多数の企業からなる非公式な組織であった。こうした数多くの事業所を統一的に管理・運営し、合理化と効率化を推し進めるために、スタンダード石油は一八八二年一月にスタンダード石油トラスト理事会を立ち上げた。スタンダード石油とその傘下にある企業の株主はロックフェラーを筆頭とする九人の受託者にその全株式を預託し、その代わりに企業の財産の評価額に相当するトラスト証券を受け取った。この理事会は今日でいうところのいわば持株会社にあたり、ロックフェラーを中心とする強固な中央集権組織であった。トラストの成立によっていっそう促進されたが、スタンダード石油は石油精製産業内での水平的統合に始まり、輸送面でのパイプライン事業の支配、さらには石油の採掘から石油製品の小売販売に至る垂直的統合を推し進めた。その結果、その規模は当時の米国でも類をみない巨大なものとなるとともに、これらを束ねる本社機能のいっそうの強化が求められたのである。これに対し、ロックフェラーはワンマン経営とは対極にいて、優秀な専門スタッフを重用し、その意見に熱心に耳を傾け、経営責任を分担させることで、巨大トラストを有効に機能させるという経営戦略を用いたのである。この巨大トラストの事実上のオーナーはロックフェラーであることから、まさに彼は巨大企業での「所有と経営の分離」を実践した最初の人物であるともいえるだろう。

反トラスト法の成立

当時のトラストは適法であったが、それによる巨大な経済力の集中が民主主義に対する脅威となるのではないかという危惧の念から、巨大独占企業やトラストの象徴とされたスタンダード石油やロックフェラーを標的とする反対運動が全国的に巻き起こり、一八九〇年には連邦議会でトラストが違法であるとされ、シャーマン反トラスト法が可決された。その後、数多くの訴訟や判決が繰り返され、スタンダード石油側もそれを受けて戦ってきたが、ついに創業から四一年、スタンダード石油最後のときがやってきた。一九一一年五月一五日午後四時、ホワイト最高裁判長はスタンダード石油解体を支持する判決を下し、トラスト証券と引き換えに取得したすべての株式を元の株主に返還して、三八の子会社を分離するよう命じたのである。ロックフェラーはこの判決を聞いても動揺を見せなかった。彼がその生涯をかけて作り上げた王国の瓦解であるというのに、彼は信じられないほど落ち着き払っていた。彼にとっては、判決はどうでもよかったのである。自身の経営哲学を結実させ自身の信念を曲げなかったことによる満足が彼の胸に去来していた。世界一の巨大企業を作り上げ、自己の信念をまっとうしたこの石油王にとって、判決など瑣末なことであった。彼はかねてから希望していた引退を公式に表明した。

大往生

皮肉にも、このトラスト解体はかえってロックフェラーを富ませることになった。多数の石油関連事業の株式ポートフォリオをもつことになったからである。その後のモータリゼーション化も追い風となり、石油関連産業は発展を続け、子会社が上場すると、株価は上昇し、ロックフェラーの財産は膨らむ一方であった。とはいえ、彼は無趣味で、酒・タバコ・ギャンブルにも無縁の男であったため、膨らんだ財産をどうするかという贅沢な悩みも抱えていた。事業によって得られた資産は次の事業への再投資の資金に回されたが、それがまた富を生むため、莫大な財産が毎日のように転がり込んできた。それを救ったのが母から受け継いだ慈善の血であった。彼はシカゴ大学に寄付をし、一九一三年にはロックフェラー財団を設立して、教育や医学の進歩に貢献する世界各地の活動に多額の資金を寄付したのである。

一九三七年五月二二日、ロックフェラーは心臓発作を起こし、翌二三日午前四時五分、眠ったまま息を引き取った。あと六週間で九八歳になる前の大往生であった。五月二七日、ロックフェラーの遺体はクリーブランドに戻り、母イライザと妻セティの間に埋葬された。彼の手には「証券番号一番」と記されたスタンダード石油の株券が一枚握られていた。

（渡部　茂）

◆参考文献
ロン・チャーナウ（井上廣美訳）『タイタン』（上・下）日経BP社、二〇〇〇年
H・W・ブランズ（白幡憲之他訳）『アメリカン・ドリームの軌跡』英治出版、二〇〇一年
河明生『ケース・スタディ　企業者史』アートン、二〇〇一年

ヘンリー・フォード

Henry Ford 1863–1947

フォード自動車創業
「米国文明」の象徴

〔フォード自動車〕〔米　国〕

米国文明の象徴的存在

「今世紀は米国の世紀であり続け、世界で最も強大な産業をもつ国となった」。これは、ビル・クリントンが一九九七年一月二〇日、二期目の大統領就任演説のなかで述べた言葉である。今世紀が二〇世紀であることはいうまでもない。こうした自画自賛的見方の善し悪しは別にして、米国が二〇世紀の世界において指導的役割を演じたことは否定しがたい。それを可能ならしめたのは、「米国文明」というパワーであった。ところで、「米国文明」には、物心の両面がある。精神面では、自由、民主主義などがその典型であろう。物質面では、枚挙に暇がないほどに数は多いものの、ジーンズや自動車などが代表格として挙げられよう。とりわけ、自動車産業は、一九七〇年代に日本車の大攻勢を受けるまでは米国の基幹産業として、まさに「米国文明」の象徴的存在であった。ガソリン・エンジン搭載の自動車開発は一九世紀のドイツに起源を発するものの、世界を今日のような車社会へと変えたのは米国の自動車産業であった。なかでも、フォードが果たした役割はきわめて大きい。彼は「自動車王」と称された。

「天才メカニック小僧」の異名

ヘンリー・フォードは一八六三年七月三〇日、ミシガン州デトロイトの南西に位置する小さな町、ディアボーンでこの世に生を享けた。ヘンリーの「ルーツ」はアイルランドにあり、祖父のジョンが一九世紀の半ばに同地を襲った「ジャガイモ飢饉」の難を逃れて、ディアボーンにやって来たスコッチ・アイリッシュ系の一族である。父親のウィリアムは、ミシガン・セントラル鉄道の建設に携わり、その後、ディアボーンに戻って、大工仕事と農業に従事した。母親のメリーは、勝気な女性で、清潔や忍耐を重んじ、ヘンリーの人格形成に影響を与えたものの、彼が一二歳のときに急逝する。父親はなんとしても息子に農業を継がせようとしたが、ヘンリーは「天才メカニック少年」の異名をもつほどに機械いじりが大好きで、畑に出ることをひどく嫌った。一六歳となった一八七九年、彼は父親のもとを離れ、最寄りの大都市、デトロイトへ行き、ミシガン車輛工場の見習工として、父親とは「畑違い」の人生の第一歩を踏み出した。メカにめっぽう強いヘンリーは、先輩の熟練工に嫌われ、イジメにあい、わずか一週間で辞めさせられる。その後、真鍮工場や造船所で働くものの、長続きはしなかった。それは、彼が移り気な性格だったからではない。彼にとって工場で働くことは、単に生活の糧を得るだけではなく、さまざまな機械の構造を学ぶためだった。したがって、ひとたび勤務先の工場に置かれている機械を知り尽くしてしまえば、もはやそこに留まる必要はなかったわけである。

馬車時代の終焉とガソリン・エンジン車の到来

フォードはデトロイトで働いているあいだに、ガソリン・エンジンに興味を抱いた。そこで、ディアボーンに戻り、独りでエンジンの設計・開発に取り組む。一八八八年には、ダンス・パーティーで知り合ったクララ・ブライアントと結婚するが、新妻への愛によって、エンジン開発への情熱が衰えることはけっしてなかった。それどころか、一八八〇年代にドイツでガソリン・エンジンの自動車が製造されたことに刺激され、彼の研究・開発への熱い思いはますます高まった。しかし、さまざまな機械類に精通している彼にも欠けるものがあった。それは電気系統の知識であった。そこで、デトロイトのエジソン照明会社に就職することを決意して、働きながら自動車の設計に取り組むことにした。クラーラも内助の功に徹し、ついに一八九六年、彼は第一号車を完成させ、試走にも成功をおさめた。その同じ年、エジソン照明会社の全国大会が開かれ、彼はトマス・エジソン会長と直接、会話する機会に恵まれた。エジソンは近い将来、馬車に替わるのは電気自動車だと思っていた。しかし、フォードがガソリン・エンジン車の開発について熱心に語ると、エジソンはフォードの話しに理解を示し、また、激励の言葉もかけた。フォードはそれにいたく感激し、ガソリン・エンジン車造りにますますのめり込んでいく。

成果はすぐに現われた。一八九九年に第二号車を完成させ、それをデトロイト市長のウィリアム・メイベリーに試乗してもらった。メイベリーは新種の乗り物にすっかり魅了され、市長自らが資金集めに奔走して、同市の銀行家、マクミラン一族を筆頭株主とするデトロイト自動車会社が設立された。フォードには同社の技術部長のポストが与えられた。しかし、フォードは商品としての自動車造りの経験がなく、納期を守れず、投資家の怒りを買い、退社を余儀なくされた。再度、一匹狼としての車造りに戻らざるを得なかった。彼は怯むことはなかった。馬車の時代は終わりを告げようとしていたからである。

レース・カーでのデビュー

フォードにとって、性能の良いガソリン・エンジン自動車を製造することは、生き甲斐そのものであった。しかも、彼がめざしたものは、ドイツ車のような重量の車ではなく、大衆向きの軽量自動車を造ることであった。ところが皮肉にも、大衆は車にスピードを求め、投資家はレース・カーを売ることで、大儲けすることを目論んでいた。そうなると必然的に、フォードに投資しようとする人はほとんどいなかった。そこでフォードが採った戦略は、彼の最終目標はひとまず措き、まずはカー・レースに参加して、そこで優勝することを通して、彼の知名度を高めることであった。そうなれば人々がフォードに注目し始め資金も自ずと集まるだろう、という計算である。このアプローチが見事、的中した。一九〇一年一〇月のデトロイト自動車レースに参加したフォードは、前評判の高かった国際レースの経験者、アレキサンダー・ウィントンを破って優勝した。これに気を良くしたフォードは、大型のレース・カー、「九九九号車」を開発し、翌年の自動車レースに挑み、ここでも、ウィントンに勝利した。

人間という動物は、あることで成功をおさめると、その「蜜の味」が忘れがたく、いつまでもそれに囚われてしまう傾向がある。しかし、フォードに関しては、その命題は当てはまらない。彼の夢は、あくまでも「大衆車の量産」にあり、カー・レースに勝って有名であり続けようとは思わなかった。彼は、一九〇二年の自動車レースで優勝した翌月に、デトロイトの石炭商、アレキサンダー・マルコムソンから出資を受けて、フォード・マルコムソン会社を設立し、翌年六月一六日には社名をフォード・モーター社と変更した。ここに、フォードの名のみを冠した企業が誕生し、大衆車造りが始まった。

技術屋の魂と「フォード革命」

二〇世紀初頭の米国では、自動車の将来性を見込んで、投資家のあいだでは投資意欲がにわかに高まりつつあった。一九〇八年頃、東部の巨大金融資本家、J・P・モルガンは、ヘンリー・フォードやランソム・オールズの自動車会社を莫大な資本力を用いて、モルガン商会の傘下に組み入れようとしていた。しかしながら、フォードもオールズも自動車造りに命を賭けている技術畑の人間であり、カネを動かして利ざやを稼ぎ出すことにはほとんど関心を示さなかった。それどころか、そうした商法を忌み嫌っていた。モルガンは両者に対して、企業合同の話を持ち掛けたものの、二人とも、きっぱりとその提案を断ったのである。技術屋の魂を感じさせる逸話だ。ただし、いかに製品が優れていたとしても、それが売れなくてはどうしようもない。フォードは多くの庶民に彼の開発した車に乗ってほしかったものの、売り上げは思うようには伸びなかった。セールスの仕方を工夫する必要に迫られていた。思案のあげく、彼がヒントとして得たものはメール・オーダーによる通信販売であった。この手法を用いれば、僻地に住んでいる人々にもフォードの車を知ってもらえるはずだと考えた。

しかし、それを円滑に行うためには、製品の標準化、量産化、低価格化が求められた。フォードは、そうした要請に応えられるような生産方式を開発しなくてはならなかった。その為せる業は何か――彼はここでも思い悩んだ。ヒントは思わぬところにあった。すなわち、食肉の解体作業である。牛や豚がそれぞれの部位ごとに切り取られ、細分化されていく過程を逆方向にすれば、各部位が接合されて元の状態になる。フォードはこの点に着目した。ベルト・コンベアを用いて、部品を組み立てていけば、きわめて効率良く自動車が出来上がる。これこそまさに、「逆転の発想」であり、「フォード革命」と称される所以である。かくして、量産化と低価格化は達成された。一九〇八年のことである。フォードはその車種を「T型」と名づけた。そして、このモデルが爆発的に売れたため、フォード・モーター社は米国の自動車業界において揺るぎない地位を確立した。

ヘンリー・フォードとユダヤ人

フォードといえば自動車、自動車といえばフォード、といったように、フォードは自動車の代名詞のような人物であるが、車造りとは比較的関係の薄い分野で彼にまつわる興味深いエピソードがある。

フォードは「自動車人」として最も脂が乗っていた時期に第一次および第二次の二つの大戦を経験す

る。戦争に対する彼の姿勢は、基本的に「孤立主義者」であった。第一次世界大戦は、ユダヤ国際資本が戦争で儲けようとさかんに煽動しているにすぎず、また、米国の安全保障を脅かすものではないので、米国が関与することは慎むべきだとした。それどころか、彼は私財を投じて「平和の巡礼船」をチャーターし、自らも欧州まで赴いて反戦を訴えた。もっとも、ドイツの潜水艦、Uボートによる無差別攻撃のために、イギリスの客船、ルシタニア号が沈没し、乗客の米国市民にも犠牲者が出ると、彼は態度を一変させ、戦争協力へと傾いた。同様のパターンは第二次世界大戦でも見られ、日本軍によるパール・ハーバーへの攻撃を境として、「孤立」から「介入」へと態度を一八〇度、変更させた。

フォードはユダヤ国際金融資本を忌み嫌った。第一次世界大戦前後の時代、米国の工場では労働争議やストライキが多発した。その労働者を背後から支援しているのはユダヤ資本だとするのが、彼の見方であった。そのため、彼は地元の新聞、『ディアボーン・インディペンデント』を買い取り、それを用いて、反ユダヤ主義のキャンペーンを展開した。フォードはなぜ、ユダヤ資本を忌み嫌ったのであろうか。彼はたしかに巨大自動車会社の経営者ではあったが、莫大な資金を動かして、企業を大きくするという、いわば「文科系」の経営手法とは違った経営者であった。彼の目からすると、ユダヤ人はJ・P・モルガンのような東部の金融資本家と酷似したエスニック集団と映ったのだ。フォードの経営哲学は、多分に「ものづくりの心」に依拠している。それは、少年時代の機械いじりに由来するものであろう。それは同時に、「米国文明」を生み出す主要な精神の一つでもあった。

（五味　俊樹）

◆参考文献
大森　実『デトロイト・モンスター』講談社、一九八六年
ヘンリー・フォード（竹村健一訳）『藁のハンドル』中公文庫、二〇〇二年

アントン・フィリップス

Anton Philips 1874-1951

電球生産からエレクトロニクスへ
フィリップス社を築いた経営の巨人

〔フィリップス〕〔オランダ〕

©フィリップス・カンパニー・アーカイブ

父と兄が起こしたフィリップス社

現在でこそフィリップス・オランダ本社は、世界有数・ヨーロッパ最大のエレクトロニクス企業に発展したが、創業当初は、父（フレデリック・フィリップス）と兄（ジェラルド）が経営する田舎町の小さな工場であった。兄は、優秀な技術者で父の支援を受けて研究に専念していたが、一八九〇年に、彼が非常に均質な繊維フィラメントを企業化できる大量生産の手法を考案したこともあって、親子は、フィラメント電球の生産に投資を決意した。

父は、オランダのブラバンド地方のアイントホーフェンという田舎町に工場用地を買い求めた。また、フィリップス親子は、事業を起こす前に二人で綿密な話し合いを行い、契約を交わしたといわれている。

一八九一年五月、フレデリック・フィリップスは、英国ポンドで六二〇〇ポンド、七万五〇〇〇ギルダーを事業資本として投じ、合資会社フィリップス・アンド・カンパニーの設立にこぎつけた。こうして創業したフィリップス社は、翌一八九二年から本格的に電球の生産を開始した。

やっとの思いで創業した工場も、一八九三年には早くも多額の損失を出し、倒産の瀬戸際に立っていた。親子は、思い余って工場を売りに出したが、買い手が付かなかった。どうにか見つかった買い手は一人だけ、しかも買い手は一九〇〇ポンド以上は一ポンドも出せないといってきた。しかし、フレデリックは二〇〇〇ポンドを要求したために話は決裂してしまった。

アントン・フィリップスの決断

フィリップス家には、生真面目で学者タイプの長兄ジェラルドとは性格も違い、そして一六歳離れたやんちゃな末っ子アントンがいた。ありきたりの勉強が嫌いな彼は、商業学校を中退し、ロンドンに渡りシティの株式仲買人のもとで働き、類い稀な商才を発揮し始めていた。

アントンは、その頃一方で、父と兄の同族会社経営にもすごく興味を抱いていた。しかし、一八九三年から九四年にかけて、工場の経営状態はますます悪化していた。危機打開のために、父フレデリックは、ロンドンのアントンに、会社で働いてくれる友人はいないかと打診した。

アントンは、何人かの友人の名前を知らせたが、彼らのほとんどはすでに職を決めていたので田舎の工場経営にタッチしようとするものはいなかった。むしろアントンは父のこの打診を「渡りに舟」と自分が協力する旨を返事して、ロンドンから母国のザルトボンメルの実家に戻った。

両親や兄ジェラルドとも話し合い、とにかく暫くの間やって見ようと決断し、フィリップス社のあるアイントホーフェンに向かった。一八九五年一月のことだった。

アントン・フィリップスの商才、ジーメンスを制す

アイントホーフェンの町は、アントンが考えていたよりずっと町らしく活気があった。工場は魅力的

であったが、製品（電球）の販売計画や組織がお粗末だった。アントンは、己の仕事をそこに見出したのである。またアントンは、工場で明るく働く労働者にも関心をもった。

彼は、兄ジェラルドと一緒に、工場の近くに下宿することになってからは、兄と二人で、ヘット・ポスチュースまで夕食をとりに出かけるのが楽しみであった。そこには、医者や役人などさまざまな職種の人々が出入りしていたので経営に有益な情報が得られた。アントンは、そうした情報を整理したり、顧客からの手紙の整理、その返事に夜遅くまで時間を使った。

一八九五—九六年度になると、兄が計画した採算ライン日産五〇〇個の水準を実現できたこともあって経営状態にははっきりとした明るさが見え始めてきた。そしてアントンも一年後には、工場のすべてに精通するようになっていた。

計画的な顧客訪問で営業活動も軌道に乗り、外国市場にも積極的に販売網を広げた。とくにロシアの電球市場をターゲットにおいて、順調に売上げを伸ばした。一月のうち三分の二を夜汽車で過ごすことさえあったという。その後、ジーメンスとの競争も制したアントンは、フィリップス社の年間売上高の五〇パーセントをロシア市場で売り上げることに成功したのである。

まさに、アントンは「時代の寵児」～大胆なアイデアでチャンス掴む～

フィリップス親子は、長兄ジェラルドの研究の成果を導入して、新製品の開発と新市場の開拓に成功した。たとえば、エジソンが発明した炭素フィラメント照明の技術もすぐにマスターして、フィラメントを炭化する技術も製品に生かすことができた。

一方、アントンは、そうした技術を巧みにマーケティングに取り入れて、顧客の信頼と新たな市場の開拓に汗を流した。彼のセールス行動は、フィリップス社のビジネス全体のクオリティを高める原動力であった。もちろんその背景には、アントン・フィリップスの企業家としての優れた才能、誰からも愛される気さくな性格によるところが大きかった。ロシア国内で売上げを伸ばせたのも、彼の如才ない人間性にあった。

アントンは、ロシア・ペトログラード発電所の所長の信頼を得て、宮廷の式武官に面会することさえできた。その結果、宮廷で使われるすべての電球の注文を取ることに成功すると同時に、ペトログラードの著名な会社からもまとまった量の注文が継続するようになった。

アントンの才覚でフィリップス社はロシア市場の販売網を確立し、ジーメンス・ハルスケ社やベルグマン社と互角のビジネスができるまでに成長した。その結果、一八九八年には一二〇万個、翌一八九九年には一八〇万個と、年々増産に拍車をかけた。それに伴って、フィリップス社の工場は急速に拡張され、従業員数もまた創業時の六〇人から一二〇人、そして二八〇人に増員された。三〇年後にはいくつもの外国に進出し、従業員の数は二万人、そして一〇〇年後の現在、世界六〇数ヵ国に現地フィリップス社を有し、グループの従業員は約一六万人にも達している。

アントンの哲学～セールスこそが、経営の原点～

アントン・フィリップスは、己の経営哲学をセールス活動のなかから生み出した。彼は、常に自分の言葉で喋り、自分の意思で行動した。彼は、「セールスこそが事業の最前線であり、自分が最も嫌うのは、『セールスという仕事は俺には向かぬ。俺にはもっと高級な仕事がやれるのに』と考えている人たちである」（P・J・バウマン（高橋達男訳）『アントン・フィリップス』五四頁）、と語っている。

彼は、モノづくりをする会社を発展させるためには、モノを人々に知ってもらわなくては買ってもらえない。知ってもらうためには、セールス活動が大切だと熱っぽく説いた。

アントンにとってセールスこそが経営の原点であった。だから愛妻アンナ夫人とのプライベートの旅行の際にも、いつも会社の製品をカバンに詰めて出かけた。セールス・チャンスを逃さないためである。

また、部下を伴って諸外国に出張している折にも、その国、その都市で人々がどんな買い物をしているか、その行動に目を光らせるようにアドバイスすることを忘れなかった。経営学の言葉を借りれば、彼は市場浸透戦略を重視した経営者であったといえよう。

アントンは、いつも部下に話した。「優れたセールスマンとは取引のときだけでなく、どんなときにも仕事のできる体制を整えているものなのだ」と、「チャンスは、自分から摑まなければ、転がり込んでは来ない」、それが彼の口癖であった。

福祉制度の充実に取り組む

アントン・フィリップスの従業員に対する関心は、若い時代から高かった。年金制度の導入、保健所の創設、一九三二年には従業員の健康管理を目的に当時二万人いた従業員すべてにレントゲン検査の制度を取り入れて産業衛生にも力を尽くした。フィリップス社の福祉制度の充実は、欧州の多くの企業から注目を集めた。

こうした社内福祉の充実は、アントンに対する社会的な評価を高めるとともに、国内だけでなく各国からも最高栄誉章、数々の高位の勲章、名誉博士号等を授与されるところとなった。オランダの経営者として、彼ほど栄誉に輝いた一生を過ごせた人間はいない。

しかし、そのアントンにも厳しい試練の時代が襲った。戦争そして亡命という危機である。彼の能力だけではどうにもならない厚い壁に閉ざされた時代があったことも確かである。

「生存中に銅像は要らぬ」と断わったアントンに、アイントホーフェンの市長は、「貴方を称えることがフィリップス社全体を称えることになる」と説得し、一九四九年三月一四日、彼に銅像が贈呈された。それから二年半後の一九五一年一〇月六日、世界に名だたるフィリップス社を育て上げたアントン・フィリップスは永遠の眠りについた。

結びにかえて

オランダ本社は、一八九一年、当時の新しい技術を駆使して照明をビジネスに創業した企業である。いまでは、百有余年の歴史を刻み、世界有数のエレクトロニクス企業に成長した。わが国にも、「日本フィリップス社」があるように、現在、フィリップス社は世界の六〇数ヵ国に設立されている。グローバル化時代をそのリーダーとして、常に最先端の技術の開発に取り組み、半導体、オーディオ・ビデオ製品から医学診断の画像技術および患者モニターリング等、最高度の医療機器まで製品化し、あふれるチャレンジ精神で、最新の製品を世界に送り出している。それこそが、同社を育て上げた起業家アントン・フィリップスのチャレンジ精神にほかならないのである。

（中本　博皓）

参考文献

P・J・バウマン（高橋達男訳）『アントン・フィリップス』紀伊國屋書店、一九六四年
中本博皓「EEC電子産業とA. Philips」（『マネジメント・ジャーナル』（64-9. No. 271））、日本事務能率協会、一九六四年
田中洋之助『世界のマンモス企業』経営思潮研究会、一九六三年

トーマス・ワトソン・Sr.

Thomas J. Watson Sr. 1874–1956

トーマス・ワトソン・Jr.

Thomas J. Watson Jr. 1914–1993

IBM創業者
コンピューター社会の巨人

（IBM）〔米　国〕

トーマス・ワトソン・Sr.

トーマス・ワトソン・Jr.

〈トーマス・ワトソン・Sr.〉

営業を中心とする企業運営

『バランスシートに現れているのは当社の過去です。お願いする融資は当社の未来のためです』。IBMの前身となるCTR（Computing Tabulating Company）の社長を引き受け、四〇〇万ドルをすでに融資してもらっている債権者を訪問し、CTR救済のためさらなる四万ドルの融資を要請したときのことである。『カードに一ドルを表す孔をあけることができます。その瞬間からあなたは永遠に残る記録を残すことができます。加減乗除も思いのまま。それが自動的にできるのです。』。穿孔カード機販売の売り口上である。彼は類まれな営業能力を発揮した。「困ったときはセールスマンを増加する」。それによりIBMを作り上げた。

ワトソン・シニアは一八七四年ニューヨーク州キャンベルで生まれた。一八歳のとき、クレレンス・リスレイス・マーケットで記帳係として仕事を始めている。その後、馬車にピアノやミシンを積んで行商を始める。当時セールスマンは歩合制であったが、雇い主がそれを知らせず週給制で雇っていたことを知り、その職を辞している。一九歳のときバッファローに移り、詐欺師の手伝い、肉屋経営などを転々とした。肉屋経営のとき、キャッシュレジスタを利用していた知識を用いて、その利点について顧客を説得できると考え、NCR社に職を求め採用された。一八年間働き、販売部長になり、経営理念の多くを学んでいる。近代セールス活動の父といわれるジョン・ヘンリー・パターソンから学んだことは、規格化したセールス口上、販売地域割当て制、独裁的経営、セールスマンとの頻繁な会合での鼓舞などである。順調に販売部長までの道を進んだが、副社長の讒言により解雇された。

IBMへの道

セールス活動に自信をもっており、戦争開始前で活況を呈していた軍需関連産業からの誘いを断り続けた。一九一四年、CTRの社長からの取り立てにより、また穿孔カード機に強い関心を抱きCTRに入社した。CTRはIBMの前身となる会社である。一八九六年ホレリスが作ったカード穿孔機会社タビューレーティング・マシーン・カンパニー、秤製造のコンピューティング・スケール・カンパニー、タイムレコーダのインターナショナル・タイム・レコーディング・カンパニーを一九一一年に合併して作られた会社である。社長のフリントの要請により、一九一四年、新会社の初代社長に就任した。

一九二四年、社名をIBMとした。IBMのやり方の特徴は、カード穿孔機販売ではなく、そのメンテナンスサービスであり、永続的サービスを採用した。その後第二次世界大戦中、陸軍と共同で計算機を研究、「ハーバード MARK-1」を完成しているが、コンピューターの開発・販売が十分にはできなかった。またコンピューターよりもカード穿孔機に関心をもって順調な企業拡大を成功に導いたこともあって、「世界中で計算機は売れても四、五台だろう」と考えた。カード穿孔機の魅力からは逃れなかったのである。

二つの大きな試練をうけている。一つは一九二九年の大恐慌、もう一つは独占禁止法の裁判である。一九二九年、世界恐慌が起こった。しかし、一九三〇年代後半、米国政府が企業に対し、支払った賃金・労働時間・残業時間を記録することを義務付けることで、統計集計機とタイムレコーダの販売額を上昇させることが可能となった。二つ目は独占禁止法違反の裁判にも巻き込まれた。NCR社において、レジスター事業における営業制限および不当独占に係わり「禁固一年と五〇〇〇ドルの罰金」という判決をうけた。しかし、これらの刑も実行されず窮地を逃れることができた。

ワトソン・シニアの企業文化

「一人の人間がすべての異なる仕事を経験すべきである」。トーマス・ワトソン・シニアは、IBM独自の企業文化を育てている。敬意、勤勉、倫理的な行動の文化を重視し、会社が社員の生活の隅々まで面倒をみるといった企業風土も育てている。①完全性の追求、②最善の顧客サービス、③個人の尊重、を企業信条としてきた。モットー「THINK」を導入し、これがその後IBMの広く名高いシンボルになっているが、彼がこの言葉を唱えた意味は、自ら考えて行動せよという意味ではなく、私のように考えよという意味ではないかとワトソン・ジュニアは述べている。

また国際関係に強い関心をもち、「交際貿易を通じた国際平和」を目指した経営活動を行ってきた。四二年間IBMの舵取りをして年間収益四〇〇〇ドルの企業に成長させ、IBMを世界的な産業に構築した。一九五六年、CEOをトーマス・ワトソン・ジュニアに譲り、死去した。

〈トーマス・ワトソン・Jr.〉

父への畏敬と反目

ワトソン・ジュニアの経営活動を支えたものは、父への畏敬と、そして父に劣らぬ力量を立証したいという願望であった。父親の死後一年経ったとき、「どうやら親父の助けなしに、一二ヵ月やってのけたぞ」と叫んだ。父親と息子は、公式の場ではお互いに称えあっていたが、二人だけの場では感情をぶつけ合うほど激しい争いをしていた。

ワトソン・ジュニアは一九一四年、米国オハイオ州デイトンで生まれ、一九三七年ブラウン大学を卒業した。大学時代は遊興に明け暮れ、成績優秀の学生とはいえなかった。卒業後は、父の経営するＩＢＭに入社した。第二次世界大戦になると、パイロットとして活躍したが、彼自身ＩＢＭ復帰後の活躍の基盤は、この時代に培われたと語っている。戦後ＩＢＭに戻り、父と一〇年間を共にすごし、四六年にＩＢＭ副社長、五二年にはＩＢＭの社長に就任した。一九五六年、四二歳の時、父からＣＥＯをまかされ、実質的にＩＢＭの経営者となった。

カード穿孔機との決別

「われわれのビジネスの核心はデータ処理であって単なる穿孔カードではない」と述べている。電子機器の処理速度の早さと、記憶量の多さに注目した。機械式事務処理計算機から電子式事務処理計算機への転換である。当時ＩＢＭ内では、カード穿孔機の優位性をワトソン・シニアを筆頭に誰もが信じていた。「新機軸を打ち出すとき最大公約数的意見に頼ることは無駄である」と感じていた。「ＩＢＭの将来を守る賢明な方法はエレクトロニクスのエンジニアを大量に採用すること」と数千人のエンジニアを新たに採用した。その意味ではコンピューターＩＢＭの真の創業者はワトソン・ジュニアといえる。

IBM701の開発とUNIVACの衝撃

最初の電子計算機ENIACを発明したエッカートらが会社を設立し、UNIVACを国勢統計局に納入した。この計算機は、IBMの牙城であったカード穿孔機を用いず、磁気テープを採用していた。この会社をIBMに譲渡しかけたが、独占禁止に触れるため断られレミントン・ランド社に吸収される。一九五二年大統領選挙の結果予測を行うため、UNIVACがテレビで宣伝された。予測結果がコンピューターの予測通りとなり、コンピューターの社会認知度を高めた。コンピューターといえばUNIVACといわれた。

IBMをコンピューターの製造販売会社へと変換させた最初のコンピューターは、IBM701である。一九五二年科学計算用コンピューターとして開発され、米国の原子力委員会に五三年に納入された。しかし、パンチカードを生業としていたこともありパンチカード入力方式であった。レミントン・ランド社のUNIVACが磁気テープ方式で自動的にデータ処理を行えるなどの特長から遅れを取っていた。それにもかかわらずIBMが競争に打ち勝ったのは資金力と長年培ってきた営業力の違いである。

IBM360の勝利

一九六〇年代の当初、IBMの計算機は他社の計算機の半分の能力しか発揮できなかった。そこで、一九六三年、汎用コンピューターIBM360に社運をかけた。360は全方位を表しすべての業務に対応できる計算機である。またそれまで八種類の計算機を同時に販売していたが、それらに、互換性を与えることで生産性や買い替え時の効率性を高め、IBMを飛躍的に成長させた。しかし集積回路の採用と自社生産など「五〇億ドルのギャンブル」とさえいわれた。しかしIBMはそれ以降、パーソナルコンピューターの普及まで、二〇年間に渡って世界のトップ企業として邁進し続けることになる。

ワトソン・ジュニアの企業文化

「企業というものが、いかに転変のはげしいものであるか、またたとえ成功にまでこぎつけても、長続きしがたいものであり、成功はいつでも手中からにげさりがちなものである」と考えた。そのため自分のように「ＴＨＩＮＫ」せよというワトソン・シニアの考えのなかで、ワトソン・ジュニアは、基本的考え方のみを残した。ワンマン経営を旨とした考えでは大企業経営が成り立たないと考え、事業部制による権限の委譲を行っている。しかし、①完全性の追求、②最善の顧客サービス、③個人の尊重はそのまま理念として残している。

「ＩＢＭの経営から手を引いたらいかがですか。あなたはご自分のできることをすべて立証したではないですか。」一九七一年に退職を決意した。そのときＩＢＭ年間売上額は七五億ドル、ＣＥＯ就任の一五年間に一〇倍の成長を遂げている。引退後は、軍縮委員会や駐ソ大使などを歴任した。一九九三年死去。

（清家　伸彦）

◈参考文献

トーマス・Ｊ・ワトソン（高見浩訳）『ＩＢＭの息子』（上・下）新潮社、一九九一年
トーマス・Ｊ・ワトソン（土居武夫訳）『企業よ　信念をもて』竹内書店、一九六三年
Ｍ・ケリー＆Ｗ・アスプレイ『コンピュータ２００年史』海文堂出版、一九九九年

ガブリエル・シャネル

Gabrielle Chanel 1883–1971

シャネル・ブランドの創設者
女性のためのスタイルを確立した人物

〔シャネル〕〔フランス〕

多様な男性関係に彩られた人生

シャネルは創設者の没後三〇年を経た今もなお、大きな影響を与えている非常に著名なファッション・ブランドの一つである。エレガントさと実用性を両立させるデザインの草分け的存在であり、著名人に愛好家が多い。たとえば、ケネディ大統領が射殺されたときに、ジャクリーヌ夫人がシャネル・スーツを着ていたことはよく知られており、日本においても、シャネル製品を集める「シャネラー」なる造語を生むほどにブランドイメージが強力である。あまりファッションに詳しくない男性であっても「シャネルの五番」という名前は、どこかで耳にしたことがあるものだ。シャネルは生前、多くの革命的なデザイン、香水、アクセサリーなどを発表することにより、ファッション界の巨人として君臨することになるが、他方、恋多き女として貴族、芸術家とも関係が深く、新しい時代の自立した女性像のモデルともなっている。シャネルに関する書籍の多くはそれらの恋愛を軸に書き進めているが、本論ではビジネス面からの視点を重視する。まず、シャネルの人物像とブランドの確立から話を始めたい。

人物像とブランドの確立

シャネルは一八八三年八月一九日、フランスのソーミュールにて生まれた。父親は行商を生業としていたこともあり、あまり家に寄りつかず、家計を支えるため、母親がかなり苦労をしていた。兄弟は二男三女であり、多くの子供を抱えた辛い生活がたたったためか、わずか三三歳で母親は急逝してしまう。シャネルの人生、最初の転機となった。五人の子供を前に途方に暮れた父親は、シャネルを姉とともに、オーバジーヌの孤児院に連れて行った。孤児院では収入を得るため裁縫を熱心に教えていたので、特別な専門教育を受けていないシャネルがファッション業界でデビューする下地を作ることとなった。その後、姉とともにムーランの宗教施設へと移る。修道女とならない者は結婚をするのが一般的だった当時にあって、独立心の旺盛なシャネルはいろいろな職業に携わったようである。カフェで行われるコンサートの歌手として「コ・コ・リ・コ」という曲を歌い、シャネルを代表する香水の名称ともなった「ココ」が、愛称として定着したといわれている。

ムーランにはフランス陸軍の騎兵隊が駐屯しており、貴族出身の士官が闊歩し、出入り業者などで賑わう町であった。シャネルは、ムーラン郊外に厩舎をもつバルサンの愛人となる。バルサンは貴族ではなかったが、裕福な上に人気者であったため上流階級の人々との交流が盛んであった。シャネルはそうした人々のファッションを吸収しつつ、自分流の工夫を加えて魅力的に見えるようなスタイルを生み出していく。飾りが多いために大きく、重かったその頃の帽子に対して、シャネルの帽子はシンプルなデザインでかぶりやすかったので、作ってほしいという依頼がたくさん入るようになった。

その後、シャネルはカペルという若い実業家と運命的な出会いをする。自分の愛人の事業拡大を快く思わないバルサンにかわって、カペルがシャネルの出資者となり、パリのカンボン通り二一番地に店を出した。第二の転機を迎えたシャネル、二七歳の冬のことであった。シャネルが生涯で最も愛したのはカペルだったといわれており、帽子の販売も顧客が徐々に増え、人生で最も幸福な時期を過ごしたようである。帽子の販売で足場を築くと、一九一三年には英仏海峡に面した保養地ドーヴィルに店を開き、浜辺で過ごすのに快適なスカートや上着などを自らデザインし、販売を始めた。

ドーヴィルを訪れていた上流階級の婦人たちの間でシャネルのデザインが評判となり、デザイナーとしての地位を確立していくことになる。そして、一九一四年に第一次世界大戦が始まると、戦争に向かう男性にかわり社会で活躍し始めた女性にとって、動きやすい服装が求められるようになった。コルセットに縛られ窮屈で、足が完全に隠れ歩きにくいスカート、手を動かすことさえできない上着、頭を傾けることができない帽子にかわって、実用性とエレガントさを兼ね備えたシャネルのジャケットやスカートは非常に人気が出た。また、当時は下着用と考えられていたジャージーを改良して、外出着にも十分耐えられる高級素材を開発することにより、着心地の面でも十分な配慮がなされていた。

ウェストを絞り、女性のふくよかな体型を強調するS字型のシルエットは時代遅れとなろうとしていた。シャネル自身、体つきが細く、そうした体型にこそフィットするデザインを提案していたのであったが、この流れは美しい女性の条件にまで影響を及ぼしていく。一九二〇年代を境として、それまでの美女の条件がふくよかな体型からほっそりした体型へと大きく変化していった。現代においても、美しさの条件としてスリムであることを挙げる女性が多いのは、ここに由来する。

カペルの事故死によって愛人関係に終止符を打ったシャネルは、その後、さまざまな男性とつきあうようになる。こうした関係の多くが、シャネル・ブランドの新たな展開へと生かされていった。たとえば、素材に毛皮を使用したことや、有名な香水「シャネル№5」はロマノフ家のディミトリー大公、英国風のデザインやコスチューム・ジュエリーなどではウェストミンスター公爵、ダイヤモンド・ジュエリーではポール・イリバルヌガレとの関係があった。ここではシャネルの財政に最も貢献し、今なおトップブランドとしての地位を維持している「シャネル№5」について取り上げよう。

シャネルはディミトリー大公からニコライ二世の調香師エルネスト・ボーを紹介されると、早速、活動的な女性像にあった新しい香水の開発を依頼する。女性のファッションは香りで完結すると考えていたシャネルは、一〇種の試作品のなかから二つを選りすぐり、モダンな瓶にパッケージして一九二一年に発表した。このうちの一つが「№5」である。「№5」が合成香料をふんだんに使った斬新な香水であったというだけでなく、ファッション業界の経営多角化という意味においても革命的なできごとであった。当時、業界では、高級注文服をメインにビジネスを展開していたが、シャネルは統一したブランドで香水を販売することにより、相互のブランドイメージを高め、収益の拡大を図った。シャネルの成功を見た、のちのファッション・ブランドは、香水、化粧品、アクセサリーなどへの進出が当たり前のこととなっていく。その後、一九三九年に第二次世界大戦が勃発すると、シャネルは香水部門など一部を除いて店を閉め、デザイナーとしては引退する。このとき五六歳、第三の転機であった。

第二次世界大戦の間、シャネルは最後の愛人、ディンクラージと暮らすことになる。ディンクラージはパリのドイツ大使館で働いた経験をもち、ドイツのスパイとの噂もあった人物である。これに加え、「№5」の販売権を保有していたユダヤ系のヴェルタイマー兄弟から販売権を取り戻そうとしたことなどから、戦後、対独協力者として追及されるおそれがあった。第二次世界大戦が終結してもスイスでの隠遁生活を続けた結果、引退期間は一五年にも及び、復帰には次の時代のスーパー・スターである、クリスチャン・ディオールの登場を待つことになる。

一九四七年、「ニュー・ルック」を発表したディオールは一躍、時代の寵児となる。「ニュー・ルック」はウェストを絞り、女らしさを強調した復古的なスタイルであった。これが、戦争中の耐乏生活から解放された人々に熱狂的に迎えられたのは自然なことであったが、自らが切り開いた実用的なファッションに逆行する「ニュー・ルック」の流行は、シャネルには到底受け入れることはできなかった。ついに五四年、七一歳にしてシャネルは新しいコレクションを発表し、復帰を果たす。しかし、かつてのシャネルのデザインを基調としていたことから、当時にあっては古さが否めず、フランスのメディアには「大失敗」と酷評された。

これに対して、実用性を重んじる米国のメディアは好意的であった。今も昔も米国は巨大な市場であり、シャネルの服は飛ぶように売れた。再びデザイナーとして活躍を始めたシャネルであったが、七一年に静かに息を引き取る。八七歳で亡くなる前日まで、仕事を続けていた。

シャネル・ブランドとは

シャネル自身、どの程度意識していたのかははっきりしないが、ブランドとしての戦略が認められる。これまで見てきたように、シャネルは女性のための女性によるファッションというスタンスを貫いてきた。「シャネル・スーツ」は白い折り返しのカフなど、エレガントに見せる特徴がいくつもある。なかでも有名なのは「シャネル・レングス」と呼ばれる、膝丈の長さのスカートである。実用性を重んじるシャネルは、女性の最も醜い部分と考えていた膝がちょうど見えなくなる程度の長さまで、スカートを縮めた。女性のスカートの長さは、シャネル以降も長くなったり短くなったりしているが、結局、人々に定着した長さはシャネルの主張したものだった。こうした基本スタイルの堅持は、ブランドイメージの定着にきわめて有効であった。

また、シャネルはコピー商品の氾濫に対して、非常に寛容であった。こうした姿勢がシャネルのデザインの普及を促すこととなった。高級注文服を年に何着も買える顧客は限られているため、その顧客のみを相手にしていたのでは流行を作り出す力が弱く、逆に市場を狭めることになってしまうのである。

シャネル以降のファッション・ブランドでは高級注文服はイメージづくりに主眼を置き、主戦場はライセンス・ビジネスや高級既製服の市場へと転換していった。シャネルはその生涯を懸けて、ファッションにおける新たな伝統を作り上げた。しかし、没後の一九八〇年頃には徐々に評価が落ちてきていた。そこで、一九八三年、フェンディのデザイナーとして活躍していたラガーフェルドを起用し、シャネルのイメージを壊さずに現代風に翻案することにより、再び息を吹き返すこととなった。ちなみに、ブランド創設者の没後、他のデザイナーによりブランドを存続させるというビジネス・モデルは、ディオールが最初であったといわれる。

おわりに

現在、シャネルの店頭で見られる商品は、シャネル没後にデザインされた高級既製服である。そういう意味では、シャネルがモードに革命を起こしたオリジナル・デザインは、写真や映画のなかでしか見ることはできない。しかし、歴史をひも解いてみれば、シャネルに限らず多くの既製服において、そのデザインが生かされていることがわかる。女性の地位が低く見られていた時代に孤児同然でスタートし、二一世紀を迎えてなお、持ち続ける影響力は、まさに「革命」と呼ぶにふさわしい。

（原田　喜美枝）

◆参考文献

山口昌子『シャネルの真実』人文書院、二〇〇二年
ジャネット・ウォラク（中野香織訳）『CHANEL HER STYLE AND HER LIFE』文化出版局、二〇〇二年
実川元子『ファッションデザイナー　ココ・シャネル』理論社、二〇〇〇年
デーヴィッド・ボンド（常磐新平訳）『シャネル：ココ・シャネル』岩崎書店、一九九七年

ウォルト・ディズニー

ディズニー王国の建国者

Walt Disney 1901–1966

（ウォルト・ディズニー・スタジオ）〔米　国〕

天才ウォルトと賢兄ロイ

ウォルトが一八歳のとき、父は知り合いのゼリー工場でまじめに働くように勧めた。週給二五ドルの仕事だった。ウォルトは父の助言を拒否し、自分はアーティストになるといった。彼はかつてから役者かアーティストになりたいと考えていたが、アーティストの方が向いていると判断したのである。しかしながら、経験もないウォルトを雇ってくれる会社などない。銀行に勤めていた八つ年上の兄ロイは同僚を通じてアーティストを探し、助手としてウォルトを雇ってくれるように頼んだのだった。いったんはアーティストの助手として働きはじめたウォルトだったが、すぐに辞め、他の宣伝用フィルムの制作会社で働くようになる。彼はそこで優れたアニメーターのアブ・アイワークスという男と知り合い、二人でアニメーション作品を作ることを決めた。

一度、配給会社に裏切られ、自分の制作会社を倒産させた後、ウォルトはロイから二〇〇ドルを出資してもらい、ディズニー・ブラザーズ・スタジオを一九二四年に設立する。ウォルトはふたたびアニメーションの小作品の制作をはじめ、順調に売上げを伸ばした。ロイは、アニメーションを作っているのはあくまでウォルトだからといって、会社の名前をウォルト・ディズニー・スタジオに変えさせた。すぐにウォルトは自分のアニメーターとしての才能に限界を感じ、自分はストーリーづくりやキャラクターづくりに専念するようになった。優秀なアニメーターを自分の会社に多く集め始めたのもこの頃である。

一方、ディズニー社の財務を担当するようになっていたロイはずっと苦悩していた。ウォルトに自分の作りたい作品を作らせてやりたいとは思っていたが、制作コストが高騰し、赤字が続いていたのである。それを聞いたウォルトは、契約更新を良い条件にしてもらおうと配給会社と交渉したが、彼らは怒り出し、ディズニー社からアニメーターを引き抜いて自社制作を始めた。ディズニー社は最悪の事態に追い込まれた。

ミッキーマウス

仕事のなくなったディズニー社は新しいキャラクターを開発する必要に迫られた。このときに誕生したのがミッキーマウスである。ミッキーマウスを鮮烈にデビューさせる方法はないものかと考えていたウォルトは、一九二七年に公開された実写映画『ジャズ・シンガー』に強い影響を受けた。それは世界初のトーキー（音の付いた）映画だった。アニメーションに音を付ければヒットすると確信したウォルトは、莫大なコストをかけてトーキーの技術をもった配給会社と契約し、『蒸気船ウィリー』（一九二八年）を制作し、大ヒットさせる。ウォルトの計画通り、この作品はミッキーマウスを世に広める作品となった。

しかし、ウォルトはこの配給会社と法外な契約を結ばされていた。ディズニー社は作品を作るたびに借金が増えていった。ロイはこの配給会社とは徹底的に争った。ミッキーマウスの著作権を守るためだったた。ロイは、アニメーションの世界で生き残っていくためにはキャラクターの権利が命綱であることを悟ったのである。さらに、この争い（裁判）の経験のなかから、ロイはキャラクターを商品化することで売上げを得られるという可能性を見出した。一九三〇年にはミッキーマウスとミニーの絵のついた玩具が販売されるようになり、瞬く間にミッキーマウスは世界的に有名なキャラクターとなってしまう。けれども、この配給会社との争いは、ウォルトから大事な財産を奪うことにもなった。右腕として信頼していたアブ・アイワークスを、やはりこの配給会社に引き抜かれてしまったのだ。

大成長と資金難

フィルムのカラー技術が開発されると、ウォルトはすぐにアニメーションをカラー化しようと考えた。カラーは実写映画よりもアニメーションの方が効果があるとウォルトは気づいたのだった。カラーのアニメーションによって、ふたたびディズニー社の作品はヒットし始める。ところが、コストも大幅に増え、資金難は相変わらず続いていた。

著作権を守ることで収入を増やそうと、ロイは世界各国に目を光らせ、弁護士を使って著作権違反をする企業を徹底的に摘発した。資金には困っていたが、ディズニー社は契約で妥協することはなかった。大手配給会社から持ちかけられた作品のテレビ化権の譲渡の話も、ウォルトとロイは断固拒否した。あくまで権利を守るためである。また、ディズニー社の条件を受け入れない映画館とはけっして契約しないように配給会社に求めた。それは低く見られがちなアニメーションの地位を確立するため、という意味もあった。

会社の財政難をよそに、ウォルトの夢はどんどん広がる。ウォルトは長編アニメーションの制作を計画し、一九三四年に『白雪姫』を制作することを発表する。社会主義者だった父の影響もあり、ずっと無借金経営を続けてきたディズニー社だったが、ここにきて初めて銀行からの融資を受けることを決めた。ウォルトの夢に共感し、彼の才能を認めたバンク・オブ・アメリカが融資してくれることになった。一九三七年に公開された『白雪姫』は超大ヒットとなった。それまでの映画業界の慣行で、映画音楽の権利は安くレコード会社に売られていたが、『白雪姫』の音楽もヒットし始めると、ロイはそれらの権利まで買い戻した。ウォルトの作ったものの権利はなにからなにまで他者には渡してはいけないと、ロイはますます考えるようになった。

恒常的な資金難という問題を抱えたまま、それでもディズニー社は成長を続けた。優秀な人材は得られなくなっていたが、クリエイターの数は増えていた。大きなスタジオを作る必要があり、ブエナビスタ通りにそれを建設すると、そこに引っ越した。長編アニメーションはリスクが高く、失敗作を生み出し続けていた。コストの低かった『ダンボ』が予想外の売上げを計上したものの、『ピノキオ』『ファンタジア』『バンビ』は赤字だった。世界が第二次世界大戦へと向かおうとしていた頃の話である。

大企業への道

ウォルトは大戦が始まると軍隊のために映画を作るようになった。一つには愛国心のためだったが、もう一つはクリエイターたちを徴兵されないようにという考えだった。軍隊のために作った映画はどれも赤字だった。世界各国の市場は戦争のために封鎖され、送金が止まっていた。株式公開で大きな資金を得ていたディズニー社だったが、ふたたび資金難に陥った。

ディズニー社は新しい収入源を必要としていた。おとぎ話のようなアニメーション映画を作っているだけでは経営は成り立たなくなっていた。ウォルトはかつてから関心のあった教育映画を作りたいと言い出す。戦時中に教育映画を制作した経験もあり、また需要があることもわかっていた。ウォルトは、一九五三年に『砂漠は生きている』という教育映画を制作した。非常に出来のよい作品だったが、ここでもう一つの問題が出てきた。配給会社が教育映画に難色を示したのである。

これまで、ウォルトは五社の配給会社と付き合ってきた。多くの配給会社はずる賢く、制作者に報酬を分け与えようとは考えていなかった。失敗を繰り返しながらも、それでも契約条件の良い友好的な配給会社とめぐりあい、ここまでやってきた。しかし、その配給会社も教育映画を取り扱うという経験がほとんどなかった。そこで、ロイは大英断をする。これまで配給を他社に依存してきたが、自社で配給することにしたのである。そうすることで、映画館に対して、制作者自身が作品の特徴を的確に伝えることができる。教育映画の場合はとくに重要な要素だった。さらに、収入は配給手数料を取られることがなく、すべてが自分たちの報酬になる。この年に設立されたディズニーの配給会社の名前は、スタジオのある通りからブエナビスタとした。『砂漠は生きている』は大ヒットした。

そしてディズニー王国へ

ウォルトの次なる夢を実現するために、ディズニー社は初めてテレビ番組の制作を行うことにした。いつも慎重なロイも同意してくれた。ウォルトの新たな夢とは、理想的な遊園地を作ることだった。常に綺麗で、子供たちがけっして夢から覚めることのないような遊園地。それを作ることができるのは自分だけだとウォルトは思っていた。スタジオの裏にある小さな土地に作ろうと考えたが、その話を聞いたロイは、もっと大きくやらないといけないと助言した。

ロイは建設地を入念に検討した。他に娯楽のないところで、あまり街から離れていてもいけない、高速道路の近くだと交通渋滞が起こりやすい……。こうして、遊園地の場所は南カリフォルニアのアナハイムに決まり、建設がスタートした。遊園地の名前はディズニーランドと命名された。

一九五五年七月一七日、いよいよディズニーランドが開園した。初日の混乱のため、新聞は悪評を掲載したが、ウォルトはそれらを無視した。ウォルトは、人々がディズニーランドを求めていることを肌で感じていたのである。彼の予想通り、ディズニーランドを訪れる客は減ることがなく、順調に客は入り続けた。

ウォルトの夢はとどまることを知らなかった。ウォルトは理想的な都市の建設と芸術大学カルアーツの設立を次の目標とした。しかし、結局、その夢をウォルトは自分の手で実現することはかなわなかった。その理想的な都市の建設イメージをロイに語って聞かせた翌朝、一九六六年一二月一五日にウォルトは六五歳の一生を閉じた。肺ガンだった。遺されたロイはウォルトの意志を継いでこれらの夢を実現させ、ディズニー王国を完成させる。ロイはその理想的な都市のことをディズニー・ワールドではなく、ウォルト・ディズニー・ワールドと呼ぶように誰に対しても求めたという。

（山下　勝）

◆参考文献

ボブ・トーマス（山岡洋一・田中志ほり訳）『ディズニー伝説　天才と賢兄の企業創造物語』日経ＢＰ社、一九九八年

ボブ・トーマス（玉置悦子・能登路雅子訳）『ウォルト・ディズニー』講談社、一九九五年

ビョルン・ウェストルンド　*Björn Westerlund*　1912-

世界最大の携帯電話メーカー
そのきっかけを作った人物
〔ノキア〕〔フィンランド〕

パルプ・ゴム・ケーブルメーカーからの出発

ノキアは、世界市場でのシェア三七パーセント（二〇〇一年）を誇る、フィンランドの携帯電話機メーカーである。ノキア・モバイル・フォンの他、インフラ事業を行っているノキア・ネット・ワークス、企業向けのソリューションを提供するノキア・エンタープライズ・ソリューションズを含む、ノキア全体の二〇〇二年の純売上高は三〇〇億一六〇〇万ユーロ、純利益は三三億八一〇〇万ユーロとなっている。ノキアグループの設立者は、ハイキオによればフィニッシュ・ラバーワークス社のオーナーであり、チーフエグゼクティブであったエドガー・ポーランである。彼はノキア（製紙パルプメーカー）とケーブルワークス社の株式の買占めを行い、後に三社が合併する先鞭をつけた。しかし、ノキアが世界最大の携帯電話メーカーとなるきっかけを作ったのはビョルン・ウェストルンドであるといえよう。

ノキアの歴史は、鉱業技師のフレデリック・イデスタムがフィンランド南部に製紙パルプ工場を建てたときに始まった。奨学金をもらい、ドイツに勉強に行っていたイデスタムは、パルプの新しい製造方法を導入したとの噂のあった製鉄工場を訪れ、パルプ製造についての新しい技術を獲得した。帰国後、彼は一八六五年にタンマーフォルスに製紙パルプ工場を建設し、その四年後に、より大きな工場をタンマーフォルスの西一五キロメートルのところにあるノキアの地に建設した。いずれも近くに滝があったことが、工場を設立する決定要因となった。会社は「ノキア」と名づけられた。

一八九八年にはノキアの隣に、ガロッシュ（防水・防寒用オーバーシューズ）を生産するフィニッシュ・ラバーワークス社（以下、ラバーワークス社）が設立された。ノキア一帯を通りかかったラバーワークス社の二人の役員が、景観が美しく、水力発電にも適していたその場所を気に入ったからであった。ラバーワークス社は米国で一八三九年にチャールズ・グッドイヤーが発明した新しいゴムの硬化技術を使う、フィンランド初の会社であった。長年にわたりラバーワークス社を経営してきたアンディ・アルテロは、学生時代にラトビアのリガに留学中、新しい技術に出会った。アルテロは留学中に何度も米国を訪れ、グッドイヤー社のさまざまな技術を見学していた。このラバーワークス社は、一九一八年にはノキアの、また、一九二二年にはフィニッシュ・ケーブルワークス社の株式の大半を買い占めた。

フィニッシュ・ケーブルワークス社（以下、ケーブルワークス社）は一九一二年に、ヘルシンキの中心地に設立された。ケーブルワークス社は、技師であったアルヴィド・ヴィークストルムがドイツに学んで設立した会社である。彼はドイツで、ヴェルナー・ジーメンスによって開発されたケーブル製造の方法を学んだ。ドイツ留学の一年後、ヴィークストルムは友人とケーブルワークス社を創設した。送電が増え、電報・電話ネットワークが拡大し、ケーブルの需要が増加したために同社は急成長を遂げたものの、事業の拡大に資金繰りが追いつかず、経営危機に陥った。そこに、ラバーワークス社による株式の買占めがあった。

ラバーワークス社によるノキアとケーブルワークス社の買収

ノキアとケーブルワークス社の株式の買占めを行ったのが、ラバーワークス社のエドガー・ポーランであった。ラバーワークス社は、大規模な国際的製造業者によって占有されていた市場で奮闘していたものの、一九一四年まで毎年、損失を出し続けていた。ところが第一次世界大戦により外国との競争が軽減され、新たな需要が生み出された。またフィンランドにおいてかつて例を見ないインフレーションが発生し、ラバーワークス社の大規模な債務は消えた。そこからラバーワークス社の繁栄が始まった。

一八〇九年から一九一七年まで、フィンランドはロシアの自治大公国であった。一八六〇年にはフィンランド独自の通貨の使用が始まり、一八〇九年から閉鎖されていた議会は独自の国内法を携えて一八六三年に再開された。しかし次第にロシアは政策を転換し始め、帝国の法体系を統一しようとして、フィンランド人が政治上二つの陣営に分裂するよう促した。一つは懐柔された人々の陣営、もう一つはロシアの案に反対した人々の陣営であった。エドガー・ポーランはその後者に属し、その結果、息子とともに一九一六年から一九一七年までロシアに国外追放された。国外追放の口実は、ポーランの二番目の息子がフィンランドをロシアから分離させる目的の軍事訓練を受けるためにドイツへ旅行したというものであった。当時、ドイツはロシアと戦争をしていた。しかしながら国外追放中、ポーランはラバーワークス社の事実上のチーフエグゼクティブであり続け、第一次世界大戦中に創設されたヘルシンキ株式取引所において投資を行っていた。

フィンランドは何とか戦争に加わらないようにしていた。そして実際はその恩恵に預かった。なぜならばロシア軍が戦争用物資でフィンランドの産業を当てにしたためである。その過程でポーランは巨大な富を蓄え、ノキアグループ創設への道筋をつけた。ゴム工場はノキアの電力を必要としていたが、ノキアを買収することによって安価な電力を確保することができた。またケーブルワークス社については、同社が将来の競争相手になるとみたために買収した。

エレクトロニクス部門の設置

ケーブルワークス社に、技師でもある社長ビョルン・ウェストルンドによってエレクトロニクス部門が設置されたのは、一九六〇年のことであった。ウェストルンドの祖母はラバーワークス社創設者の一人で企業家のカール・ペンツィンの姉妹であり、父親のトースティン・ウェストルンドはラバーワークス社の社長兼ケーブルワークス社の役員会会長であった。ウェストルンドは一九三〇年代に技師の資格を取った後、ケーブルワークス社に就職した。一年間、他の労働者たちとともに工場で働いた後、技術部門の重役に、こんな仕事をするためにケーブルワークス社に就職したのではない、もっとましな仕事をくれるようにと頼んだという。この重役は彼を生意気な奴だと思い、会社から追い出してやろうと本気で考えていたという。しかし家柄のよさもあってか、彼はクビにもならず、後により高度な仕事をまかされるようになり、一九五六年にはケーブルワークス社の社長になった。彼はケーブルワークス社が成長の早いエレクトロニクス産業へ、とくにコンピューターのデザインと生産へと多角化すべきであると信じていた。転換点はケーブルワークス社の役員会が決断を下した一九五八年にあった。しかし、ノウハウ獲得のため、第一段階として輸入を通じてというものであった。

エレクトロニクス部門の主な業務は、大規模なコンピューターの輸入、これらのコンピューターを元にしたコンピューターセンター、そして電子機器の製造であった。この製造活動は、とくに収益性の面で、他の業務よりもきわめて規模が小さかった。一九六六年に、ノキア、ラバーワークス社、ケーブルワークス社の三社が合併し、ノキア・コーポレーションが設立された。初代社長にはウェストルンドが就任した。エレクトロニクス部門は、製紙部門、ケーブル部門、ゴム部門と並んで、ノキア・コーポレーション四大部門の一翼を担った。しかし、その規模は小さいままで、一九六七年にはグループ全体の売上の四パーセントにも満たなかった。しかも、その売上は、主としてコンピューターの輸入によるものであった。同部門は長い間お金ばかりかかる部門であった。しかしウェストルンドは、学生や技術者や教授たちに好きな研究をさせていた。ケーブルワークス社の役員会はエレクトロニクス部門への資本投入には反対で、一日でも早い部門の廃止を願っていた。ウェストルンドは孤立無援の状態で同部門を支援し続けていた。

無線電話の開発から携帯電話へ

ケーブルワークス社のエレクトロニクス部門では、一九六二年から無線通信に絞り込んだ通信システムへの取り組みが始まった。そして一九六三年には、携帯電話の前身である無線電話の開発が始まった。フィンランド軍が無線電話を近代化することになり、当時の有力エレクトロニクス会社に試作品を作るよう依頼したときには、ケーブルワークス社も試作品を作成した。しかし、政府によって、軍が無線電話を買い入れる予算が削られたために、商談は消滅してしまった。そのため、試作品を製作した各社は、他の買い手を探すことになった。国営企業のテレヴァは警察に、テレビメーカーのサロラは沿岸警備隊と国鉄に、ケーブルワークス社は郵便電話公社に売り込んだ。そして、これらの会社が開発を続けたために、フィンランド国内での競争は激しいものになった。そのなかでサロラ社は、他社の無線電話と比べて、チャンネル数の多いものを開発するのに成功し、同社の無線電話はよく売れた。とはいうものの、欧州有数のテレビメーカーであったサロラにおいて、無線電話の売上は全体の三パーセントであった。このサロラの無線電話部門とノキアの同部門は一九七九年に、新しく設立された会社であるモビラに移った。

また一九六九年に初めて、北欧における共通の携帯電話回線網のアイデアが話し合われ、一九七〇年にはNMT（Nordic Mobile Telecommunication system）グループがストックホルムで会議を開き、北欧諸国はNMT回線網を設置することで一致した。このNMT回線網は世界初の国際移動電話回線網であり、北欧の郵便電話公社が決定した条件さえ満たせば、誰でもNMT設備を生産することができた。ノキアとテレヴァが協力を決め、一九七七年にデジタル電話交換機を販売するテレフェノ社が設立された。そして、NMT回線網がオープンした一九八一年には、ノキアがテレフェノと残りのテレヴァを買い取り、テレノキアとなった。

この間、一九七五年に、ノキアのエレクトロニクス部門が三つに分けられた。その一つである無線電話部門は先に述べたとおり、一九七九年にサロラ社の同部門と合併してモビラ社となった。無線電話を製造する会社は一社だけになり、NMT回線網ができあがる二年前の市場シェアはモビラが六〇パーセントを占めた。その上、モビラ社は当時北欧諸国が独自に使用していたどの回線網にも適応する電話を製造していた。そして一九八一年には、同社初のNMT回線網対応自動車電話機、NMT450移動電話機「セネター」を発表した。同社は一九八四年にノキアがサロラ社の筆頭株主になり、一九八六年には社名をノキアモビラに改め、一九八九年にはノキア・モバイル・フォンとなった。

（横溝　えりか）

◆参考文献
マーティ・ハイキオ『ノキア　ザ・インサイド・ストーリー』プレンティス・ホール、二〇〇二年（英語）
スタファン・ブルーン&モス・ワーレン（柳沢由実子訳）『ノキア　世界最大の携帯電話メーカー』日経BP出版センター、二〇〇一年

サム・ウォルトン

Sam Walton

1918–1992

わずか四〇年で世界最大の小売企業をつくり上げた男

〔ウォルマート〕〔米国〕

世界最大の小売業ウォルマートの誕生～小さな町のバラエティ・ストアから出発～

彼の自叙伝などでも紹介されているように、サム・ウォルトンは、米国オクラホマ州キングフィッシャーで生まれた。父親の仕事の関係でその後ミズーリ州スプリングフィールドそして同州のマーシャルという土地に引っ越し、さらに大学を卒業するまでに同州のシュビルナ、コロンビアと引っ越しを繰り返す、いわゆる転校族、すなわち、父親が転職するたびに住まいが変わるという幼・青年期を過ごした。彼の父トーマス・ギブソン・ウォルトンは、さまざまな職業を経験した後に、生命保険会社の代理店に勤めるのだが、サムが当初、生命保険会社に就職を希望するのも、その影響と高校時代の彼のガールフレンドの父親がまた、生命保険会社の腕利きのセールスマンであったからだと彼自身も語っている。

サムは、ミズーリ大学に進学し、経営学を専攻するが、前述のように、当初は生命保険会社を志望していた。しかし、就職時の面接で彼を気に入ってくれた、百貨店の大手であったJ・Cペニーに、一九四〇年に管理職見習として就職する。これが、世界最大の小売業ウォルマートの出発点である。

サムは、J・Cペニー入社後、アイオワ州デモイン店で小売業の仕事に正式に携わるが、販売成績は良かったものの、必ずしも抜群な社員として認められていたわけではなかったようである。彼はそのJ・Cペニーを一年半で退社し、一九四二年に陸軍に志願するが、不整脈のため戦地へは派遣されず、軍需工場や捕虜収容所で監督官の任務に就いた後に、一九四五年に除隊し、J・Cペニー退社後、軍務に着くまでの間に出会い、結婚していたヘレン婦人とともにミズーリ州セントルイスに居を構える。その年、彼は、この地でバトラー・ブラザーズ社のバラエティ・チェーン・ストアであるベン・フランクリンと出会い、軍隊時代に貯めた資金を元手に、アーカンソー州のニューポートにベン・フランクリンのバラエティ・ストアのフランチャイズ店を購入することを決め、実質的なウォルマートの出発点であるアーカンソー州に移り住み、自らの店で事業を始めるのである。このサムにとっての最初のベン・フランクリンのバラエティ・ストアは、持ち前のアイデアとその実行力によって、かなりの成功を収めた。実に、たった五年で人口わずか七〇〇〇人の町のバラエティ・ストアが、州で一番のバラエティ・ストアになったのである。しかし、彼は当時、フランチャイズ・チェーンに所属するということとはどういうことかを必ずしも十分に理解していなかっただけでなく、店舗の借地契約でもミスを犯し、店舗を手放すことになってしまったのであった。こうして、サムは、現在もウォルマートの本部があるアーカンソー州ベントンビルに新たな店舗を取得し、再度ベン・フランクリンのフランチャイズ店を始める。このベントンビルの店舗が現在のウォルマートの母体となるのである。

しかしながら、弟のバド・ウォルトンによれば、本当の意味でのウォルマートの原点は、ニューポートの店であると述べている。サムは、ニューポートの店でベン・フランクリンのフランチャイズ制度の有益な部分を学びつつ、現金大量即決仕入やポップコーン製造機を格安で購入し、ポップコーンを顧客吸引に利用するなどといった、新しいアイデアを次々と実践していったのであった。

何がサム・ウォルトンを成功に導いたか～一ドルを大切に・小さく考えろ～

ベントンビルの人口は、ニューポートのそれよりもさらに少なく三〇〇〇人ほどであったにも拘わらず、サムの店は、一五年後の一九六〇年には一五店舗で年商一四〇万ドルを稼ぎ出し、独立系バラエティ・ストア・チェーンでは、全米最大に成長していた。そして一九六二年にウォルマートの第一号店をオープンしたのであった。その約二五年後の一九九五年の統計では、ウォルマート・グループは、シアーズやKマート、J・Cペニーをはるかに抜き去り、年商九三〇億ドルに、さらに二〇〇二年の一月期決算では、年商二一九八億ドルという驚異的な売上高を記録するまでになっているのである。

では、この驚くべき成長を支えたウォルマートの哲学ないしは成功の秘訣は、いったいどこにあるのだろうか。サム・ウォルトン自身によれば、裕福とはいえない家に生まれ、小さい頃からアルバイトなどで数多くの仕事を経験したことによって、一ドルの大切さを身にしみて知っていること、大きな成功を夢見るよりも、小さくものを考え、一つの棚や一つの商品、あるいは小さな町での小売業の役割といったものから具体的に考え、確実な成功を追求すること（これは、最初はヘレンの助言によるものであったが）、そして人を大切にすることであると述べている。事実、サムは、成功した後にも、ベントンビルの片田舎に住み、小型トラックを乗り回し、ヨットや大邸宅には無縁の生活を送り、お金には無頓着なふりをして、よく他人に小銭をねだったという話は、今も語り草として残っている。この金銭に対する真剣な取り組みが「良い品をできるだけ安く仕入れ、安く提供する」というサムの店の経営姿勢に反映されており、「小さく考える」という考え方が、ニューポートやベントンビルといった小さな町から成功を積み重ねていくという企業展開に役立ったと考えられる。加えて、この「小さく考える」という発想は、戦略上有効であったばかりでなく、小さな町の消費者から「サムの店は、安くて、安心できる商品を低価格で提供する」という絶大な信頼と支持を得ることにも成功したのであった。また、サムの

「人を大切にする」という考え方は、従業員をアソシエイツ（仕事仲間―この社員の呼び方は、彼が最初に勤めたJ・Cペニーの社員の呼び方を採用したものである）と呼ぶことからもわかるように、顧客だけでなく、社員一人ひとりも同じ仲間であるという感覚を体現させ、それが社員のモチベーションやモラールに結びついて、会社の発展に寄与したのであった。それが証拠に、サムの店は、早期から（ベン・フランクリンのフランチャイズを経営しているころから）社員持株制度を採用し、サムの会社を去った元社員がウォルマートの株式の値上がりで、悠々自適の生活を送っているという話も少なくない。

しかしながら、無論、サム・ウォルトンを成功に導いたのは、たったこれだけの要因によるものではない。それは、サムの経営哲学あるいは経営姿勢にも反映されている、飽くなきチャレンジ精神と上昇志向、そして先見性である。彼は、当時まだ、いくつかの店舗で導入されたばかりだったスーパーマーケット方式のセルフサービスとチェックアウト・カウンターをすでにニューポートの店で採用し、一九五〇年代の後半には、その頃米国北東部に台頭し始めたディスカウント・ストアを調査して回り、それまでのバラエティ・ストアでのノウハウと資本を元に、ディスカウント・ストア・コンセプトを採用したウォルマートの一号店をアーカンソー州ロジャーズにオープンするのである。その後もサムは、一九六〇年代に入ってすぐに、コンピューターの重要性を理解し、マーチャンダイジング（商品政策・商品管理）にはコンピューターは不可欠であると考え、その導入に着手し、六〇年代の後半にはロジスティクス（兵站学）理論に基づく物流センターの開発にも着手したのであった。

また彼は、その自伝の中でも「トップになりたい」と語っているように、常に「最高」を追い求めた。そのためには、先進的であるとか、成功しているといった噂を耳にした小売店をほとんどすべて訪れ、調査研究をしている。家族旅行の最中でさえ、家族とは別行動を取り、気になった小売店を視察して回ったという話は有名である。さらに彼は、その経営手法でも卓越した手法を採った。彼は、早くから出店した店舗に対して社員から出資を募り、社員の経営参加への自覚を促す一方で、ヘレンの父から学んだ資産管理術を応用し、家族による持株会社制を採用し、家族による株式の徹底管理と責任委譲によって、いわゆる乗っ取り屋にウォルマートが乗っ取られる危険性を排除し、ウォルマート一家を作り上げることに成功した。また、事業面では、「低価格販売」と「満足を保証」をモットーに「ヒット商品コンテスト」を社内で頻繁に実行し、重点商品の発掘と育成に努めるといった戦術面での企画を数多く考案する傍ら、社員に直に接することも怠らなかった。サムは、徹底した現場主義者だった。晩年においても、暇があれば自家用機を自分で操縦し、全米に広がるウォルマートの各店舗を激励して回ったことは、多数のメディアや雑誌でも報じられていることである。

世界一の小売業者ウォルマートの強さと挑戦 ～ウォルマートはどこへ行くのか～

サムは晩年、成功の秘訣はどこにあるかと聞かれたときに、その自叙伝のなかで次のようなことを述べている。それは、「常に変化し続けること」そして「すべての法則を打ち破ること」が重要であるということである。変化してやまない環境に対応するということは、己自身が常に変化してゆくことであり、成功には特別な法則はなく、過去のすべての法則を打ち破り、すべてのことに注意を払い続けることであるというのである。そして彼は、そのことを承知の上でビジネスの法則一〇ヵ条を提示している。その法則とは、「一、あなたの事業に夢中になりなさい」「二、利益をすべて従業員と分かち合いなさい」「三、パートナーたちの意欲を引き出しなさい」「四、できる限りパートナーたちと情報を共有しなさい」「五、誰かが会社のためになるとしたら惜しみなく賞賛しなさい」「六、成功を祝い、失敗の中にユーモアを見つけなさい」「七、すべての従業員の意見に耳を傾けなさい」「八、お客の期待を超えなさい」「九、競争相手より経費を抑えなさい」「一〇、逆流に向かって進みなさい」である。この法則を提示した後に彼は次のように続けている。「私はつねに他人の法則を破ることを誇りにしてきた。そして私の法則に挑戦する一匹狼が好きだった。実際私の言うことを何でも聞く連中の意見より、彼らの意見に注意深く耳を傾けてきた。この一〇〇の法則を正しく解釈できたとき、その真意がわかるだろう。それは『すべての法則を打ち破れ』だ」。

ウォルマートは近年、「星条旗でウォルマートをくるみ、バイ・アメリカン（米国製品を率先して買おう）の広告キャンペーンを高々と掲げながら、店頭では第三世界の搾取工場からの膨大な輸入品がその多くの割合を占めている」とか、「ウォルマートは、労働組合も作らせず、人件費を極端に削り、従業員から搾取している」といった批判を相次いで受けている。しかしながら、一方では、ウォルマートはバイ・アメリカン・キャンペーンの一環として、アーカンソー大学と提携して小規模企業の新製品・アイデアを製品化し、ウォルマートで優先的に販売したり、他の小売店に紹介することによって中小企業の育成と雇用の拡大に努めているといった報告もある。現在のウォルマートほどの企業に成長するには、その過程に光も影も存在するだろう。また、ウォルマートも例外ではなく、その規模が大きくなるにつれ、大企業病の影が着実に忍び寄りつつあるという噂も耳にする。サム・ウォルトン亡き後、今後ここまで肥大したウォルマートという組織がどのように時代を乗り切っていくか、その真価が問われるときに差し掛かっているのかもしれない。

（首藤　禎史）

◆参考文献

サム・ウォルトン（渥美俊一・桜井多恵子監訳）『私のウォルマート商法』講談社α文庫、二〇〇二年

ボブ・オルテガ（長谷川真実訳）『ウォルマート　世界最強流通業の光と影』日経BP社、二〇〇〇年

サム・ウォルトン

ウォーレン・バフェット

Warren Buffett 1930–

投資会社バークシャー・ハザウェイ設立者
世界第二位の富豪の人物像

〔バークシャー・ハザウェイ〕〔米　国〕

一代で築いた著名投資家の地位

ウォーレン・バフェットは、株式投資を通じて一代で世界第二位の富豪になった米国の著名投資家として紹介されることが多い。世界第一位の富豪がビル・ゲイツであることはよく知られているが、世界第二位の地位をウォーレン・バフェットがほぼ守り抜いてきていることや、一〇万五〇〇〇ドル（一ドル一二〇円として、日本円で約一二六〇万円）を元手に始めた株式投資で、三〇〇億ドル以上（約三兆六〇〇〇万円）の富を築いた人物であることは一般の人にはなじみがないことであろう（米誌『フォーブス』によると、バフェットは二〇〇一年以降毎年、また一九九九年、一九九六年に世界第二位の富豪であった。一九九〇年代後半以降のその他の年では、世界第四位に位置している）。

米国では、ウォーレン・バフェットは高名なだけでなく、親しみのある人物として認められている。それはなぜだろうか。ウォーレン・バフェットという人物がどのような人物で、どういったチャレンジ精神で、何をやってきたのかをみると、彼の魅力的かつ不思議な人柄がうかがえるだろう。以下では他章と異なり、ウォーレン・バフェットの人物像と投資スタイルに重点をおきたい。企業の興亡に深く立ち入らないのは、バフェットの保有しているバークシャー・ハザウェイという投資会社よりも、ウォーレン・バフェット自身のほうがより注目されているからである。

人物像

一九三〇年八月三〇日ネブラスカ州オマハに生まれたバフェットは、現在でもけっして都会とはいえない地方都市、オマハに住居を構えている。父親が下院議員に当選したのを転機として、中学・高校をワシントンDCで過ごし、ワシントンDC近くに位置するペンシルバニア大学に進学するが中退し、生まれ故郷にある地元のネブラスカ大学に入りなおす。一九五〇年に学士を取得したのち、ハーバード大学大学院への進学を志すも失敗し、ニューヨーク州にあるコロンビア大学大学院に進学する。

コロンビア大学では、幸運にも、その後師と仰ぐベンジャミン・グレアム教授と親しくなるが、卒業後、バフェットはオマハに戻り、幼少の頃から近所に住んでいた女性スーザンと結婚する。

バフェットに付けられたニックネームは数多くあり、代表的なものとしては「金融界のフォレスト・ガンプ」、「オマハの予言者」、「とうもろこし畑の資本主義者」などがある。ニックネームが多いということは人に好かれやすい人物であることを表していると考えてもよいだろう。バークシャー・ハザウェイ社の創業者であるにもかかわらず、年俸は一〇万ドル（約一二〇〇万円）であり、創業者の年俸としては日本の平均と比べてもはるかに少ない金額である。米国の上位二〇〇社のCEOが受け取る報酬のなかでは最小である。また、米誌『タイム』は、バフェットを称して、「富豪といえば石油、不動産、海運などで財をなした人たちを思い浮かべる。ところが、バフェットは株式投資だけで富豪になった。多分史上初の快挙だろう。」と述べている。世界第一位の富豪でありマイクロソフト社のCEOであるビル・ゲイツは、「バフェットには、普通の人たちの一歩先がわかるという天賦の才能があります」と称している。

バークシャー・ハザウェイ社の歩み

バフェットの保有するバークシャー・ハザウェイ社は、ネブラスカ州オマハに本拠地を置いている。オマハ市は人口約六五万人（ネブラスカ州は約七〇〇万人）の米国中西部の地方都市であり、一九六五年以降は静岡市の姉妹都市である。米系金融機関の大半がニューヨーク市などの大都市を本拠地にしていることを鑑みれば、バークシャー・ハザウェイ社は異質な存在である。ちなみに、ニューヨーク市は人口約七五〇万人、ニューヨーク州の人口は一八〇〇万人であり、米国一の大都市であるだけでなく、金融の中心地でもある。

バークシャー・ハザウェイ社とバフェットの関係は、六〇年代にニューイングランド地方の繊維会社であったバークシャー・ハザウェイ社に投資を行ったところから始まる。七・五〇ドルだった同社の株を二千株購入し、少しずつ買い増していき、六五年に経営権を手に入れるのであるが、六五年当時の株価は一二ドルから一五ドルの間であった。経営権を手にしたバフェットは六七年頃から同社を投資会社へと転換し、地元オマハへ移転する。それ以来、現在でも同社の会長兼最高経営責任者を務めている。

バークシャー・ハザウェイ社のホームページ（http://www.berkshirehathaway.com/）を参考にすると、現在、傘下にある企業数は三八社である。バークシャー・ハザウェイ社の株価は米国の平均株価以上に値上がりし、二〇〇三年八月一五日現在の終値は、七万五三〇〇ドルである。一九六五年の株価を一二ドルとして計算すると、実に六二七五倍にまで膨れているのである。この株価上昇の背景にはどのようなことが関係しているのだろうか。

バフェットの投資哲学

ウォール街（Wall Street、米国、ニューヨークにある金融の世界的な中心地。地理的にはマンハッタン地区のブロードウェイからイースト川までの約六キロを指すが、アメリカの金融市場の中枢という意味もある）では、金融工学や人工知能を駆使した投資手法が脚光を浴びているが、バフェットの投資手法はきわめて普通である。企業が毎年（米国では通常、四半期毎に）公表するアニュアルレポート（年次報告書）を丹念に読み、割安銘柄を発掘するという方法である。別の言い方をすれば、日々の相場の動きに惑わされることなく、企業の本質的な価値をみて、市場で割安となっている銘柄をみつけるという手法である。相場の流れに左右されないということがバフェットの強みである。たとえば、一九八七年のブラック・マンデー（一九八七年一〇月一九日の月曜日に、ニューヨーク株式市場で史上最大の暴落が起きたことを指している）のとき、大勢の投資家は株価の大暴落を目の前にしてパニックに陥ったが、バフェットはそれまで狙っていたコカ・コーラ社の株を買い始めたのである。その後の追加投資分も含めて、コカ・コーラ社の株を二億株保有している。なぜコカ・コーラ社なのか？　この問いに対する答えは、消費者独占型企業だから、というところにある。

企業が消費者独占型の商品をもっているかどうかという判断は簡単にできる。消費者独占型の商品とは、身の回りにあるブランド商品のことである。コンビニで、その店を続けていくうえで絶対に取り扱わなければならないブランド品は何だろうか？　と考える。ソフトドリンクに関しては、世界中どこにいても買えるコカ・コーラがそれに該当する。はじめに消費者独占型のブランド品を売る企業を探し出し、企業の業績や経営者の質などをみて、投資するかどうかの判断をするのである。

バフェットの作り上げたポートフォリオをみると、その投資戦略を垣間みることができる。コカ・コーラ、アメリカン・エキスプレス、米チューインガムの大手リグレー、チョコレート会社のハーシーなどである。ソフトクリーム会社のディリークイーンも、バフェット自身の好物ということで買収されている。

証券投資の教科書には、リスクを下げるために分散投資が大切であると書かれているが、バフェットの投資手法は価値を信じ、自分が気に入った銘柄を購入するという点で、分散投資からは程遠い。しかし、株価暴落時に積極的に投資を進めるなどの、バフェットの意表をつく投資行動は米国株式市場だけでなく、世界中の市場で注目されている。

もう一つの特徴として、長期保有がある。長期的視点に立って株式を保有し、社外重役のポストなどを通して経営に参画しながら投資した企業を良くする、というスタンスである（現在は、コカ・コーラ社など五社の社外重役を務めている）。バフェットは短期的な見方はポイズン（毒）であるとみている。

投資スタイルと時代背景

バフェットは一代で株式投資によって富を成したが、その成功の裏には米株式市場の動きも関係している。言い換えれば、バフェットのような人物が日本にいたとしても、日本で同じ時代から同様の投資をしても成功しなかったかもしれないし、名声を手に入れることもできなかったかもしれない。

米株式市場の動きをニューヨーク証券取引所のダウ・ジョーンズ指数でみてみよう。バフェットがバークシャー・ハザウェイ社を手中に収めた一九六五年年初のマーケットの指数は五二七・二一ドルだった。本原稿執筆時点（二〇〇三年八月一三日）の水準と過去の平均株価を比べてみると、一九六五年の約一〇・七三倍、一九八〇年と比較すれば約八・八六倍、一九九〇年と比べても約二・七〇倍に増えている。多少の変動があったとしても、米株式市場はコンスタントに右肩上がりであった。

同時期に日本の株価はどう動いたのだろうか。簡単にまとめると、二〇〇三年八月一四日の指数は一九六五年と比較すれば約一〇・五八倍、一九八〇年と比較すれば約二・一一倍に増加している（TOPIXをもとに筆者が計算）。しかし、一九九〇年の指数と比べると、一九九〇年のほうが約二・九七倍大きかった（逆にみると、二〇〇三年の指数は一九九〇年の約〇・三四倍）。日本の株式市場は、高度成長期から一九九〇年代初頭のバブル期まで指数は大きく上昇したが、その後、暴落し、ずっと低迷したままなのである。つまり、バフェットの〝長期保有〟という投資スタイルが成功したのは、比較的安定した米株式市場の動きも無縁ではないのである。

おわりに

バークシャー・ハザウェイ社の株主総会は株主のお祭りのようなものである。二〇〇三年度の株主総会の参加者は一万四〇〇〇人以上であり、スタジアムを借り切って開催された。会場の地下では投資先の企業が菓子や靴の出店をしていて、株主は買い物を楽しむこともできる。日本の株主総会とは程遠い和やかな雰囲気である。明快な投資哲学で巨額の富を得ているが質素な生活、話上手、そして、その投資経験が、六〇年以上にわたるバフェットに対する人気を未だに維持しつづけている。

（原田　喜美枝）

参考文献

バークシャー・ハザウェイ社HP http://www.berkshirehathaway.com/

メアリー・バフェット&デビッド・クラーク（井出正介・中熊靖和訳）『億万長者をめざす　バフェットの銘柄選択術』日本経済新聞社、二〇〇二年

ジャネット・ロウ（平野誠一訳）『ウォーレン・バフェット　自分を信じるものが勝つ！』ダイヤモンド社、二〇〇一年

ビル・ゲイツ

マイクロソフトの創始者

William H. Gates　1955-

〔マイクロソフト〕〔米　国〕

コンピューターとの出会い

ビル・ゲイツは、一九五五年に米国ワシントン州で生まれた。彼が初めてコンピューターに接したのは、一三歳のときだった。彼の通う私立レイサイドスクールには、母親クラブの発案でコンピューターが設置されていた。彼はこのコンピューターに没頭し、休み時間になると、いつもコンピューターに向かいさまざまなプログラムを書いていた。こうして彼は、コンピュータープログラムに関する知識を吸収していき、ついには、学校のコンピューター授業の補助を教師に依頼されるまでになった。

一九七二年、『エレクトロニクス』誌に、インテルが「８００８」という名のマイクロチップを開発した、という記事が載った。当時のコンピューター業界は、ごく限られた機能しかもたないこのチップに対して、ほとんど関心を示さなかった。だが、ゲイツと彼の友人ポールアレンは、このチップがもつ将来性を正確に理解していた。この小型で安価なチップが、個人向けで手頃な価格のコンピューターを実現する。そして、それはあっという間に人々の間に普及するに違いない。この洞察が、マイクロソフトの活動の基盤となった。

そして、ゲイツとアレンは、この8008チップを利用し、道路の交通量の情報を分析する機器を開発、これを販売するための会社「トラフォデータ（Traf-O-Data）」を設立する。しかし、交通量の情報分析の依頼はいくつかあったものの、機器そのものはまったく売れず、トラフォデータはすぐに倒産してしまった。この失敗はゲイツを失望させたが、しかし、彼は、彼の将来がこのマイクロプロセッサと深くかかわることになるであろうということを強く確信するようになった。

マイクロソフト創立

その後、ゲイツはハーバード大学に入学し、友人ポールアレンはハネウィル社に入社した。しかし、その後も二人は頻繁に連絡を取り合い、将来について語り合った。今後、人々の間にコンピューターが普及したときに、自分たちに何ができるのか。ハードウェアに関しては、IBMや日本の大手メーカーが生産することになるだろう、と彼らは考えた。しかし、コンピューターが普及したとき、そのコンピューターの潜在能力を発揮するためにはソフトウェアが不可欠である。ハードは無理でも、ソフトウェアなら革新的なものを作ることができる。そう考えたゲイツは、ソフトウェア会社設立の道を模索していった。

そんなゲイツに、一つのニュースが飛び込んできた。一九七四年、MITSという会社が、8080チップを搭載した組み立てパソコンキット「アルテア」を三九七ドルで発売したのである。オーブントースターとほぼ同じ大きさのこのコンピューターは、非常に画期的なものだった。当時、コンピューターといえば、最も安価なミニコンでも数千万円していたのである。アルテアの出現は、パーソナルコンピューターの時代がついに訪れたことを示していた。

このニュースを雑誌で知ったゲイツは猛烈な焦りを感じた。ついに、パソコンの時代がやってきたのである。「PC（パーソナルコンピューター）革命の第一ステージに参加することは、一生に一度しか巡ってこないチャンスだ」。そう考えたゲイツは、友人のアレンとともに「アルテア」用のソフトウェア開発に取り掛かることにした。「アルテア」には専用のソフトウェアは何一つ用意されていなかったため、ゲイツとアレンは、このアルテア用のBASICを開発することにした。実はこのとき、ゲイツもアレンも「アルテア」をもっていないばかりか、現物を見たことすらなかった。しかし、彼らは躊躇しなかった。ゲイツとアレンは、大型コンピューター上に「アルテア」のシミュレータを作り、それを利用してアルテア用BASICを開発した。アレンは、こうして開発したBASICを「アルテア」の発売元、MITS社に持ち込んだ。このときのBASICには不具合があったのだが、この不具合は直ちに修正された。MITSは、二人の開発したBASICを八〇〇〇ドルで購入した。この資金を元に、ゲイツとアレンは一九七五年、マイクロソフトを設立した。ビル・ゲイツはこのときまだ一九歳であった。

MS-DOSの開発

一九八〇年、マイクロソフトに大きな転機が訪れる。IBMから二人の使者が訪れ、IBMが開発しているパソコンの開発に協力するようマイクロソフトに要請したのである。

当時、大型コンピューター市場ではトップシェアを誇っていたIBMも、パソコン市場への参入は遅れた。市場参入に遅れをとったIBMは、一年以内に自社開発のパソコンを市場に投入しようと考えていた。しかし、一年という非常にタイトなスケジュールでパソコンを開発するためには、部品やソフトウェアの多くを他社が製造する既成品でまかなうしかなかった。結果、CPUにはインテルの8088が採用され、基本ソフト（OS）の開発をマイクロソフトが担当することになった。

大きなビジネスチャンスを得たマイクロソフトであったが、スケジュールがタイトなのはＩＢＭと変わらなかった。新規にＯＳを開発する時間的余裕のなかったマイクロソフトは、シアトル・コンピューター・プロダクトが開発したＯＳを五万ドルで買い取り、それをＩＢＭのパソコン用にチューニングして、ＭＳ－ＤＯＳとしてＩＢＭにライセンス販売することにしたのである。

この取引の成功が、マイクロソフトが現在の地位を獲得する決定打となったといっても過言ではない。後にパソコンの標準的な規格となるＩＢＭのパソコンに自社のＯＳをバンドルするということは、マイクロソフトのＯＳが業界の標準となることを意味する。パソコンの世界では、業界標準の獲得が死活問題となる。なぜなら、パソコン市場においては多くの場合、業界標準を獲得したものが一人勝ちし、残りの者はほとんどシェアを獲得することができないからである。ゲイツは、パソコン市場において業界標準を獲得することの重要性をよく理解していた。

そのことは、初代ＩＢＭ－ＰＣが発売されたときにとったマイクロソフトの戦略をみてもよくわかる。実は、当初、ＩＢＭのパソコンに搭載可能なＯＳはマイクロソフトのＭＳ－ＤＯＳだけではなかった。ＩＢＭのパソコンを購入した消費者は、ＭＳ－ＤＯＳのほかに、ＣＰ／Ｍ－８６、ＵＣＳＤパスカル－Ｐ－システム、という三種類のＯＳからどれか一つを選択することになっていた。ゲイツは、このうちのどれか一つが標準的なＯＳの地位を獲得し、それ以外のＯＳは廃れてしまうであろうと考えた。業界標準を獲得するため、マイクロソフトはＭＳ－ＤＯＳをできるだけ低価格で販売することにした。ＭＳ－ＤＯＳの低価格販売を実現するため、マイクロソフトはＭＳ－ＤＯＳをＩＢＭ上のパソコンに搭載する権利を、ＩＢＭに八万ドルという破格の値段で売却した。これにより、ライバルのＣＰ／Ｍ－８６は一七五ドル、ＵＣＳＤパスカル－Ｐ－システムは四五〇ドルで販売されるなか、マイクロソフトのＭＳ－ＤＯＳは六〇ドルという低価格で販売されることになったのである。このマイクロソフトの戦略は成功し、MS‐DOSは順調に売上げを伸ばしていった。その後、IBMはCP/M‐86とUCSDパスカル‐P‐システムを放棄することを決定、MS‐DOSはIBMパソコンの標準OSの地位を獲得することができたのである。

こうして、MS‐DOSを安価でIBMに譲り渡すことになったマイクロソフトであったが、その目標は、IBMから直接利益を得ることではなかった。将来IBMと互換性をもつパソコンが登場したとき、そのパソコンにMS‐DOSをバンドルし、そこから利益を得ることがマイクロソフトの目標だったのである。パソコン市場は、マイクロソフトの読みどおりIBM互換機が登場し、IBMの規格がパソコン市場の業界標準となった。一方、マイクロソフトはIBM互換機にもMS‐DOSを搭載させることに成功した。IBMのパソコン規格が業界標準となったことにより、マイクロソフトのMS‐DOSもパソコン用OSの業界標準の地位を獲得することになったのである。

WINDOWSの誕生

一九八三年、マイクロソフトは「ウィンドウズ」という名のグラフィカル・ユーザー・インターフェイス(GUI)のOSを開発すると発表した。GUIとは、今日われわれが利用しているパソコンのように、マウスなどを使うことによって操作の大半を行うことができるインターフェイスのことである。MS‐DOSの機能を拡張し、GUIを実現することにより、パソコンがもっと使いやすいものになる。パソコンを広く普及させるためには、それをさらに使いやすいものにする必要があった。

こうしてウィンドウズの開発はスタートしたのだが、その道のりはけっして平坦なものではなかった。一九八四年、マイクロソフトよりも先に、ライバルのアップルコンピューターがGUI環境のパソコン、「マッキントッシュ」を発売した。マイクロソフトは、GUI環境のOSでアップルに一歩遅れをとることになったのである。

その後、マッキントッシュに遅れること一年、一九八五年になってようやくマイクロソフトは「ウィンドウズ1.0」を発売した。しかし、このウィンドウズ1.0の評判は芳しくなかった。先に発表され、高い評価を受けたマッキントッシュと比べて、ウィンドウズ1.0は明らかに見劣りするものだったからである。しかし、それでもマイクロソフトは諦めなかった。マイクロソフトはウィンドウズの改良を続け、一九九〇年に発表されたウィンドウズ3.0で、ようやくマッキントッシュに迫る操作性を実現することができるようになった。そして、一九九五年、マイクロソフトはウィンドウズ3.0を大幅に改良したウィンドウズ95を発売した。ここに至り、ウィンドウズはついにマッキントッシュとほぼ同等、あるいはそれを凌駕する操作性、性能を獲得した。このウィンドウズ95は、プロモーション戦略がうまくあたったこともあり、歴史的なヒット商品となる。これにより、マイクロソフトはOSの分野でライバル達を大きく引き離し、ウィンドウズ95はパソコン用OSの業界標準となったのである。

一九七五年、たった三人でスタートしたマイクロソフトは、現在、従業員数五万四〇〇〇人、売上高二八三億七〇〇〇万ドルの大企業に成長した。このマイクロソフトの成功には、さまざまな要因がある。運の要素が大きかったことも否定できない。しかし、変化の激しいコンピューター業界において、二〇数年間安定して成長することができたのは、コンピューター市場に対するゲイツの洞察が正しかったからであろう。彼は自らの洞察を信じ、チャンスを逃さず、果敢にチャレンジしていった。こうした彼の企業家精神が、今日のマイクロソフトの繁栄を築いていったのである。


（丸山　航也）

◆参考文献

ビル・ゲイツ（西和彦訳）『ビル・ゲイツ　未来を語る――アップデート版』アスキー、一九九七年

ビル・ゲイツ

ジェリー・ヤン *Jerry Yang* 1968–

デビッド・ファイロ *David Filo* 1970–

インターネット時代のリーダー
yahoo!の創業者

（Yahoo!）〔米　国〕

ジェリー・ヤン

デビッド・ファイロ

京都での大切な出会い

最近一〇年の情報機器、インターネットとアプリケーションプログラムの飛躍的な発展はめざましく、世界中のありとあらゆる構造を変革している。とくに、インターネットはわれわれの生活をも変革している。このような劇的な変化を引き起こした要因の一つに、ヤフー、ＡＯＬ、マイクロソフトなどの卓越したネット企業の存在がある。

いくら優秀なコンピューターやＯＳ（オペレイティング・システム）があってもＯＳの下で働く、ユーザ・インターフェイスが優れていて、しかも便利で調和のとれているアプリケーションプログラムがなければ、コンピューターをいつでも誰でもが利用してその利点を甘受することはできないのである。ネット企業の役割はここにある。

例えていえば、人々はいつでも気楽に電話を使用して相手と会話することができるが、電話機のなかにある配線や機材について利用者は、何の知識も操作も不必要なのである。

ネット企業は驚異的な勢いで、無から今日のわれわれの生活様式や構造をも変革するインターネットの枠組みを創出している。このネット企業の大手の一つにあげられるのが、ヤフーである。ヤフーは、設立当時スタンフォード大学博士課程の大学院生だった、ジェリー・ヤンとデビッド・ファイロの二人によって立ち上げられた。ヤンとファイロは、一九九三年にモザイク・コミュニケーションズ(後に、ネットスケープ・コミュニケーションズと社名変更)からはじめてリリースされた、Ｗｅｂブラウザ「モザイク」に大変興味をもったのである。

ジェリー・ヤンは、一九六八年台湾に生まれる。父を亡くした後、英語教師の母と弟とともに一〇歳のときに、アメリカ合衆国カリフォルニア州サンノゼに移住する。スタンフォード大学に一九八六年に進学(電子工学専攻)、一九九〇年に学士と修士を取得している。一方、デビット・ファイロは、一九七〇年アメリカ合衆国ルイジアナ州に生まれる。チューレーン大学で学士を取得後、スタンフォード大学に一九八八年に進学(電子工学専攻)、ヤンと同様に一九九〇年に修士を取得している。二人はそのままスタンフォード博士課程に進学している。ヤンとファイロの巡り合いがなければヤフーという企業は生まれなかった。

ヤンとファイロは、一九九二年のスタンフォード大学教育支援プログラム(college-bonding)に参加し、京都市左京区あるスタンフォード・ジャパンセンター(スタンフォード技術革新センター)に滞在した。ヤンとファイロは、このときに親交を深めた。当時のスタンフォード・ジャパンセンターには、パソコンが数台置いてあっただけという状況であった。ヤンは、ここで山崎あき子さんとも出会い、カリフォルニアに戻ってから付き合いが始まり一九九七年に結婚している。ヤンのすばらしい活躍を支えているのは家族である。さらにもう一人重要な出会いがあった。後に、ヤフーでカテゴリーの分類を行うチーフオントロジストとなるスリニジャ・スリニバサン（Srinija Srinivasan：Editor-In-Chief of Yahoo）である。このように京都は出会いの場であった。スタンフォード技術革新センターで過ごしたため、日本のことは大変良く思っていて、大学院で使用していたサーバのパソコンには、〝akebono〟（曙）と〝konishiki〟（小錦）という名前がつけられた。日本は、ヤフーにおける国際戦略の最初の国であり、その経験を得てから世界に進出していった。また、ヤフーは、創業者の母校であるスタンフォード大学に対して、一九九七年に二〇〇万ドルの寄付をしている。

熱意と信頼のブランド

ヤンとファイロは、インターネットの個人的に興味あるWebサイトを記録する目的で、公開されている情報をカテゴリー別に分類したリンク集「ジュリーのWWWガイド」を作成していた。このリンク集は次第に人気となり数多くヒット（閲覧）されるようになり、やがてスタンフォード大学のネットワーク負荷が増えて耐えられないようになった。ヤンとファイロのカテゴリー別に分類したリンク集は、自動的に作成されるのではなく、一サイトごとに内容を調べて分類するという気のとおくなるような作業の積み重ねで作成されていた。このWebサイトを階層的に整理して検索する方式は現在もヤフーのWebサイト検索において行われており、他社の検索とは異なるヤフーの特色なのである。すなわち〝Yahoo!〟とは、〝Yet Another Hierarchical Officious Oracle〟の省略で各語の頭文字を取ったものである。最後に、〝!〟をつけ加えている。〝Yet〟とは、もう一つ別のという意味である。

しかし、ヤンとファイロは、自らをならず者（yahoo）だと思っていたので、ジョナサン・スウィフト『ガリバー旅行記』（一六六七―一七四五年）に登場する「ならず者」〝yahoo〟（主人公たちがフィーナムランドで出会った野獣）を採用したと説明している。インターネットは生活を開放し活力を与えるという信念に基づいて創業に至るのであった。

創業に際しては、投資家からのさまざまの申込みが注がれたが、あくまでも独立を守りたいという意思から、セコイヤ・キャピタルというベンチャー・キャピタルからの資金と運営ノウハウを受け入れて一九九五年四月に〝Yahoo! Inc.〟として正式に事業化した。経営には専門知識や経験のある人材が必須であると考えて、ヤンとファイロはチーフヤフーにとどまり、最高責任者（CEO）にはスタンフォード大出身で経験豊富なティム・クーグルを、最高執行責任者（COO）にはジェフレー・マレットを指名した。ヤンとファイロは経営メンバーとともにヤフーの経営を必死に行った。さらに経営拡張を図るため、一九九五年に二〇〇万ドル（同社株式の約五％）の資金をソフトバンク株式会社とZiff-Davis Publishing Co. から得た。

「インターネットは人々に公平な情報収集の機会を与えるというが、情報発信手段を持つ人と持たない人との力の差は広がる。人々の間に存在する格差を解消するサービスを提供したい」（『日本経済新聞』一九九六年五月一〇日朝刊）とヤンは述べている。ヤンとファイロが、この時期に考えていたことは、格差を解消するサービスを無料で行うことである。当時の環境は、インターネットは研究者では使われていたが、一般の企業や個人には使われていない状況であり、インターネットの無料利用どころかインターネット自体さえもとても考えられないことであった。

ところがこれが、熱意をもって信頼できるブランドを築き上げることで実現されていった。現在では、一部有料となったサービスも行われている。

海外進出への第一歩・ヤフージャパン設立

ソフトバンクの孫正義は、M&A（買収・合併）手法で事業拡大を行っていたが、ヤンとファイロのヤフーに大変興味をもっていた。孫はヤンの作業している部屋に赴いた。そこでヤンと孫は、長い時間をかけて話し合った。そしてお互いに共感し、一九九五年一一月に出資し、さらに一九九六年一月ヤフーは日本のソフトバンク株式会社と共同でヤフー株式会社を設立した。海外進出のために現地法人を立ち上げたのは、その国独自の商取引に対応可能でしかも文化や言葉の対応にも順応できるなどの利点が多いからであったが、グーグルは孫に対してヤフーへの投資と同時に国際市場でのパートナー企業になることを望んでいた。同年四月一日に日本語によるサービスYahoo! JAPANがスタートした。

小野正人（当時ニッセイ基礎研究所）が一九九七年六月にジェリー・ヤンとの電子メールを用いて行ったバーチャル・インタビューでヤンは答えている（小野正人「米国の起業家群像」『週刊ダイヤモンド』一九九七年六月二七日号）。「ヤフーはサーチエンジンとして急成長することが絶対条件だった。そのためにはアライアンスを組むことが最も重要で、彼らの支援がなければ現在はなかったでしょう。大企業と組むことには、デメリットもあります。ベンチャーに比べれば意思決定も実務のスピードも遅いことです。しかし、それでも提携によるメリットはデメリットを上回ると思います。アライアンスのポイントは、〝Win-Win〟です。つまりベンチャーも大企業も顧客も、三方すべてメリットがあるような仕組みが出来れば、それは成功します。ヤフーのケースでいえば、日本のソフトバンクと提携したことによって、両社とも本当に良い効果が生まれました。実際、一九九五年に生まれたヤフー・ジャパンは、この四月に一日当たり九〇〇万ページビュー（閲覧ページ数）を記録し、順調に伸びています。」

現在は世界二〇の言語でサービスされているのである。国際戦略には当初さまざまの困難があったが、次第に相手企業から広告の申込みがくる状況が生じた。

急速な発展を支える力

前出の小野正人のインタビューで起業に傾ける情熱についてヤンが答えている。「一つは、イノベーションです。ちっぽけなベンチャーですが、世界中が注目する技術やビジネスを開発する仕事は本当にエキサイティングです。ヤフーのみんなは、それにプライドと責任感を持っているし、その強烈なエネルギーが同じ方向を向いているから、小さい会社でもすごい事業ができるのです。二つ目は、独立心でしょう。さっきいった技術やビジネスを自分で作って世界中の人に見てもらいたいと思っています。それも、自分の力が最大限発揮できる会社で実現させたいのです。三番目はインセンティブ。ベンチャーで自分達が作ったものが幸いにも成功すれば、IPOが可能になりストックオプションを得ている経営陣と従業員全員がキャピタルゲインを得られる。成功のリワードが明確です。要はこの3つの「I」、つまりInnovation、Independence、Incentiveが、我々を駆り立てるエンジンです。」

ヤフーが、多くの競争を勝ち抜いてこられたのは、起業以降、他社に引けを取らないように発展してきたからである。そのためにはすぐれた営業戦略と実行力が不可欠であり、事前の調査なども専門会社を用いて綿密に行いその時々で適材適所の人材を得て、ヤフーは企業活動を続けているのである。

(浅野　美代子)

◇参考文献

アントニー・プラミス&ボブ・スミス(信達郎監修、小浦博訳)『インターネットサービスの先駆者　ヤフー』三修社、二〇〇二年

カレン・エンジェル(長野弘子訳)『なぜYAHOO!は最強のブランドなのか』英治出版、二〇〇三年

第2部

アジア・オセアニアの起業家

ジェームズ・フレッチャー　*James Fletcher*　1886–1974

フレッチャー・チャレンジ社の創業者
ニュージーランド最初の産業家

（フレッチャー・チャレンジ・グループ）〔ニュージーランド〕

スコットランドからの移民～起業そして多角的チャレンジへのスタート～

ジェームズ・フレッチャーは、一八八六年三月二九日、スコットランドのカーキンテロフで生まれた。一三人兄弟の六番目で、グラスゴーで教育を受けた後、最初の仕事は、薬局に勤務したといわれる。その後、建築業に転じ、大工の年季奉公を勤めあげ、将来のチャレンジへの契機をつかむことになった。一九〇八年、ニュージーランド（NZ）の南島のダニーデンに移住した。そこで、彼は商人をやったり、建築会社の大工として働くことになった。一九〇九年、彼は仲間のモリスと、ダニーデンで建築および請負業としてビジネスをスタートさせる。この会社の名前は「フレッチャー・アンド・モリス」であった。

フレッチャーとモリスのコンビによる最初の契約による家屋は、小売商人のハーバード・グリーンのために建てられた。この建物は、NZの南島オタゴ半島の中部のブロード・ベイにあり、現在は、歴史的建築物として復旧工事がなされ、保存されている。その後、兄弟のウイリアムがスコットランドから移住し、会社に加わり、会社の名称は、フレッチャー・ブラザーズ・アンド・モリスと変わった。一九一三年、そうした協力関係は解消された。そして、今度は兄弟での会社が結成され、その名称はFletcher Bros. Ltd. となった。まもなく、ダニーデンよりも南部の都市、インバーガーギルに支店を開設することになった。これよりやや前の、一九一一年、ジェームズは、シャーロッテ・キャメロンと結婚した。彼の最初の新生活の家庭は、マッスルボロのグローブ・ストリートにあった。二年後にはダニーデンのセント・クレアのアルバート・ストリートに引っ越した。

一九一六年、会社には別に二人の兄弟が加わった。ジョンとアンドリューであった。一九一七年、会社は有限責任会社になり、その持ち分は多くの親方衆であった。その年、会社は、NZ第一の大都会である北島のオークランドにまで活動を拡大し、オークランド市・マーケット・ビルの契約を結び、その後事業は順調に展開され、北島の首都ウエリントンでも当時の大型契約を獲得した。この時代の大規模建築は、ドミニオン・ファーマーズ・インスティテュート、マッケンジーズ、サルベイション・アーミイ・バラックス、シルバーストリーム・ブリックワークなどの建物や設備であった。一九一九年、会社の名前は、フレッチャー建設と変わり、ジェームズ・フレッチヤーは専務取締役となった。

建設会社からの多角化戦略～関連会社の整備と展開～

契約も増え、事業が各地に展開され、その規模も大きくなるにつれて、多数の建具工場、採石場、煉瓦工場の獲得が必要となり、あるいは安定供給が当然のステップとして要求された。また、鉄鋼の組立て工場も拡張されねばならなかった。そのために、一九二三年、フレッチャー・トラスト&インベストメント・カンパニーの設立がなされた。これにより不動産の取得や販売やリースのための建物が作られた。一九二〇年代には、もう一つの重要な出来事があった。それはラヴ・コンストラクション・リミテッドとの協力であり、一九二五年から一九二六年のダニーデン海洋博覧会のための業務を遂行することであった。これはおそらくNZにおける建設分野での最初のジョイント・ベンチャーであったろう。

次の二〇年間は、ジェームズ・フレッチャーがその会社の活動をNZ全域をカバーするまでに拡大させ、また、深化させた期間であった。同時に、彼は積極的に製品多角化計画を展開させた。ブロックやタイルや鉄鋼製品の単なる製造から一九四〇年代には、林業、製材、建具、屋根、そのほかの建築部品製造へと事業の展開を図った。彼はまたNZにおけるコンクリートの混合方法におけるパイオニアでもあった。

彼が事業を拡大し、深化させていった背景について一言触れねばならない。それは、この時代はNZ経済がそれまで経験したことがないような繁栄のなかにあったということである。すなわち、一人当たりのGNPが豪州を越え、世界一の段階に達していたという事実である。好景気とその経済の繁栄は一人の実業家の成功を大きく左右していたということも指摘せねばならない。

国営住宅建設計画への関与と国家への貢献

一九三七年の労働党政府による国営住宅建設計画に関し、彼は非常に重要な役割を果たした。この時代のサベージ労働党政権は、安価で良質な住宅を供給するなど高度な福祉・社会保障の制度をNZに導入することを推進した。当時の経済大臣のウォルター・ナッシュは責任者としてジェームズを補佐役に指名し、社会的に重要な影響をもつ住宅建設計画がスタートした。最初の国営住宅はウエリントンのミラマーにフレッチャー建設の子会社によって建設された。国営住宅は、最初、非常に安価に作られたが賃金と資材費が急激に上昇し、数年の間、赤字が続き、しばらくは利益がなかった。一九四〇年、国営の持株会社、Fletcher Holdings Limited が設置された。ジェームズ・フレッチャーは、代表取締役となり、その後、一九六八年に初代社長に任命された。

一九四二年、彼は「防衛建設と船舶建造の局長」という名誉ある地位を得た。その仕事は、資材と工場と労働を組織的に運営するもので、その業務は効率的かつオン・タイムに行われた。キャンプや病院や倉庫などは太平洋戦争の間にNZでの多くの米軍兵士の到着にも十分敏速に対応しなければならないものであった。彼はまた、作業省の長官に任命され、戦後の復興と平和の時代の開発の準備および組織に努力した。一九四六年、彼は六〇歳になって、戦時の努力と貢献が認められてナイトの称号を授与された。

彼は、当時の労働党政権と結び付くことによって大きな仕事を得ることになったわけであるが、問題は、政治の目標である福祉政策の推進が一民間企業の協力を必要とし、家賃の安い公営住宅を大量に供給するのを認めたことにある。この時代、NZはまた最も多く公共施設を求めていたのであった。

建設関連事業の多角化とチャレンジ

戦後の数年を経て、Fletcher Holdings Ltd. はその事業を豪州や太平洋地域へと拡大した。海外企業の多くと関連をもち、新企業の発展に関与した。ジョイント・ベンチャー事業が新分野への挑戦のために採用され、成功した。カウエラウ（Kawerau）にある Tasman Pulp & Paper Co. Ltd. の設立と成功はその一例である。彼、サー・ジェームズ・フレッチャーは、この会社の設立の当初の一九五二年から代表の地位にあり、一九六五年に引退した。また、彼の興味関心は製紙工場や鉄鋼工場にまで及んだ。その会社は、建築資材と関連活動を含む商業・工業・国内分野におけるNZ最大の建設業者となったのであり、ビジネスの世界では立派な礎石を提供した。彼は、一九七四年に八八歳で他界した。

フレッチャー・チャレンジ・グループは、フレッチャー・ホールディングスを中核として活動してきたが、一九八一年、合併して Fletcher Challenge Ltd. となった。しかし、タスマン・パルプ&ペーパー社は別の企業となった。

フレッチャー・チャレンジ社の主な業務の分野は以下のようである。①資材供給サービス、②森林産業、③建設業と不動産業、④製造業とマーチャンダイジング、⑤金融およびコンピューター、⑥エネルギーと鉱業開発、⑦観光関連施設の設計開発、⑧その他建設関連分野、である。

チャレンジ社のグループによるプロジェクトで有名なものを挙げれば以下のようである。米国ではサンフランシスコのトランス・アメリカ・ピラミッドビルやアメリカ銀行世界本部、ハワイでは、マウイ島のグランド・ハイアット・ホテルなどがある。その他、豪州やグアム・サイパンでも活躍中。

ジェームズ・フレッチャーの業績とその特徴

偉大な創業者・企業家の経歴を調査してみるといくつかの共通項目がある。彼の場合、天賦の才能と努力、時代背景、友人と兄弟、政治的な結び付き、多くのチャンスとそれに対するチャレンジ精神、息子たちと部下たち、などであった。競争相手の少ないNZでの事業展開は彼にとって有利であったろう。

フレッチャー・チャレンジ株式会社が世界中に保有する資産総額は、九〇億米ドル(一兆四三二〇億円)に上り、フォーチュン世界企業五〇〇社ランキングの上位二〇〇社に名を連ねるようになっている。こうした資産を築く契機は、スコットランド出身の一青年の努力と工夫であった。彼の成功は、友人とNZの経済的繁栄に恵まれたことが最初のステップであろう。次いで兄弟との協力、事業拡大のチャンスに恵まれたことである。しかし、このあたりの成功は単なるローカル企業に普通にみられる現象である。NZ各地に事業を展開し、多角化大規模化していったところで、もう一つの幸運をつかむ。それは政府の福祉政策の方向に協調して事業を拡大するものであった。ここでも彼は立派にその業務を遂行し、信用を得る。さらに第二次世界大戦では、軍事面でも大きな貢献を遂げることになる。戦後の復興や開発でも質の高い任務を勤めている。彼は、その仕事の範囲を単なる大工・建具職人から建築建設業へと展開させたばかりでなく、資材の供給業からさらに総合的事業の設計開発までもてがける世界一流の企業にまで発展させたのである。その中には今やＮＺの主要輸出産業にまでなった林業製紙業の会社が含まれている。フレッチャー・チャレンジという名称をみてもわかるように常に新分野へのチャレンジを考えた業務を展開している。

（岡田　良徳）

◆参考文献

フレッチャー・チャレンジ・アーカイブス『ジェイムズ・フレチャーI世の伝記　1886–1974』（英語）www.fcf.co.nz より

フレッチャー・チャレンジ・アーカイブス『アドミニストレティブ・ヒストリー　―フレッチャー・ホルディングス Ltd.1940–1980』（英語）www.fcf.co.nz より

www.fletcherbuilding.com.

李　秉　喆

Lee Byeong Cheol　1910–1987

三星《サムスン》グループ創業者
論語と実事求是をもって世界企業に牽引

（サムスン・グループ）〔韓　国〕

祖父から受け継いだ儒学と実学 〜理財の才と儒教道徳〜

韓国を代表する世界的企業グループサムスンの創業者李秉喆《イビョンチョル》は、現在の大韓民国慶尚南道《キョンサンナムド》にて四人兄姉の末っ子として生まれ、富裕ではあるが厳格な儒家的家風の中で成長した。祖父は、儒者として高名で実学にも造詣が深く理財に長けていた。李秉喆の優れた理財感覚や儒教的思考は、祖父の才を受け継いだといわれている。彼は、五歳から祖父の設立した書堂（私塾）で漢学を学び、中学・高校を経て、一九二九年に日本に留学、翌三〇年に早稲田大学専門部政経科（現、政経学部）に入学した。この間、当時としては珍しいことではないが、一六歳で結婚している。

留学中十分な仕送りを受けていたが、気ままな一人暮らしのせいで偏食から脚気を患うと、学業二年で中退して故郷への帰途についた。

病を癒すやソウルへ上って将来の進路を模索したが、未来像を描ききれぬまま耽溺の日々を過ごし、失意のまま帰郷する。没入できることや分野もなく、無為徒食の日々が続いた。すでに三人の子供の親でもあった。将来を模索し悶々としていたある日、安らかに眠る子供たちの寝姿を月光のなかで見ていた李秉喆は、突如として事業への志に目覚めた。彼はその時のことを、「事業に投身しようとの決断は長く熟考の末の結果ではなかったが、とっさの思いつきともいえない。この決心は結果的に私の人生の大きな転換点になった。サムスン・グループの出発点になったという意味でもそうだ」と述懐している。李秉喆二四歳の時である。その後一年をかけて事業の構想と計画づくりに邁進する。

草創期の失敗をバネに経営の真髄を掴む
～綿密な調査と不死鳥のような企業家精神～

彼が最初に手がけた事業は精米業である。共同経営者を募り「協同精米所」を創業したのは一九三六年、二六歳の時であった。この精米所に買収した運送会社も併せての経営である。起業一年、米は市況商品で扱いが難しく、当時の米穀商人の取引定石にしたがった経営の結果は赤字決算であった。理財の才はこの失敗を機に目覚め、これまでの取引定石とは正反対の方針を立てて経営に臨み、翌年には損失を埋めてなお余りある利益を生み出した。また銀行融資を受けて田を買い入れ、土地事業への急拡大も図り二〇〇万坪の大地主となる。ところが、一九三七年に盧溝橋事件が勃発し、銀行を自分の金庫と錯覚するほどの勢いで利用しながら事業を拡張していた土地事業は、銀行からの突如としての貸出停止や土地価格の暴落によって瞬時に行き詰まり、清算に追い込まれた。この時、土地ばかりか精米会社、運送会社の整理をも余儀なくされ、残されたのはわずかな現金とわずかな田だけであった。草創期のこの手痛い失敗から、李秉喆はその後の経営訓を骨身に沁みるように学びとっている。つまり、①時代の流れを冷徹に透察し、②欲心を抑え、自身の能力と限界を守り、③偶然の好運に依存する投機は絶対的に避け、④直観力を練磨すると同時に、第二、第三の予備策を講じ、⑤情勢悪化に際しては果敢に清算し、次いで最善策を探求する、という経営の要諦である。

李秉喆は、サムスンの母体となるサムスン商会を起業するまでの一年間、国内はもちろん、当時の満州・中国各地を調査旅行し、新事業の構想を練り、徹底した起業準備を行っている。以後、半世紀にわたり、常に新産業を探し新しい企業を起こしてきたのである。彼が起業あるいは引受・再建した企業を列挙すれば、紙数が尽きる程であるが、そこには、すべてに徹底した情報収集・調査、事業化のための何段階もの経営計画の立案があった。草創期の挫折がサムスンの経営理念である「合理追求」「完全主義」を生みだし、事業再立志の過程では不死鳥のごとく甦る企業家精神を強化したのである。「経営者というより創業者」との評価がある李秉喆であるが、彼の果敢な創業への挑戦が光彩を放ちえたのは、草創期の失敗があったからともいえる。

事業報国・企業済民への経営理念の転換〜激変する環境としたたかな対応〜

社史によれば、サムスン・グループは一九三八年創業とされている。大陸への調査旅行から当時の資本でできる有望事業は、青果を中心とした貿易業と結論づけ、創業したのがサムスン商会であった。若干二八歳、事業への投身を決意して四年後であった。李秉喆としては再出発、サムスンとしてはスタートであるサムスン商会は、短期間に急成長し、一年後には醸造業へも進出した。戦時体制下、経済活動に対する統制が強化され、経済は沈滞していたが醸造業だけは、統制産業であり繁栄を謳歌することができた。植民地下においては、事業による報国の思いはなく、ただ金を儲けることがささやかな抵抗であり、慰めでもあった。李秉喆は、地域屈指の高額納税者となり、あり余る金を遣って放蕩な生活をおくっていた。豊かな生活を送る目的だけであったなら、この頃の事業と生活に留まったであろう。

一九四五年、日本の敗戦により祖国が解放、独立を取り戻した慶びのなかで、李秉喆は事業理念を大転換する。独立を機に韓国の企業家として、富国のための民族資本形成への使命感が澎湃として湧き上がったのである。李秉喆は、無為徒食の生活から事業への立志を第一の覚醒とするなら、この時期の独立とともに決心した事業報国の信念は第二の覚醒であったと、述懐している。三六歳の時のことである。

この頃社会は極度に混乱し、国民生活も貧窮の一途を辿っていた。収益をあげ続ける醸造業を社員に任せ、新しい事業の構想と計画への取組みを始めた李秉喆は、一九四七年、ソウルでサムスン物産公司を創業した。醸造業では、国家や社会の発展に大きく寄与することはできないという考えからであった。また再び貿易業であったのは、生産施設を作ろうにも資本も技術もなく、極端な電力不足に陥っていた当時の社会情勢を勘案してのことであった。なにより深刻な物不足にあえぐ社会のためには、貿易業が喫緊の事業であるとの判断からでもある。「万事に段階がある」「業種の選択は時代が決める」の言葉は、当時を述懐してのものであろう。

しかし一九五〇年、朝鮮戦争が勃発、その後三八度線によって南北に分断され、韓国経済は致命的な打撃を受けることになった。この間、ソウルのサムスン物産公司は霧散したが、醸造業で備蓄した資金で釜山にサムスン物産㈱を再建した。事業は急進展して、設立一年で資本は二〇倍に膨れ上がっていた。高収益ではある貿易中心のサムスン物産の経営だけでは李秉喆にはむしろ不本意で、もっと重要な事業を起こしたいとの思いを抑えきれなくなっていた。人的資源以外の資源に乏しい韓国が発展するためには、原料を輸入して加工する製造業こそが不可欠であるとの信念に達し、一九五三年に第一製糖、翌年に第一毛織を創業した。商業資本から産業資本への大転換である。

輸入代替産業への進出は、当時の韓国の国力・経済情勢・社会環境から考え、最も適した事業分野であった。事業報国・企業済民を経営哲学にする李秉喆は、その後も時代の変化に合わせ、一九六〇年代は基幹産業、一九七〇年代は輸出拡大と重化学工業、一九八〇年代は先端産業へと事業を多角化・拡大し、一大企業グループ（財閥）を形成する。国の経済発展政策に沿った産業分野への進出であったが、市場性が最も低い時の事業拡張であり、現在より未来を見据え、国内だけではなく海外との競争を考慮するという経営戦略がなければ、事業拡大は困難であったはずである。いかに条件の悪い事業であっても数年間も赤字にあえぐようでは企業経営ではないとの言葉どおり、徹底した合理追及と綿密な経済計算を土台に、見識をもって果敢に実行に移してこそ、そのほとんどすべてを成功に導くことができたのである。激動する韓国の政治情勢に常に容喙を受けながらの巧みな経営の舵さばきであった。まさに不死鳥のような企業家精神である。

大胆かつ細心な起業～一〇年先を読み、一〇年先までの準備をし、一歩だけ先に足をだす～

李秉喆は、輸出代替産業に事業を展開する初期の時代から常に事業の陥りやすい独善を避けるため、国際競争力をつけることを念頭に事業を構想・計画している。輸出代替分野とはいえ、輸出競争力をもつ製品生産設備や技術力を備えることを事業の柱とし、単に現在の不足を充足するのではなく、未来の需要を考え、それに備える事業展開を実践してきている。彼はしばしば海外に出て、韓国の未来を考えたという。そして常に「現在より未来の可能性が重要」「今ここではなく未来を見よ」「一〇年後に備えよ」と強調してきた。絶えず未来を志向し挑戦することを、自らにも役職員にも課していたが、併せて事前調査・研究や計画の重要性を厳しく説いている。企業には本質的に絶えざる革新と創造が必要であるが、それはあくまで合理主義に根ざしていなければならないということである。新奇性や規模の経済性、新技術だけを追求するのではなく、企業的意味をもつ革新と創造、つまり経済性のある事業を求めてきたのである。

今日のサムスン・グループは、世界一を誇る半導体をはじめ製造業、金融、流通、医療、文化事業などあらゆる分野に事業を展開しているが、地道で綿密な調査と厳しい企業性評価研究の上での事業投資の結果である。事前準備と計画に裏打ちされた開拓者精神の輝かしい成果といえよう。

人材第一に秘められた最後のイノベーション～後継者の決定とその後の発展～

「人材第一主義」はサムスンの三つの経営理念の最初にあげられている。李秉喆自身、「人が企業を経営する。私は『企業は人なり』という経営理念を実感し、実践してきた。企業発展の原動力は人材であり、すべての中心は人材である」と強調し、「私の人生の八〇％は人材を集め教育することに時間を使ってきた」と述懐している。彼は、厳しく人を選び、選んだ人にすべてを任せきる経営を実践してきた。経営者には常に儒教的修養の必要性を強調した。労働組合のない企業を目指したことも、労使という対立関係ではなく人間の和を中心に経営を行おうとする意志の表出である。

後継者に長男・次男を抑えて三男李健熙《イコンヒ》現会長を指名したことも、将来を見透す冷徹な経営者の視点がなければ、韓国の社会風土のなかでは起こりえないことであった。後継者選びから分裂・分解した財閥があるなか、指名して育て上げた後継者が今日なお、超一流企業を目指して挑戦を続けていることこそ、李秉喆の最後最大の経営イノベーションであったといえよう。

（佐々木　憲文）

◇参考文献
李秉喆『湖巖自傳』中央日報社、一九八六年（韓国語）
サムスン秘書室『サムスン五十年史』一九八八年（韓国語）
趙璣濬他『経営史学―特輯　湖巖思想の再照明研究』韓国経営史学会、一九九七年（韓国語）

鄭 周 永

Chung Ju Yung

1915–2001

現《ヒュン》代《ダイ》グループ創業者
生涯ベンチャー企業家

（現代グループ）〔韓　国〕

現代建設の設立 ～アイデアと冒険でチャンスをつかむ～

鄭周永《チョンジュヨン》は、現在の朝鮮民主主義人民共和国江原道《カンウォンド》の農家で生まれた。戦後の混乱期の一九四六年に現代自動車工業社を設立し、自動車修理業を営んだ。自動車工業社は繁盛していたが、自動車修理業よりも建設業の収益が大きいことがわかって、同じ場所に現代土建社を設立した。一九五〇年一月、この二社を合併して現代建設株式会社を興した。

一九五〇年六月、朝鮮戦争が勃発し、戦況が厳しくなったため周永は臨時首都の釜山《プサン》に疎開した。弟・仁永《インヨン》が米軍司令部の通訳となったのをきっかけに、米軍関係の工事を請け負うようになった。アイゼンハワー次期米大統領の韓国訪問が決まったが、戦禍で廃墟となったソウル市内には適当な宿泊施設がなかった。米軍は朝鮮王朝の宮廷を宿泊所に決定し、水洗式トイレの設置とボイラー暖房装置施設の建設や内部修理などを一五日間の期限付きで現代建設に依頼した。周永は従業員を連れて古物商の街に出かけ、無人の古物店に勝手に入ってボイラー、パイプ、洗面台、浴槽、洋式トイレの便器などを手当たり次第トラックに積み、代金は後で払うという貼り紙をして持ち帰った。約束の期限までに工事を完了すると、米軍関係者は親指を出して「ヒュンダイ・ナンバーワン！」と称賛した。

続いて現代建設は、国連使節の参拝に備えての国連軍墓地造成工事を請け負った。国連軍戦没者墓地は赤土のままであった。周永はトラック三〇台をかき集め、麦畑を買い取って青い麦の株をトラックで運び、墓地に移植した。墓地は青く造成された。国連使節は青い草が芝なのか、麦なのか気にもせず、戦死した兵士の墓に花を捧げて帰った。米軍関係者も「ワンダフル！　グッド　アイデア！」と感嘆した。現代建設はアイデア料を含め工事費実費の三倍を受け取った。

韓国政府は一九六二年から第一次経済開発五ヵ年計画を開始し、社会間接資本投資と基幹産業の設備投資に重点を置いていた。この過程で韓国内に一種の建設ブームが起きた。現代建設は、肥料工場やダム建設工事などに参加し、米国や西独の企業から伝統的な施工技術を習得した。また、水力発電、火力発電、原子力発電などの建設工事に参加し、欧米企業から技術指導を受けた。これらの工事を通じて、技術を蓄積し、技術蓄積によってさらに国際競争力を高めていった。現代建設は韓国経済の発展とともに成長した。それまでに蓄積した技術と経験を土台に海外進出を始めた。六五年のタイのパタニー＝ナラティーワート高速道路建設を始め、タイ南端の大部分の高速道路建設を請け負った。南ベトナムにも進出した。この経験と自信により韓国の建設業界のなかで有利な地位を占めるようになった。

奇抜なアイデア・海上輸送作戦

現代建設は、サウジアラビアのジュバイル産業港工事の国際入札に参加した。五〇万トン級のタンカー四隻を同時に接岸できる海上ターミナル工事は、構造物製作から輸送、荷役、設置に至る、世界最大規模の工事であった。世界トップクラスの経験豊富な建設会社が名乗りを上げていたなか、現代建設は赤字覚悟で入札価格を九億三一一四万ドルと書き、最低価格で落札した。ジュバイル港工事は、三〇メートルの深海底岩盤に三〇メートル幅の基礎工事が一二キロに及ぶ規模の大きいものであった。当時の現代建設は、OSTT（外港タンカー停泊施設）の工事経験はまったくなかった。そのうえ、「コスト削減」と「工期短縮」が最大課題であった。周永は、すべての機資材を韓国の現代造船所で造り、それをフィリピン海、東南アジアの海上、インド洋経由でペルシア湾まで大型バージ船（平底の貨物船）で運搬するという、奇想天外なアイデアを考え出した。海上ルートであるフィリピン海は世界最大の台風圏であり、蔚山《ウルサン》からジュバイルまで一万二〇〇〇キロ、バージ船で片道三五日かかる。すべての輸送には一九往復が必要となるが、「工期短縮」するには迅速で確実な輸送手段が必要であった。周永は、台風で事故にあっても鉄の構造物が海上に浮かぶような工法を研究させ、台風地帯の南洋とモンスーン地帯のインド洋の険しい荒波の危険に備えるコンピュータープログラムを開発させて運搬船に装着させた。

この輸送作戦のために、系列の現代造船所で一〇〇〇〇馬力のタークボート三隻、一万五八〇〇トン級大型バージ船三隻、五〇〇〇トン級バージ船三隻を短期間に建造、輸送作戦は見事に成功した。この奇想天外なやり方には世界中が驚かされたが、これは工期短縮のための冒険であった。現代建設にとっては、冒険こそが発展と飛躍への道であった。ジュバイル産業港工事で施工能力を評価された現代建設は、その後、中近東でも多くの大型工事を受注した。現代建設は、奇抜なアイデアによる「コスト削減」と「工期短縮」を行うという戦略で競争力をアップした。

現代自動車の設立～世界の自動車メーカーに～

鄭周永は、六七年に現代自動車を設立した。最初はフォードと自動車組立技術契約を締結したが、うまくいかず、安価で質の良い小型車を生産してフォードの世界的な販売網を通じて輸出しようとする彼の夢は実現されなかった。続いて現代は、新しいパートナーとして三菱自動車と提携した。三菱自動車とはプレス工場、金型工場およびエンジン工場を作る契約を行った。さらに、イタリアの設計専門会社とスタイリングおよび設計の契約、ヨーロッパの自動車最高スタイリストのジョージ・アローに韓国の未来型自動車のデザインを依頼し、また、英国のブリティシュ・レイランド社のジョージ・タンブル社長とエンジン、アクセルレイターおよびトランスミッションなどの重要部品製作の技術契約を結んだ。

一九七六年、韓国固有モデル第一号「ポニー」が発売された。三菱セダンのエンジンを装着した「ポニー」は生産前から輸入希望が殺到するほど爆発的な人気となった。「ポニー」は七三年の第一次オイル・ショック後、燃料難に対処するために設計されたモデル車であった。

現代自動車は起亜《きあ》自動車を傘下に入れ、韓国内の六工場と海外の二五工場で年間二八〇万台の生産能力をもっている。現在まで世界各国に七七〇万台の自動車を輸出している。二〇〇〇年には「エラントラ」「サンタフェ」「トラジェ」の三モデルの現代自動車が日本市場にも参入した。

現代造船所設立 ～荒野の浜辺に造船所建設～

造船所建設は韓国政府の国策事業の一環であった。周永は借款導入のために世界中を飛び回り、英国のA&Pアプルドア社およびスコットリスゴー造船社と技術協力契約を締結した。周永は、A&Pアプルドア社のロングバトム会長にバークレイズ銀行への口利きを依頼したが、同会長には「まだ船主も現れてないし、韓国の償還能力および潜在力も信頼できないので困難だ」とそっけなく断られた。その時、周永は「コブク船」(李朝時代に李舜臣《リスンシン》将軍が造った亀型の鉄甲船)が描いてある五〇〇〇ウォンの紙幣をポケットから取り出しテーブルの上に広げて説明した。

「これをご覧ください。これが『コブク船』です。われわれは一五〇〇年代に既に鉄甲船を建造した実績と頭脳があります。英国の造船歴史は一八〇〇年代と聞いております。われわれが三〇〇年も進んでいました。鎖国政策のために産業化が遅れたせいで、国民の能力とアイデアがさびれてしまいましたが、われわれの潜在力はそのまま残っています。」

ロングバトム会長はにっこり笑ってうなずき、推薦書をバークレイズ銀行に送ってくれた。一方、現代建設はスコットリスゴー造船所で船舶図面を製作してバークレイズ銀行に提出した。バークレイズ銀行との借款導入交渉は順調に進行していたが、英国銀行が外国に借款を提供するためには、英国輸出信用保証局（ECGD）の保証を受けなければならなかった。ECGD総裁は、造船所建設事業計画書に異論はなかったが、船舶を注文する船主がなかったらどうするのか、船舶が売れなければ、どのようにして英国の銀行から借りた金の元利金を返済するのか、という点を指摘し難色を示した。

周永は、ここで諦めるわけにはいかないと、船舶を買ってくれる船主を探し歩いた。荒野の海辺の写真と地図を持って歩いた。ギリシアの船舶王オナシスの義弟リバノスに出会った。リバノスが写真だけ見て契約したのも型破りであったが、現代建設が彼に対して提示した条件も破格的であった。「間違いなく、良い船舶を建造して渡す。万一この約束を守れなければ、契約金に利子を上乗せして返済する。それを韓国銀行に支払い保証させる。船舶建造の進捗状況をみながら代金を払えばいい。しかも建造した船舶に欠陥が生じれば引き受けなくてもいい。元金は全部返還する」と大見得を切った。リバノスとの間で、二六万トン級タンカー二隻の注文の契約を取り交わした。契約金が韓国銀行に入金されたことを証明する書類をECGDに提出すると、ECGD当局は驚きつつも、何もいわずに決裁した。

造船所建設と同時に船舶建造を開始し、岸壁の埋め立て、鋼材置場、船殻工場、技能工訓練所、防波堤、港湾の浚渫、ドック、工場の建設、本社ビル建設などの工事をしながら、リバノスが注文した二隻の船舶を建造した。起工式から二年三ヵ月という短期間に造船所を建設し、同時にタンカー二隻を建造したことは世界造船史上稀な記録である。

貧農から世界の財閥へ

鄭周永は、建設、自動車、造船だけでなく、電子、商船、セメント、総合商社、証券、投資信託、石油化学、デパート、ホテル、新聞社、大学など、あらゆる分野に事業を拡大した。現代グループは、米国経済誌『フォーチュン』の一九七七年の世界ランキング九八位に入った。その後、年々上昇し、八〇年には七二位に上がり、韓国最大の財閥に成長した。しかし、彼の死後、経営権をめぐる息子たちの争いが発端となり、現代グループの経営は厳しい状況にある。

韓国経済の混乱期に多くの難関を乗り越え、持ち前の根性と粘り強さで危機をむしろチャンスとして捉えた周永の勇気とチャレンジ精神が成功への秘訣であろう。失敗を重ねた上での成功であって、すべてが順調に進んだわけではない。周永は企業家出身の大統領を目指して大統領選に立候補したことがある。現代グループの系列各社、下請け会社、子会社の社員、その家族や親類などの票を集めれば、当選できると考えたが、結果は見事に落選した。波乱の多い人生であった。

周永は、九八年に牛一〇〇一頭を連れて（二度に分けて）板門店《パンムンチョム》の軍事境界線を越え北朝鮮を訪問した。その時のニュースは世界中の感動を誘った。それを契機に北朝鮮指導者金正日《キムジョンイル》総書記と面会し、金剛山《くむかんさん》観光開発などについて合意した。そして南北首脳会談の橋渡し役をした。

（永野　慎一郎）

◇参考文献

鄭周永（金容権訳）『危機こそ好機なり』講談社、二〇〇〇年

鄭周永『イタンエテヨナソ（この地に生まれて）』ソル出版社、一九九八年（韓国語）

林紹良

Liem Sioe Liong 1916–

東南アジア屈指の華人財閥
サリム・グループ創始者

〔サリム・グループ〕〔インドネシア〕

商才の開花

林紹良《リエムシウリョン》（以後リェムと表記）は、一九一六年、中国南部福建省に三人兄弟の二番目として生まれる。ちなみに、彼のインドネシア名はSudono Salimというが、これは、「三人のリム」(San-Liem)を意味するとする説もあるが、多くの華人系インドネシア人と異なり、通常もっぱら中国名で呼ばれてきた。貧農の子に生まれた彼は、優れた知能を開花させる余裕もなく、小学校五年でドロップアウトせざるをえなかった。

少年時代には村でソバ屋をやったという。一九三六年、国民党による徴兵を逃れるべく、辛亥革命の際インドネシアに渡った兄（リム・シウ・ヒィ）を頼って中部ジャワ・クドゥスに身を寄せ、兄を手伝って丁子やピーナッツ・オイル売りで身を立てた。クドゥスはインドネシア人の代表的嗜好品たる丁子入り煙草（いわゆるクレテック）の産地として知られる。リェムは、抜け目なく丁子の密輸にも手を伸ばす一方、自転車部品・釘など日用品を製造するなど商売を拡大していった。

リェムの商才は、まず新生間もないインドネシア共和国が「衣食住行」――行は人や物資の移動、つまり、交通・通運――にあると見抜いたところにある。実際、一九四五～四九年の対オランダ独立戦争の渦中にあって未だ兵站も思うに任せぬ状況にあったインドネシア共和国が不可欠としていた武器や医療品を調達したことが、以後、インドネシア軍と太いパイプをつなぐ契機となった。とりわけこの過程で、中部ジャワ軍管区（ディポネゴロ師団）の財政・調達担当将校スハルトの知己をえたことは、リェムにとって生涯の財産となる跳躍台を提供するところとなった。

とはいえ、独立直後のインドネシア共和国は、華人たるリェムにとってけっして好意的な環境であったとは言いがたい。というのは、オランダ植民地支配下のインドネシア（蘭領東インド）は典型的な複合社会であり、「外来東洋人」としての中国人は、オランダの買弁として機能し、通商と金融を掌握する位置を占めたから、原住民たるインドネシア人の怨嗟の的となりがちだったからである。たとえば、初代大統領スカルノ治下のインドネシアでは、一九五〇年、いわゆる「ベンテン・プログラム」の名の下に、特定物品の輸入は土着企業――資本金の七〇％が原住民によって提供されていることが要件とされた――に対してのみ認可された。さらに一九五九年には、村落レベルにおける小売業から外国籍の中国人（いわゆる華僑）を排除する「政府決定第一〇号／一九五九年」（PP-10）が発表された。当時の小売企業八万六六九〇店舗のうち八万三七八三店舗が中国人所有であり、二万五〇〇〇店舗が同決定の対象とされた。

リェムは、スハルトの庇護によってこうした厳しい環境に耐え、五四年にはウィンドゥ・クンチャナ銀行を、さらに五七年には将来のリェム財閥の中核となるセントラル・アジア銀行（BCA）を設立するなど着実に事業を拡大したが、彼の名が国内外のメディアで言及されることはほとんどなかった。

リェムがインドネシア華僑にとっての厳しい環境を生き延びられたのは、青年将校のころから知己を得たスハルトの庇護によるところが大きかった。この延長線上で、スハルトが権力の階段を登るにつれてリェムの事業も急速に拡大するところとなった。

政商としての台頭

一九六五年の「九・三〇事件」を契機にインドネシア陸軍の臨時指導者となったスハルトは、六六年には大統領代行となり、六七年にはスカルノの後を襲って第二代大統領に就任した。初代大統領スカルノが国家の独立と民族の統一を至上命題とみなし、経済発展を等閑視して戦闘的ナショナリズムを展開したのと対照的に、スハルトは強権によって反対派を制圧する武断的統治を経済発展によって正当化すべく、いわゆる「開発独裁」に着手した。その際、土着資本が決定的に不足しているインドネシアにおける経済発展のためには、政府主導型の「上からの」開発は避けがたいところであり、その中核を担ったのが、一方は、食糧調達庁（BULOG）、石油公社プルタミナ、国営商社ブルディカリなどの公社・公団であり、他方では、リェムを始めとする華人資本あるいは日米など先進諸国の外国資本であった。

一九六八年、政府は、スハルトの異母弟プロボステジョの率いる「メルチュ・ブアナ社」とリェムの「メガ社」とに丁字の独占的輸入権を与えた。両社は、丁字の独占輸入の見返りとして、五％の手数料を除くすべての利潤を「国庫外歳入」として政府に還元することとされた。これこそ、巨大な利潤の見返りとして権力者の財源として貢献する政商としてのリェムの第一歩であった。リェム財閥の台頭にとってさらに決定的だったのは、一九七〇年、主要物資の調達・供給を主管するBULOG管轄の小麦の独占的輸入・製粉・配給権を獲得したことである。リェム財閥傘下の「ボガサリ製粉」社は、小麦粉の全国需要（約四億ドル相当）の八〇％を占める首都ジャカルタをふくむインドネシア西部を担当し、対抗のシンガポール系「プリマ」社は、ボルネオやイリアンなど東部を担当することとされた。「ボガサリ製粉」社の定款によれば、利益の二六％はスハルト夫人が主宰する「我らが希望財団」や陸軍戦略予備軍（KOSTRAD）系の「ダルマ・プトラ財団」などの「慈善事業」のために留保されるという趣旨が明記されていた。

かくして、一九七〇年代以前にはほとんど存在を知られてさえいなかったリェムは、一九七〇年代以後、急速にインドネシアを代表する大財閥へと成長していった。その過程で、①貿易、製粉・即席麵などの食糧、銀行・金融、自動車・セメントなど製造業などへと業種を多角化するとともに、②国内有力華人資本との提携関係を確立する一方、③香港・シンガポール・フィリピン、中国、さらには豪州、米国などへの国際的展開を図り、インドネシアのみならず東南アジアをも代表する華人財閥を築くのに成功したのである。

早くも一九八三年には香港の『国際投資家』誌がリェムを世界一二大銀行家の一人に数えている。さらに、一九九六年の米『フォーブズ』誌は、リェム財閥の総資産を一六億ドルと見積もり、マイクロソフト社のビル・ゲイツに始まる世界富豪リストの第二六位に位置づけるにいたった。ちなみに、サリム財閥は一九九〇年の取引総額八〇〇億ドル、インドネシアGDPの五％に及ぶとされた。

暗転

インドネシア人大衆はリェムに代表される華人政商を、旦那様あるいはご主人様を意味する「チュコン」(cukong)と呼び、反感をあらわにした。とりわけ、スハルト政権の超長期化に伴う「腐敗・癒着・縁故主義」(KKN)の横行は、しばしばチュコンのみならず華人一般に対する反人種暴動を触発するところとなった。

リェムは一九九〇年代に入って、二つの方向で事態の改善に着手した。つまり、スハルト一家との距離を徐々に広げるとともに、ポスト・スハルト期に備えて、事業の国際展開を一段と積極化したことである。リェムはこれを「国際化」時代の当然の対応として説明しようとしたが、インドネシア国内からは、「資本流出の連鎖を触発しかねない」とする批判の声があがった。これに対してリェムは、「国外に進出しようとすれば流出と批判され、国内に投資すれば独占と非難されるのであれば、わたしは何処に投資すればよいのか」と慨嘆しているが、これはいわば草創期以来のリェム財閥の負の遺産ともいうべきものであった。

一九九七年、タイの通貨バーツの暴落に端を発する、いわゆる「一九九七年の破局」は、急速にインドネシアにも波及し、ルピアは一気に六〇%余りも下落した。三二年間にわたってインドネシアを強権的に統治してきたスハルト政権は、経済破綻と生活苦に激怒する大衆の騒然たる抗議行動に直面し、権力基盤たる国軍からの離反もあって、九八年五月、ついに崩壊した。しかし、スハルト体制が断末魔を迎えつつあった一九九八年五月、ジャカルタを始め、全国各地で反華人暴動が荒れ狂ったころには、すでにリェムは危機を察知してシンガポールに資本逃避を終えていた。一説によれば、この時期にインドネシア国外に逃避した華人資本は総額六〇〇〇億ドル、うち六〇〇億ドルがシンガポールに流出したという。リェム財閥は、すでにスハルト政権によるメガ・プロジェクトたる「成長の三角地帯」(growth triangle)――シンガポール・マレーシア・ジョホール州、およびインドネシア・リアウ州の提携による一大工業地帯構想――への巨額の出資を通じて、シンガポール政府との緊密な関係を築き上げていた。しかも、『ストレーツ・タイムズ』紙の伝えるところによれば、リェムは二〇〇一年、すでにシンガポール国籍を取得していたという。

不吉にも、スハルトの後継者ハビビ新大統領は、「人口のわずか三%を占めるにすぎない華人がインドネシア経済の九〇%を支配している状況は異常である」とし、華人資本が国外流出した分は、十分、インドネシア人が埋め合わせうると、反華人色をあらわにしている。

次なる世代へ

こうした弊遺からの脱却は、すでに一九九〇年以来、サリム財閥の統率権を委ねられた三男アンソニー・サリム（林蓬生）の手に委ねられねばならなかった。アンソニーは、父リェムが中学校中退であるのと対照的に英ケンブリッジ大学を卒業しており、徹底した合理性と効率重視、そして攻撃的な経営によってサリム財閥の体質改善に意欲を燃やした。アンソニーによれば、スハルト大統領との親交がサリム・グループに「渇いた旅人にとってのグラス一杯の水」のごとき貴重な価値をもったことは否定できないとしても、グループの成功は主としてこの初期資産を賢明に活用する経営手腕にあったと強調している。サリム財閥の経営戦略から創始者リェムの影響力が後退することは、インドネシア経済そのものの健全化とも無縁ではありえず、今後ともアンソニーの手腕が注目されるところである。（黒柳　米司）

◆参考文献

村井吉敬『スハルト・ファミリーの蓄財』コモンズ、一九九九年

吉村文成『スハルト「帝国」の崩壊』めこん、一九九九年

林紹良

王永慶

Wang Yung Ching 1917–

「経営の神様」と称された台湾プラスチック・グループ創業者

（台湾プラスチック・グループ）〔台　湾〕

台湾プラスチック・グループの創設

王永慶《ワンイユンチン》は一九一七年一月一八日、台湾台北県新店鎮直潭里の貧しい農家に生まれた。彼は一六歳から一〇年間米屋を経営し、それで得た資金をもとに材木売買業に乗り出し、国民党政権成立後の建設ブームで財を成した。三〇歳の時には、すでに財産五〇〇〇万元に達する大富豪となっていた。

台湾プラスチック・グループ（台湾塑膠公司）の創業は、一九五三年に国民党政府行政院が「経済安全委員会」を設立し、ガラス、紡績、人造繊維、プラスチック原料ならびにセメント事業の建設計画を立て、美国からの援助資金をこれらの事業に向けさせることになったことから始まる。このとき、政府はプラスチック事業に興味を示している王永慶にその経営をゆだねた。

当時、王永慶はプラスチック事業に関してあまり知識をもっていなかったが、結論は次の通りであった。すなわち、日本の当時のＰＶＣ（ポリ塩化ビニール）粉末の月産量は三〇〇〇トンであり、台湾の人口は日本の一〇分の一であるから、月産量三〇〇トンを限界と想定し、この計算に基づいて、政府の指導のもとに一〇〇トンの生産計画を策定した。

そこで彼は土地を購入し、工場建設に着手した。一九五七年三月に台湾塑膠工場が落成し、正式稼動後のPVC粉末の月産量は一〇〇トンであった。ところが、国内業者は国産PVC粉末の品質を疑ってこれを使おうとせず、また、政府が輸入規制を実施する以前に大量にかけ込み輸入をしていたので、台湾塑膠公司の出だしは惨めなものであった。三月の開業から同年一二月末までに生産されたPVC粉末は、一トンも売れなかった。この状態に直面して、王永慶は二つの経営戦略を立てた。その一つは、さらに生産能力を拡大し、それによって原価引き下げをはかり製品を輸出に向けることであり、もう一つは、第一次加工工場を作ってそれをPVC粉末のはけ口とすることであった。

生産規模拡大計画に対しては、多くの人が反対したが、幸い当時の経済官庁役人たちの支持を得て、一九五八年、一九六〇年の二回にわたって生産能力を拡大し、月産一二〇〇トン体制を完成し、これによって原価引き下げをはかることができた。一九五八年に設立された南亜塑膠公司は第一次加工を行うことによって、台湾塑膠の原料製品を消化することができた。

一九七七年、台湾プラスチック・グループの売上高は一〇億ドルを突破し、国内外の注目を集めた。当時、王永慶は事業拡大のため、一五〇〇万ドルの資金を必要とし、台湾の銀行に借入れを申し入れたが、企業融資の窓口であった台湾銀行が融資に応じないため、止むを得ず外国銀行に頼った。外国銀行は台湾銀行に比べて現実的だった。彼らが重んずるのは個人の信用であって不動産や保証人ではなかった。調査の結果、英国のANG Glynderais、米国のAmerican ExpressおよびBankers Trustの三銀行が連合して一五〇〇万ドルの融資に応じた。しかも、金利は従来の台湾銀行が融資する際の利率を下回った。この三銀行は王永慶個人の担保で十分と見なし、台湾のどの銀行の保証も要求しなかった。それは銀行が王永慶の将来を見抜き、彼の企業家としての能力に対して信用貸しをしたものと考えられよう。

王永慶の経営構想力

台湾がＰＶＣ原料の供給が不十分なことを知った王永慶は、さらに発展を期するためには原料を確保しなければならないと考えて、米国に目をつけ、一九八六年にテキサス州ヒューストンに世界最大規模のＰＶＣ工場を建設した。これは一貫作業を行うＶＣＭ（塩化エチレン）工場とＰＶＣ工場からなるもので、年産量はそれぞれ二四万トンであった。ヒューストン工場の建設は、企画段階から設計、据付、施工、テストに至るまですべて台湾塑膠自らの手で行われた。一九八八年に生産が開始されてからはＰＶＣ原料が米国から台湾に運ばれ、これによって台湾の原料不足は解決されたのである。

また、石油化学の世界でも王永慶は新事業を展開していった。一九八六年には廃棄物を利用して付加価値の高い化学品の生産を決定し、一九億五〇〇〇万元を投じて高雄県にフッ化水素酸工場、塩化炭素工場、溶剤工場、フッ化炭素工場の四事業所を設立し、自分の工場で生産する価格の安い塩素と、塩化エチレン工場での廃棄物を高低温度蒸留によって得られる分留物を原料として、無水フッ化水素酸、塩化メタン、フッ化炭素冷媒等の高付加価値品を生産した。こうして王永慶は廃棄物を有用のものに活用し、環境汚染を防いだばかりか、多額の外貨を使ってこれらの原料を輸入しなくても済むようにした。

このようにして台湾プラスチック・グループは、ＰＶＣで世界のトップ・メーカーとしての地位を固めているほか、石油化学や化合繊の製造企業としても、国際的に有力企業といえる程に成長している。

王永慶は、投資する以上は一定の経済規模にしなければならないと述べ、台湾プラスチックが二〇〇二年に進めている中国での第六ナフサ・プラント計画とを合わせ、第七、第八ナフサ・プラントへの投資を決断した。川上、川下を統合させ、台湾の石油化学工業に世界最大の競争力をもたせた。

王永慶は、当時、台湾の石油化学工場の生産能力は十分でなく、海外の大手業者には太刀打ちできないと指摘した。さらに、第七および第八ナフサ・プラントの合計年産量は少なくても二〇〇万トン必要であり、これだけの経済規模があれば、国際市場での競争力が備えられると述べ、工場建設を急ぐべきだと強調した。

王永慶の経営理念

台湾には一般的に家族企業が多く、経営管理が問題となるような企業が多い。一九六〇年頃から、欧米および日本の経営管理理論が次第に浸透しつつあるが、中国文化という背景上の差異から、それらの経営管理理論は未だ十分理解されるには至っていない。むしろ、台湾人企業家である王永慶が成功したことから、彼の経営方法が「中国的経営」として研究されている。では、王永慶の「中国的経営」の特徴とは何か。以下四項目について述べてみたい。

(1)中央集権

王永慶は巨大な企業グループの舵とりをしているが、その経営方法は経営書などにあるやり方とは大きく異なる。どの経営書にも、経営者は意思決定だけを行えばよい、その他の事務的なことはすべて幹部に任せるべきであると書いてある。ところが、王永慶は以下のように考えている。「企業管理に関する教科書はすべて欧米企業の現状に基づいて書かれたものである。彼らの企業は長い歴史を持ち、管理に関してもすべて合理化、制度化されている。だから、経営者は意思決定だけでよく、事務的な仕事は幹部に任せても問題は起こらない。だが、台湾はまだ発展途上国であり、企業の発展はここ二、三十年のことにすぎない。すべてはまだ軌道に乗っていない。経営者が事務的管理まで行わない事には、会社がうまく行くはずがない。」王永慶は自ら物事をすべて突き詰める精神を発揮し、それによって従業員をリーダーに従順に従う人間に養成してこそ、会社の管理も合理的、効率的になっていくという極度の中央集権の経営理念の持主である。

(2)徹底した原価低減の追求

台湾プラスチック・グループの最大の特徴は、王永慶が台湾塑膠を設立した時からの理念、すなわち「徹底した原価低減の追求」にある。原価低減を追求するため、関連産業に事業を拡大していく。プラスチック事業では原料から加工部門に進出し、繊維についても最終製品である既成服にも進出した。この他、八〇年代に入ってからは海運部門にも進出し、原料や製品の運搬に自社船を用いるようになった。

(3)利潤を分かち合うシステム

台湾プラスチック・グループは各部門に原価センターを置き、それぞれ費用と収益を計算させ、目標売上高を越えればその分の利潤は従業員と分かち合う。すなわち、会社が儲かれば、従業員の収入も増えるという利益分配のシステムをつくった。そのかわり業績が上がらなければ、その部門は人員の移動や減員、あるいは他の部門と合併する措置が取られた。いわゆる、企業業績成果配分方式を導入した。

(4)新入社員は下積みから出発

人間の能力は仕事という尺度ではかるべきであると王永慶は考えた。そして会社が必要とするのは人材である。したがって、新入社員はすべて下部職位から出発させ、試練に耐え抜いた者を抜擢した。

「百の理屈よりも、一つの実践。机上の理論よりも豊富な実践経験がものをいう」という王永慶の言葉である。学ぶ上で体系だった理論も必要であるが、実践することによって、より理論が自分の中に腑に落ちてくる、実践することによって、「なるほど」ということも多々ある。社員を磨き続ける上では、本で得た知識よりも実践のなかで学んだことが生きているという王永慶の考え方である。

台湾の松下幸之助

台湾プラスチック・グループは一九七〇年代からの急速な発展から大きな成果を収めた。とくに、中国大陸への投資は外資の主役として、中国の労働集約型産業へ投資して巨大な利益を獲得した。しかし、一九九七年の金融危機が台湾プラスチック・グループに大きな衝撃を与え、企業の経営困難と経営悪化をもたらした。中核事業と国内事業の強化により事業再編などの一連の対応策によって台湾プラスチック・グループは建て直しを図り事業拡大をも図っている。金融危機から台湾プラスチック・グループは過去の経営を反省し、さまざまのことを学んでいる。

このように、台湾プラスチック・グループは情報革命のなかで合理的な組織構成、市場の多種多様な変化への柔軟な対応力、人材の確保などの激しい競争で伝統的な産業を維持しながら、イノベーションに投資し、市場へと事業を拡大している。

以上のような王永慶の経営理念のもとに運営された台湾塑膠公司の成功は、台湾の工業化過程で最上の模範と賞辞され、台湾の松下幸之助ともいわれている。その指揮者―王永慶は、自由経済競争と米国援助のもとで自らの企業を大きく発展させた、台湾最初の革新的企業者といえる。

（荘　幸美）

◇参考文献

井上隆一郎『アジアの財閥と企業』日本経済新聞社、一九九四年
祁長松『王永慶経営秘訣』新華出版社、二〇〇一年（中国語）
王永慶『王永慶談中国式経営管理』江西人民出版、二〇〇二年（中国語）

Y・K・パオ

Sir Yue-kong Pao　1918–1991

船舶王からウィロック・グループ総帥へ「棄船登陸」

（ウィロック・グループ）〔香　港〕

海運に挑戦

Y・K・パオ（包玉剛）は、浙江省寧波出身の裸一貫から身を起こした商人である。中華民国時代に、中国で銀行家として出発したが行き詰まり、四九年に香港に出た。

パオが、海運会社環球航運集団（ワールド・ワイド・シッピング）を設立したのは、一九五五年で、三七歳の時だった。香港に移住したパオは、父、友人たちと共同で貿易会社を設立し、中国との貿易に従事していたが、香港の港としての優れた機能をみて、海運への転業を決めた。父と友人たちは強く反対したが、パオの決心は変わらず、ついに父を説得した。

最初の船は、一九二〇年代に英国で建造された石炭を燃料とする船齢二七年、八〇〇〇トン余の中古貨物船だった。パオは、貿易業務で知り合った香港上海銀行の主任会計士ソーンダーズを通じ、同銀行に融資を申し入れたが、船購入のための融資はしていないと断られた。自分の資金で購入するほかなく、ようやく二〇万ポンドを集めた。この金額に見合う船を捜し、直接、船主と交渉した。船の引き渡しを受けると、パオは直ちにその船を日本の船会社に、期間九ヵ月で賃貸しした。

パオは、船名をアルファベットの順につけてゆくことにし、最初の船を「金安（ゴールデン・アルファ）」号と名付けた。「金安」号は、幸先のよいスタートを切った。一九五六年七月、エジプトのナセル大統領がスエズ運河の国有化を宣言したのである。欧州とアジア間を往来する船は、アフリカ南端の喜望峰を回らざるをえなくなり、運賃が大幅に上がるとともに、船の需要が高まった。「金安」号はこの時、契約が期限を迎え、日本の船会社は用船料を数倍アップして、契約を継続した。

長期用船方式で「海上王国」の道開く

パオが船の運用で採用したのが、長期用船方式である。船を外国の海運会社に、固定料金で、長期間貸し出した。大儲けはできないが、安定した収入が確保できるうえ、リスクを回避することができた。しかし、当時、国際航路では、海運の需給、船の行程で料金を算出する航海ごとの用船契約が普通で、これにより船主は、比較的高い料金を手にしていた。パオは「馬鹿なやつ」と同業者に冷笑された。だが、長期用船方式こそ、船を生み出すパオの〝金の卵〟だった。パオは、海運業のような巨額な資金を必要とするうえ、リスクの大きな事業は銀行の支援が欠かせないと考えていた。だが、当時、銀行は海運、航空などリスクの大きな事業への融資に消極的だった。

パオが実行したのは、船の借主の取引銀行に、長期用船契約を保証する信用状を出してもらい、この信用状によって、香港上海銀行から船舶購入の融資を受けるという方法だった。日本の銀行が信用状を出すはずがない、とみていたソーンダーズは、パオが信用状をもって行くと、商人パオの実力に感服し、融資に同意した。パオは二隻目の船を、香港上海銀行の融資で購入し、その後も、借主と長期用船契約を結ぶたびに、同じ方法で同銀行の融資を受けて、次々と船を購入、さらに新船を建造した。

パオは、後に同銀行会長に出世したソーンダーズと親しい関係になり、香港の事実上の中央銀行、香港上海銀行をバックにすることに成功した。パオ自身も後に同銀行の取締役、副会長を歴任した。

パオは、もう一点重要な選択をした。日本の海運市場に参入し、日本の業者に船を貸し出すという選択である。日本の海運業は、戦争で壊滅状態になり、船を必要としていた。だが、外貨の確保が困難なため、日本の海運業者は船をもとうとせず、外国用船を歓迎した。パオは、一九六二年から一九八九年まで、タンカー七六隻を含む二三三隻、二〇七九万トンの船を建造した。その八五％以上が日本での建造だった。日本建造の船は質量、性能がよく、環球航運に大きな利益をもたらした。

二〇〇隻・二〇〇〇万トン、名実ともに世界船舶王

六〇年代に入ると、欧米工業の発展で、中東の石油が注目され、石油の価格が日に日に上昇した。パオは大型タンカー時代の到来を予測して、二〇万トン級のスーパータンカーを次々建造するとともに、タンカーを英米の石油メジャーに貸し出す方針を決めた。当時、石油メジャーは、オナシスのような大船主だけを信用して、華人船主など一顧だにしなかった。パオは、石油メジャーに自ら乗りこんだ。メジャーを一社一社回って、環球航運を売りこみ、メジャーの要望を聞いて用船契約を結び、契約を立派に履行して、メジャーの信用を得た。契約をするメジャーが次第に増え、六〇年代後半にはほとんどのメジャーが八年から一〇年という長期契約でパオのスーパータンカーをチャーターするようになった。

第四次中東戦争に端を発した七三年の第一次石油ショックの時は、タンカーの需要が激減し、世界の海運業が初めて深刻な不況に見舞われたが、環球航運は「長期用船政策」で無事危機を乗り切った。

環球航運は、その後も発展を続け、八〇年には、船数二〇〇隻余、総トン数二〇〇〇万トン強の大船隊をもつ世界で最大の海運会社になり、「W」の標識をつけたパオの船が世界の海を行き来する「海上王

国」が実現した。パオは同年、国際タンカー協会会長に選ばれ、名実ともに世界の船舶王になった。

一世一代のチャレンジ「船を棄て陸に登る」

だが、パオは環球航運集団が最盛期の七八年、「船を棄て陸に登る」決定をした。投資の主力を海運から不動産などに大移動する一世一代のチャレンジだった。世界的な海運の衰退を予見したためである。

一九七八年に起きた二つの事件がパオの決心を促進した。一つは、日本の最大の借主の一つ、ジャパンラインの経営危機である。ジャパンラインは、日本の銀行界の支援で危機を乗りきったが、環球航運集団は巨額の損失を免れなかった。そのうえ、ソーンダーズ会長からサンドバーグ新会長に代わった香港上海銀行が、海運業への融資に厳しい態度を取るようになった。

もう一つは同年一一月に北京で行われた鄧小平との会見である。鄧側の招待だった。この会見で、パオは香港の前途を確信し、グループの香港における発展を考えるようになった。

パオが最初に実施したのは、「船を捨てる」政策で、当時、二〇〇隻を越える船のうち、三分の一がタンカーだったが、その帳簿価格を市価よりも低くし、四、五年のうちにほとんどを売却することに成功した。多くの海運業者が、まだ海運の隆盛は続くと見ている時だった。八六年には、環球航運の船隊は六五隻、八〇〇万トンに減った。八〇年代半ばに世界が海運危機に陥った時、日本の三光汽船の倒産で、環球航運にも被害が出たが、パオはすでに危機を乗り切り、蓄積した資産を不動産業に向けていた。

ワーフ（九龍倉）とウィロック（会徳豊）を買収

一九七八年夏、長江実業集団の総帥、李嘉誠がパオに会い、手元にある英資総合企業ワーフ（九龍倉）の一〇％の株、一〇〇〇万株を譲りたい、と申し出た。ワーフは当時、香港に君臨する英資財団ジャーディン・マセソンの傘下にあったが、倉庫、埠頭、ホテルなどをもった潜在力の大きな総合企業だった。パオは、海上の膨大な資産を地上に移すチャンスになるかもしれないと、即座に買い取りを決めた。

パオは、ワーフ株の買占めに力を入れ、半年後には三〇%前後を保有して、筆頭株主になり、二女の婿呉光正とワーフの取締役会に加わった。その結果、ワーフの親会社ジャーディン・マセソンとの間に、摩擦が生じ、緊張が高まった。ジャーディン側は、傘下のホンコン・ランドが香港中心部の繁華街に所有する複数の優良なビルとワーフ株の交換を提案したが、交換物件で折り合いがつかなかった。

結局、決着は株の買収戦でつけられた。仕掛けたのは、ジャーディン側で、八〇年六月二〇日、パオが欧州旅行で不在の時に、傘下のホンコン・ランドが、ワーフ株四九%を取得するために、ホンコン・ランドの新株二株および額面七六元六角の債券で、ワーフ株一株を購入すると、発表した。新株二株と債券を合わせた価格は約一〇〇元で、当時、ワーフ株一株の市価は約七五元に上がっていた。

パリにいたパオは、直ちに反撃に出た。当時、ロンドンに来ていた香港上海銀行のサンドバーグ会長とまず会って、一五億元の現金支援を取りつけた。その後、密かに香港に戻り、財務顧問らと相談して、ワーフ株一株を現金一〇五元で購入することを決めた。二二日パオ自ら記者会見して、二〇億元の現金を用意したことを明らかにしたうえ、「ワーフ株一株を現金一〇五元で、二〇〇〇万株買い増しする。買取の期間は二三日の午前九時から午後五時まで」と発表した。翌日は、株主が指定の証券会社に殺到して長い列を作り、大きな騒ぎになったが、九時半から始まった株の買取は、一一時半には目標数を達成した。パオはワーフ会長に就任した。ワーフの買収は、パオの陸上への大きな一歩となった。

ワーフに続いて、パオは、五年後、四大英資財団の一つウィロック・グループ（会徳豊）を、激しい買収戦の末に、二五億元（三億二〇〇〇万ドル）で買収した。ウィロックは一八五七年に上海で創業した老舗の洋行で、傘下の子会社、関連会社は上場九社を含め、二〇〇社を超えていた。事業分野は、不動産、船舶、倉庫、交通運輸などで、ウィロックの買収で、パオ・グループは、さらに大型の総合企業に発展し、パオの「船を捨て、陸に登る」計画は最終的に実現した。パオは、ウィロック会長に就任した。

世界の要人と交流

パオは毎年、多くの時間を使って、外国を頻繁に訪問し、訪問国の首脳あるいは政府要人と会見して、国際情勢などについて意見を交換した。英国のサッチャー首相、ヒース首相、米国のキッシンジャー国務長官、レーガン大統領、ジョージ・ブッシュ大統領、そしてミッテラン仏大統領、リー・クアンユー・シンガポール首相ら国際級の政治家と親密な関係をもち、大平首相はじめ三木武夫、福田赳夫、中曽根康弘ら日本の歴代首相とも交わりを結んだ。日本の経済界をはじめ、各国の経済界にも友人が多かった。一九七八年には、英女王からナイトの爵位を授与された。

パオの交友関係で見逃せないのは、鄧小平、江沢民、楊尚昆、李鵬ら中国要人との緊密な関係で、とくに鄧小平とは、パオが北京を訪れるたびに会見し、家族付き合いにまでなった。

全世界に船を展開する海運業は、情報、とくに政治情報が命を握る。頻繁な外国訪問、外国視察、外国要人との会見は、パオの事業を大きく支えた。パオは一九九一年九月二三日、香港で死去した。デービッド・ウィルソン香港総督は、声明を出して「Y・K・パオ爵士は香港の著名な商人であり、おそらく真の国際的名声を博した最初の香港人士である」と称えた。

（布施　茂芳）

◆参考文献
包玉剛「経営航運業的心得」、荘凱勲「世界船王包玉剛的足跡」『包玉剛畫冊』浙江撮影出版社、一九九一年（中国語）
馮邦彦『香港英資財団』三聯書店、一九九六年（中国語）

辛格浩

Sin Gyeog-Ho　1922–

ロッテ・グループ創業者
夢とロマンを形にした起業家

（ロッテ・グループ）〔韓　国〕

苦学生から起業家に　～企業経営の妙味を知る～

辛格浩《シンキョクホ》（日本名　重光武雄）は、大韓民国慶尚南道《キョンサンナムド》の中農家庭の長男として生まれた。学業成績は優秀で教育熱心な父親のもと、当時の地方の教育水準よりは高等な農業学校を卒業し、まずは種畜技師として就職する。しかし日本の植民地下、不当な差別や蔑みを受けたのであろう「蔑まれず、人間らしい待遇を受け、肩身広く生きるためには上級学校に進んで学業を修めるしかない」と、一九四〇年、日本留学を決意する。東京到着の翌日から牛乳配達をはじめ、進学予備校に通う生活を始めた辛格浩は、この時期すでに企業家の片鱗をみせている。正確な時刻に牛乳を配達することが口伝えで広まり、顧客が増えて一人でこなせないほどになると、自ら配達員を雇って顧客の信頼に応えた。弱冠一九歳であった。その後、彼は早稲田高等工学校（現在の早稲田大学理工学部）に入学している。

彼が勉学に打ち込んでいた一九四四年のことである。資本を提供するから事業を起こさないかと勧める人が現れた。いつかは自分の事業を起こしたいと抱負を秘めていた辛格浩は、即刻その申し出を受け起業した。二三歳の春であった。しかし時は熾烈な戦争の渦中、はじめた工場は空襲により二度も灰塵に帰し、彼には借金だけが残された。そんな矢先に日本は敗戦となる。辛格浩にとっては祖国解放の日であったが、借金の負担だけが重くのしかかり解放の喜びを感じる余裕はなかった。戦後の混乱期、借金を踏み倒して帰国することもできたであろうが、彼は日本にとどまった。日々の生活維持さえ困難な時代に辛格浩は学業に邁進する一方で、再び起業家の道を模索し始める。莫大な借金はむしろ彼を日本に留め、事業意欲を煽り事業家の道を歩むことを選ばせたのである。

一九四六年、大学卒業二ヵ月後に辛格浩は、「ひかり特殊科学研究所」を創立した。石鹸、ポマードなどの化粧品の製造会社である。極端な物不足にあえいでいた時代である。製品は飛ぶように売れ、創業一年で借金を完済したのみならず、相当な事業資金の貯えさえできたほどであった。この成功で彼は、事業の醍醐味を知り、その妙味に目を開いたのみならず、事業興廃の決定的鍵となる、需要を鋭敏に読む市場把握力、アイデアを実践化する果敢な推進力、時代に合わせた商品開発力を体得したのである。大学で化学を学んだとはいえ、事業経営にはまったくの素人であった。「何も知らなくても仕事はできる。必要なものは情熱である」との言葉は、この頃を回顧してのことであろうか。

絶えざる挑戦とイノベーションの軌跡 ～創業とは創造、新しいものへの不屈の挑戦～

「ひかり特殊科学研究所」の事業が順調に成長する中、辛格浩はその資金を基に次期事業への挑戦を始めている。戦後の瓦礫のなか、食不足にあえぎ、とくに甘味に飢えていた日本人にとって、進駐軍によってもたらされたチューインガムは、アメリカ的豊かさの象徴でもあり、憧れであった。戦後日本の急速な欧米化と市場の将来性を洞察した辛格浩は、わずか一年後にガムづくりへの挑戦をはじめる。一九四八年には、「ひかり特殊科学研究所」を発展的に解消して資本金一〇〇万円で「株式会社ロッテ」

を設立し、本格的なチューインガム生産に乗り出した。ロッテの名は、単身日本で苦学する彼を慰めたゲーテの『若きウエルテルの悩み』のヒロインであり、理想の女性像でもあったシャーロッテに由来している。ロッテには、文学への道を長男であるがゆえに放棄した辛格浩のロマンと、顧客から永遠に愛される存在でありたいという事業家としての夢がこめられているのである。

チューインガムは甘味に飢えた当時の日本人の間で飛ぶように売れ、辛格浩の事業欲をさらに刺激した。当時のガム製造は小資本・低技術でできて利益率が高かったが、業界は全国で三五〇~四〇〇社が乱立する戦国乱世の様相を示していた。彼は、利益が上がることだけに満足せず、「よりよい商品を作る」ことへの投資を優先した。ほとんどが家庭の内職に依存していた包装作業を、品質第一主義を掲げて新設の専門工場へ移管し、いち速く衛生管理向上に取り組んだのである。こうした工場での衛生的な生産体制づくりに食品衛生法など法規制強化の動きが追い風となり、ロッテの信用は飛躍的に高まり、売上は爆発的に増大した。

消費者のニーズやウォンツを的確に捉え、奇抜なアイデアを実践に移すことに卓越した冴えを発揮しながら辛格浩は、創業わずか四年でロッテをシェア二〇パーセント、国内第二位のチューインガム・メーカーに成長させていた。しかし彼は現状に満足することなく、より高い目標への挑戦を、自らにも全社員にも課し続けていた。この時期、顧客満足を高めるためには最高品質商品を生産し提供することが大切、という商品を軸にした経営戦略を強化し顧客中心経営への回帰をさらに強めたのである。また、生産方法、営業網の拡充、流通などあらゆる分野で常にイノベーションを実現するために、全社員のアイデアを最大限に生かす企業になろうと呼びかけている。新商品、新アイデアへの挑戦を促すことによって全員参加経営へのモチベーションを実現するための努力であった。辛格浩の人間に対するこだわりと深い思い入れは、すでに牛乳配達時に片鱗がみられるが、成長とともに強化され経営の中心に据えられるようになっていった。ロッテの経営の柱は、「顧客中心経営」「(最高品質)商品中心経営」に加えて「人間中心経営」の三本柱と考えられるが、人間中心経営は、この時期に組織にしっかりと根づき始めていた。絶えざる革新の軌跡は、華やかな成功に隠れて注目されないが、チャンスを逃さず、不利な条件を逆用して新機軸を打ち出すなど、市場の実態を正確に把握する綿密な調査と研究、したたかな計算、断固とした決断力と最後までやりぬく行動力などは、辛格浩の不断の努力の軌跡でもある。社史が指摘するとおり、まさに「ロッテ発展の歴史は、革新の歴史である。オリジナル商品の開発、新規チャネルの開拓、独創的な販売方法、消費者への新しいキャンペーン方法等々、枚挙に暇のないほどの革新の積み重ね」が、今日のロッテを築きあげたのである。「生きるためには自己革新していくほかに道はない。企業成長の鍵は偏に革新する勇気にかかっている」との辛格浩言葉に、イノベーション企業としてのロッテの性格が読み取れる。

不断の挑戦と緻密な計算～最高の商品は最高の人間が生み出す～

成長とともにロッテ、辛格浩への風当りが強まり「韓国人が作るガムから日本を守れ」という露骨なナショナリズムが業界で高まったりした。しかし彼は「同業他社を誹謗したり、攻撃する言葉は慎むべき」と沈黙を守り、ひたすら品質向上、新商品開発、流通改革、販売革新などに取り組んだ。歴史のしがらみのなさを逆手にとった大胆な流通慣行の改革、独自販路開拓、電波媒体を活用した広告戦略、大胆な懸賞付きのマーケティングによって、逆風さえバネとするイノベーションへの絶えざる挑戦を続け、トップ企業への弾み車を得たのである。

チューンガムの成功をもとに、辛格浩が次に挑んだのはチョコレートである。チョコレートは菓子の重工業、味覚の芸術といわれ、森永・明治という大手二社がシェアを二分している分野であった。チョコレート生産にあたって辛格浩が示した方針は、その後の新規分野への進出においても例外なく実践されている。それは最高品質の商品づくりには最高の人材が不可欠で、最高と見込んで選んだ人間にすべてを任せて、これまで以上の商品を作るように要請する、ということである。彼の人間中心経営は、ここで商品を中心とした経営戦略としっかり結びついたのである。

その後も、チョコレートの成功を礎にキャンディ、アイスクリーム、ビスケットなど、総合菓子産業へ、そして外食、レジャー、サービスなど総合生活産業への道をすすむのであるが、進出分野を眺めると、大胆な挑戦に緻密な計算が隠されていることがわかる。チョコレート生産は、企業イメージを上げるために非常に重要であるが、やや季節によって販売量に変動があるというリスクを負う。そこでチョコレートの成功に満足することなく、全天候・オールシーズン商品であるキャンディ生産に乗り出すのである。さらに、安定性・継続性に優れたキャンディの次には、季節商品の代表であるアイスクリーム、次いで菓子の王様といわれるビスケットというように基盤商品とヒット商品を交互に開発・生産している。ヒット商品のロングセラー商品化努力も行われたが、進出分野の選定は、イメージ向上を含め将来を大きく見越しつつ、緻密な計算の下に行われてきた。革新こそ、ロッテの競争力を高め、新たな地平を開く原動力であったが、経営資源を確保する着実な経営計画・経営戦略がそれを支えてきたのである。

日本のロッテから韓国のロッテへ ～祖国に対する負い目をバネに思いを実現～

一九歳で祖国を離れた辛格浩は長男でもあり、祖国解放後にすぐにでも韓国へ飛んで帰りたかったであろうことは想像に難くない。事業の成功とともに報国の思いは高まったが、時代背景もあり軍需産業への投資勧誘がほとんどであった。平和産業としての発展を信条とする辛格浩にとって故国に投資せず待つことは辛いことであったが、慎重に待ち続けた。

ついにその時期はやってきた。日韓国交回復後の一九六六年東邦アルミニウム工業、一九六七年ロッテ製菓を設立し、いよいよ積極的な韓国投資に着手したのである。日本の事業成功で得た豊富な資金をもとに、一九七〇年代に入り韓国での事業展開は本格化し、一九七八年時点で日本と同程度の企業グループ形成に成功している。わずか一五年に満たない期間であった。その後、ソウル中心街に超特級大型ホテル、隣接して高級百貨店を起業し、菓子、清涼飲料、アルミ箔、建設、石油化学、流通など多角的事業を展開、韓国有数の財閥に上りつめている。

韓国の他の財閥は、急成長する経済を背景に莫大な負債を増やしながらの投資で事業は急拡大したものの財務的脆弱性を常に抱えていたが、ロッテは、堅実な財務バランスを維持しながら安定した成長を続けていく。一九九七年の韓国経済危機においても他の財閥が二〇〇%をはるかに超える負債比率にあえぐ中、ロッテは大手財閥で唯一財務改善目標である負債比率一二〇%を維持し、経営の健全性を大きく印象付けたのである。

日本で生まれたロッテは、辛格浩の故国、韓国で大きく花開き優良財閥としての地位を高め、さらに世界へ羽ばたいている。八〇歳を超えてなお彼は、無理はしないといいつつ、さらなる挑戦を続けている。「会長はとても厳しいけれど社員を絶対クビにしないんです」との社員の言葉は、辛格浩が「経営は人なり」を真に理解し実践する経営者であることを証明している。

（佐々木　憲文）

◆参考文献

社史『ロッテ・チルソン四〇年史』ロッテ・チルソン株式会社、一九九〇年（韓国語）

社史『ロッテ五〇年の歩み』株式会社ロッテ、一九九八年

李嘉誠

Li Ka-shing

1928–

長実グループ創業者
チャンスを逃さず新事業

〔長江実業グループ〕〔香　港〕

ホンコン・フラワーにチャレンジ

李嘉誠《リカシン》は中国・広東省潮州市に生まれた。一九四〇年、日本軍が潮州に迫ったため、父母弟妹と一緒に香港に脱出した。四三年、父が死去すると、学業を断念し、家族を支えるため、働きに出た。一四歳、裸一貫からの出発だった。李嘉誠が、長江プラスチック工場を創立したのは、二二歳の時である。中華人民共和国成立の翌年で、当時、大量の中国人が資金、技術をもって大陸から香港に押し寄せ、外国の商社、工場も上海、天津、広州などから次々と香港に脱出して来た。このため、香港の経済規模が急速に拡大、李嘉誠は、創業に最もよい時期と判断した。

プラスチック工業は当時、新興産業で、香港には、すでに多数の工場があり、どこも似たような日用品や玩具を製造していた。李嘉誠はいつも、一歩抜きん出たいと考えていた。そんな時、英語のプラスチック専門誌を読んでいて、イタリアでプラスチック・フラワーが製造され、欧州市場で売り出されようとしていることを知った。李は、関連の情報からプラスチック・フラワーは必ず売れると分析した。

李嘉誠はイタリアに飛び、雑誌に出ていた企業を訪れて、見本を入手する一方、臨時労働者として工場に入り込み、製造のノウハウも手に入れた。香港に戻ると、工場を改造して、職員を教育し、フラワーの製造を開始した。欧米の製品に負けない精巧なものを造ることに力を入れた。販売は、香港経済を牛耳っていた英資商社を通さずに、欧米の問屋に直接カタログを送り、精巧・安価を宣伝して、注文を取った。プラスチック・フラワーは、李の予測通り、香港ばかりか欧米、アジアで大流行し、工場には注文が殺到した。その後、香港中のプラスチック工場がフラワー製造を始め一九七〇年代には三〇〇〇工場を越えた。フラワーはホンコン・フラワーと呼ばれ、先駆者李嘉誠は「花王」と称えられた。

英資支配のセントラルへ進出～駅ビル開発の入札で英資に勝利～

李嘉誠はホンコン・フラワーについて、製造開始の時から、生花でないため衰退の時が来ると予測し、長くやる商売ではないとみていた。大儲けをした五八年に、早くも儲けた金で、香港島の北角に工場ビルを建て、不動産業への転業に踏み出した。だが、不動産業への切り替えは慎重だった。製造業を続けながら、その儲けを不動産業に注ぎ込み、工場ビルを次々と建てた。六七年に中国の文化大革命に呼応して、香港で暴動が起きると、暴落した不動産を大量に買い集め、その後の事業飛躍の基礎を作った。七一年、プラスチック工場をやめて、不動産業に完全に転業し、長江地産有限公司を設立、翌年、長江実業有限公司と改名し、上場した。香港で地価が最も高いのは、香港島中心部の繁華街、セントラルである。その主要部分は、ジャーディン・マセソン商会、スワイヤー商会、ジャーディン傘下のホンコン・ランドなど英資財団によって占められ、中国人の不動産業者が割り込むのは大変難しかった。

七〇年代後半、香港に地下鉄が建設され、セントラル中心部の二つの駅の駅ビル開発権が入札にかけられた。香港市民や不動産業者の誰もが、落札するのはセントラルに優良な不動産を多数もつ「不動産王の中の不動産王」ホンコン・ランドとみていた。ところが、落札したのは、当時はまだ名も知られていなかった李嘉誠の長江実業だった。

香港の不動産業者にとって、セントラルで事業を展開することは、一流不動産企業になるための絶対条件だった。李嘉誠は、この入札を事業発展のチャンスとみて、周到な準備をした。まず、新株を発行して資金を十分に用意した。また、入札の競争相手はホンコン・ランドとみて、その弱点を調査する一方、入札を主催する地下鉄公司の要求、問題点を徹底的に洗い出した。その上で地下鉄公司が満足する入札条件を作成し、入札した。李のこのチャレンジは、華人資本が英国資本に初めて勝利した快挙として、香港市民に歓迎され、李は一躍著名人になり、長江実業も劇的な形でセントラル進出を果たした。

英資ハチソン・ワンポアを買収 ～「蛇が象を飲む」～

七〇年代後半、香港では、不動産市場がしばしば史上最高の価格を出すのに、株式市場が弱含みで、大量の良質な土地資産をもつ一群の英資上場企業の株価が長期低迷していた。これらの企業では、大株主の持ち株が不足気味で、企業に対する支配権が安定していなかった。李嘉誠は、これら英資企業のなかに、長実グループ発展の新しいチャンスがあることを鋭く見抜き、その買収を決意した。

まず、ジャーディン・マセソン傘下の有力企業ワーフの買収を目指したが、ジャーディンに泣き付かれた香港英資財団の親分格、香港上海銀行が斡旋の行動に出たため、李嘉誠は買収をあきらめ、購入したワーフ株一〇〇〇万株を、海運業からの転業を検討していた船舶王、Y・K・パオに転売した。

ワーフをあきらめた李嘉誠は、長江実業の一〇倍の資産をもつ四大英資財団の一つ、ハチソン・ワンポアの買収に乗り出し、一九七九年九月、同財団の大株主で、売却先を探していた香港上海銀行から同財団の二二・四％の株を取得し、同財団を傘下に入れた。長江実業は英国植民地香港で、英資財団をその支配下に置いた最初の華資財団となった。「蛇が象を飲んだ」買収と絶賛された。李は一九八〇年末までに、株を四一・七%に増やし、一九八一年一月、ハチソン・ワンポア会長に就任した。

高層住宅団地をつぎつぎ建設

ハチソン・ワンポアの買収は、不動産開発中心の長実グループを多元化した総合産業集団に飛躍させた。李嘉誠は、新しく得た人材を使い、次々と新事業を展開した。

李嘉誠がまず取り組んだのは、ハチソン・ワンポアが所有していた九龍の黄埔ドック跡地における高層住宅団地「黄埔花園」の建設で、一九ヘクタールの土地に、九四棟（計一万一二二四戸）の高層住宅と一五万七〇〇〇平方メートルのマーケットを建設した。ビクトリア湾を望む九龍の海岸に高さの揃った井の字型の高層ビルが九〇棟以上も並んだ風景は、壮観だった。総投資額四〇億元で、工事は一二期に分け、六年かけて行われた。中英両国が九七年の香港返還で合意した後の最初の大型プロジェクトで、不動産業者や市民の間に広がっていた香港の将来に対する不安を解消するために役立った。李嘉誠は、八〇、九〇年代を通じて、高層住宅団地建設を中心に、約七〇の不動産開発プロジェクトに取り組み、九万二五〇〇戸を超える住宅を建設した。その結果、香港の各地に、麗都花園、嘉雲台、麗港城、瑞峰花園、海怡半島、嘉湖山荘など美しい名前の高層住宅団地が雨後の竹の子のように、次々出現した。長実グループは、「香港の民間住宅の一二戸のうち一戸は長実が建設した」と誇っている。李は「大型民間団地王」と呼ばれるようになった。続いて李嘉誠は、香港島に電力を供給する英資の香港電灯、カナダの石油開発会社、ハスキー・オイルを買収してエネルギー部門に乗り出し、さらに、香港、中国と世界各地で、コンテナ埠頭の建設と経営をすすめ、李は世界最大のコンテナ商の名誉も担うようになった。

このほか、通信、インフラ建設、小売、製造、ホテル経営などの諸事業にも新たな投資が行われた。

中国へ最終的に五〇〇億元を投資

鄧小平の南巡講話後の一九九二年四月、李嘉誠は北京を訪れて、江沢民総書記と会見した。この後、長江実業グループの対中投資は本格化し、上海、深圳、寧波を中心とする華南でのコンテナ埠頭建設、高速道路、橋梁、発電所などインフラ建設、北京、上海、福州、重慶など主要都市での大規模な市街地再開発、高層住宅団地建設、各種の不動産開発など次々と大型建設が進められた。投資地域は、華南から華北、東北に及び、投資総額は七〇億ドルに達した。李自身も長城飯店など北京の七店のホテルに投資、いずれも五一％以上の株を保有しているという（『香港華資財団』）。

ＩＴ経済に進軍～オレンジ売却で世界最大の利益～

李嘉誠が、従来の事業とは異なる新事業として、投資に力を入れたのが、通信事業である。傘下のハチソン・テレコミュニケーションズ・グループが八〇年代後半から進めてきた通信部門への進出は、次第に成果をあげ、二〇〇二年現在、香港での携帯電話サービスのユーザーは一七〇万戸で、シェア・トップとなった。また、香港だけでなく、アジア太平洋地区および南米、アフリカの一部の国で、携帯電話、インターネット、情報通信などグループの現地会社提供のサービスが定着している。

グループは二〇〇〇年に、英国で第三代携帯電話（３Ｇ）の営業許可証を取ることに成功、その後、欧州諸国、イスラエルで許可証を取り、香港でも許可証取得に成功した。グループの国際ネットは、アジア太平洋地区、南米、アフリカにも及んでおり、広範に３Ｇサービスを展開する方針だ。

通信部門で世界的な話題になったのが、英国「オレンジ」の売却である。李嘉誠は一九九九年一〇月、ハチソン・ワンポアが所有する英国第三の携帯電話会社「オレンジ」の四四・八％の株を、ドイツの携帯電話会社マンネスマンに一一三〇億元（一四六億ドル）という巨大な価格で売却した。ハチソン・ワンポアはすでに、「オレンジ」株の一部を売却して、投資資金（二〇〇億元余）を全額回収していたため、この金額はまるまる利益となり、同財団は九九年に世界で最大の利益をあげた企業グループとなった。

新しいチャンス、新しい事業に挑戦

李嘉誠は、長江実業グループ内で「創新（イノベーション）の手本」といわれている。チャンスを逃さない眼光とチャンスを必ず捕らえる能力で、次々と新事業を起こし、小さなプラスチック製造工場を、世界的な多国籍の総合企業集団に、育て上げた。李自身も毎年発表される「フォーブス」のビリオネア番付で、常に高位を維持。二〇〇三年の番付では、財力は二八位（アジアでトップ）だったが、人物、事業規模などの能力を加えた評価で、なんと五位にランクされた。

李嘉誠はまた、あるインタビューで「なぜ、まだ懸命に仕事をするのか」との質問に、貧しい人々や教育を受けられない子供たちや病魔に犯される人のために、「金を儲けたいのだ」と答え、金儲け自体について「非常に意義のあるチャレンジだ。今日の社会は実力を重んじる競争の激烈な商業社会であり、そのうえ、金は永遠に稼ぎ尽くすことができない」と力説している（『李嘉誠伝奇』）。

李嘉誠の新事業と金儲けへの挑戦はまだしばらく続きそうである。

（布施　茂芳）

◇参考文献
馮邦彦『香港華資財団』三聯書店、一九九八年（中国語）
宋樹理『香港首富　李嘉誠伝奇』詠春図書文化、二〇〇二年（中国語）

ルパート・マードック

Rupert Murdoch　1931-

世界のメディア王
優れたベンチャー起業家

（ニューズ・コーポレーション）〔豪　州〕

小さな地方新聞社主から豪州新聞王へ

ルパート・マードックは一九三一年、オーストラリアに生まれた。彼の祖父パトリック・ジョン・マードックは一八八四年にスコットランドからオーストラリアへ移住した。父キース・マードックはメルボルン・ヘラルド・アンド・ウィークリー・タイムズ社の会長まで勤めたオーストラリア新聞界の大物であった。新聞事業で成功したキースは祖国の英国からナイトの称号を授与され、オーストラリアの政財界の実力者であったが、いわゆる上流階級ではなかった。

ルパート・マードックは、全寮制のパブリック・スクールのジーロング・グラマー・スクールを卒業後、英国の名門オックスフォード大学に留学した。大学卒業後、父親の後を継ぐためにロンドンに残って新聞社で修行をしていたとき、父キースが心臓発作のため六六歳で急死したため急いで帰国した。

マードックは、オーストラリアに帰って父親の後を継ぎ、一九五三年に弱冠二二歳で新聞事業を開始した。父は大新聞社の会長ではあったが、雇われ会長であったため受け継ぐような資産はあまりなかった。マードックが引き継いだのは、南豪アデレードの小さな地方新聞ニューズ・リミテッドだけであった。ニューズ社は夕刊紙「アデレード・ニューズ」と日曜紙「サンデー・メイル」を刊行していた。マードックはロンドンで学んだ経験を活かして自ら記事を書き、見出しをつけ、レイアウトを考え、活字を組むなど仕事の内容すべてに目を通し、営業活動も行った。当時、「ニューズ」の発行部数は、七万五〇〇〇部で、ライバル紙「アドバイザー」に大きく水をあけられていた。マードックは必死に部数を増やし「アドバイザー」に肉迫するようになった。激しい部数競争の末、一九五五年に「アドバイザー」と「サンデー・メイル」は合併した。一九五六年にはオーストラリア西部の町パースの日曜紙「サンデー・タイムズ」を買収した。赤字の「サンデー・タイムズ」をあっという間に収益化させた。

オーストラリアでは一九五六年のメルボルン・オリンピックからテレビ放送が始まった。オーストラリア放送委員会がアデレードに新しくテレビチャンネルを認可すると発表すると、マードックは新しいメディアの将来性を感じて認可に名乗りをあげ、一九五八年に「チャンネル9」を開始した。マードックは米国に渡り、米国のテレビ局の放映権を買い集めた。ニューヨークでは米三大テレビネットワークの一つ「ABC」社長レナード・ゴールデンソンに出会った。マードックはゴールデンソンのアドバイスで、子供向け番組やドキュメントを放送して「チャンネル9」を一年で高収益化させた。

マードックの夢はオーストラリア最大都市シドニーへの進出であった。一九五八年に赤字続きのタブロイド版の大衆紙「ミラー」を入手し、英国の大衆紙「デイリー・ミラー」に倣って、スキャンダラスに紙面を刷新し、発行部数を伸ばして黒字化した。一九六四年にはオーストラリアで初の全国紙「オーストラリアン」を創刊した。同紙は政治・経済中心で「ニューヨーク・タイムズ」と「ウォール・ストリート・ジャーナル」を足して二で割ったような高級紙志向の日刊紙であった。一五年間赤字続きの「オーストラリアン」ではあったが、マードックはけっして手放すようなことはしなかった。「オーストラリアン」はやがてオーストラリアを代表する全国紙となった。一九七二年には日刊紙「デイリー・テレグラフ」と日曜紙「サンデー・テレグラフ」を手に入れ、シドニー最大の新聞グループとなり、ニューズ社はオーストラリア新聞市場の二割のシェアを占めるようになった。

英国へ進出

マードックの次の舞台は英国であった。ロンドン進出の第一歩としてマードックは、一九六九年、部数六〇〇万以上の大衆日曜紙「ニューズ・オブ・ザ・ワールド」を買収した。三七歳の時であった。「ニューズ・オブ・ザ・ワールド」は日曜日のみ発行される週刊紙だったので、一週間のうち六日間は印刷機が止まっていた。マードックは印刷機の効率化のために日刊紙の買収を計画し、経営不振の大衆紙「サン」を買収した。マードックは「サン」を大衆タブロイド紙に衣替えし、どぎつい見出し、スポーツ、スキャンダル、ヌード、犯罪報道を売り物に三年間で部数を四倍以上に伸ばした。ダイアナ妃のスキャンダル、ヌード写真を売り物に四〇〇万部以上の発行部数の同紙は英国最大の大衆紙にのし上がった。

次の狙いは一七八五年に創刊した英国最古の新聞「タイムズ」を支配下に入れることであった。同紙は高級紙特有のエリート主義に凝り固まって一〇年間で部数を四〇万部から三〇万部に落として赤字経営が続いていた。また日曜紙「サンデー・タイムズ」も労働組合との闘争が絶えず財政難に陥っていた。マードックは一九八一年に名門「タイムズ」を買収し、恒常的な労使紛争を強引なやり方で解決した。マードックはハイテク機器を導入して五〇〇〇人を超える印刷工を解雇した。その過程で二〇〇年の伝統をもつ同紙は何度も発行停止し、一時廃刊の危機に直面したこともあった。紙面に「株価ゲーム」を掲載して低俗化の批判を受けたが、発行部数を一ヵ月に九万部伸ばした。九三年には、新聞の値段を一部四五ペンスから三〇ペンスに値下げした。これに引きずられる形で他紙も追随して「メディア戦争」と呼ばれる値下げ合戦が引き起こった。その結果、「タイムズ」は三〇万部伸ばし、マードックは遂に英国一の新聞オーナーとなった。英国の新聞を掌握することで体制派との戦いで一定の成果を上げた。彼のやり方はエスタブリッシュメントに対する挑戦でもあった。

米国上陸

英語圏で覇権をめざすためには米国進出が必要であった。その出発点として一九七三年にテキサス州の昼刊紙「サン・アントニア・ニューズ」と朝刊紙「エクスプレス」、両紙共通の日曜版の三紙を入手した。しかし、米国では従来マードックがやっていたような経営手法では通用しなかった。米国の新聞の収入源は読者対象の売上げではなく、広告収入である。これに気がついたマードックは紙面を高級化し広告収入の増加に努めた。翌年には全国版タブロイド週刊紙「ナショナル・スター」を創刊した。全国紙の創刊でマードックは、米国の政財界でも顔が利くようになった。家族とともに生活の本拠をニューヨークに移したマードックは、朝起きて読む自分の新聞が欲しくなった。米国経済の中心地のニューヨークで新聞を刊行できれば、米国の政財界への影響力拡大にもつながる。一八〇一年創刊の米国最古の日刊紙「ニューヨーク・ポスト」の買収に成功した。買収資金は英国と豪州で調達し、「ポスト」を発行する新会社は豪ニューズ社と英国のニューズ・インターナショナル社の折半出資とした。豪英両法人の共同経営にしたことで、株式の配当を巧みに避け、利益を設備の充実や再投資に向けることが可能であった。マードック自ら編集長、記者として働き、最盛期には発行部数を二倍にまで拡大した。

マードックの金にものをいわせて強引に買収するやり方に対して既存の業界は強く反発した。「タイム」と「ニューズウィーク」の両誌が、侵略者マードックに関する特集を組んだ。「タイム」はマードックを高層のビルによじ登って新聞社の所有権をつかみ取ろうとしているキングコングの姿で紙面に登場させた。「ニューズウィーク」もカバー・ストーリーで取り上げて非難記事を書いた。ニューズ社は当時すでに豪、英、米で八〇紙を超す新聞を支配下に収めた。豪州本社は「ニューズ・コーポレーション・リミテッド」に社名変更し、英国はニューズ・インターナショナル社、米国はニューズ・アメリカ・パブリッシング社に各事業を統括する形態に機構改革した。

マルチメディアへの挑戦

マードックの成功の過程をみると、経営不振の企業を物色して買収・合併の手段で引き受けて事業を拡大する。また、必要と思えば新しい事業に果敢に挑戦する。強引さ、派手さ、大胆さを売り物に欲しいものは手に入れる粘り強さもある。彼が事業を開始すれば、必ず既得権勢力との衝突が起こった。多くのライバルたちを相手に戦いながらも有力な支援者を見つけ味方につける巧みさもあった。

情報化時代の到来をいち速く予測したマードックは、新聞事業だけでなく映画、放送、情報通信事業、さらにはインターネットや衛星を利用した新しいマルチメディア・ビジネスを次々と展開している。

マードックはハリウッド進出を決意し、一九八五年には豊富な映像資産と配給権をもち、映画制作スタジオを所有していた映画大手の二〇世紀フォックス社を買収した。同社は「サウンド・オブ・ミュージック」「タイタニック」「スター・ウォーズ」などを製作しヒットさせた名門の映画会社である。さらに「フォックス・テレビジョン」を買収して映画部門とテレビ部門を合体した「フォックス」を誕生させた。また、ニューヨーク、ワシントンDC、ロサンゼルスなどの七つの都市に放送局とラジオ局をもつメトロメディア社を傘下に入れた。さらに大手出版社を買収し、米プロ野球チーム「ロサンゼルス・ドジャース」を買収するなど話題を呼んだ。外国人が米国で公益事業の営業権を獲得するためには、さまざまな制限があるためマードックは一九八五年に米国市民権を取得した。

マードックは企業を買収し経営権を握ると、経営は専門経営者に任せて自分は世界中を飛び回りながら新規事業を手がける。英国では新聞事業の他に、衛星放送「スカイ・テレビジョン」を設立し、ヨーロッパ向けのBスカイBの営業を開始している。また、中南米全域をカバーする衛星放送やケーブルテレビを開始し、香港では「スターTV」を買収して日本、中国、インドを含むアジア全域の五三ヵ国に向けて衛星放送を行っている。グローバルな事業展開で彼の終わりなき戦いが続いている。

マードックは、一九九六年にソフトバンクの孫正義と組んでテレビ朝日株式の二一・四%を旺文社から取得して筆頭株主となった。日本の新聞、テレビ、週刊誌のマスコミ各社はこのニュースを大きく取り上げ、「黒船上陸」と大騒ぎになった。結局、マードックらが旺文社から取得したテレビ朝日株は朝日新聞が買い取る形で収まった。朝日新聞はもともとテレビ朝日株を一〇%しかもたず、旺文社、東映に次ぐ三番目の株主に過ぎなかった。旺文社から株売却の相談を受けた時は無関心であった朝日新聞はマードック騒ぎで株買い取りに動いた。マードックはまた、日本でソニーやソフトバンク、フジテレビなどと共同出資でデジタル衛星放送会社JスカイBを設立した。JスカイBは一九九八年には「パーフェクTV」と合併して「スカイパーフェクTV」となっている。マードックが日本のマスコミ界の国際化に一石を投じたことはいうまでもない事実であろう。

（永野　慎一郎）

◆参考文献

江戸雄介『孫正義とマードックとJ・ヤンの野望』コアラブックス、一九九六年
今井澂・山川清弘『世界のメディア王　マードックの謎』東洋経済新報社、一九九八年
ウィリアム・ショークロス（仙名紀訳）『マードック　世界のメディアを支配する男』文藝春秋、一九九八年

施振栄

Shih Chen Jung　1944–

エイサー・グループの創業者
台湾IT産業の貢献者

（エイサー・グループ）〔台　湾〕

エイサー・グループの創設

施振栄《シーチエンジュン》は、台湾南部の鹿港で生まれた。彼は三歳のときに父親を無くし、母親が卵の販売と文具業を営んで生計を立てていた。文具のほうが利益率は高いが、回転が遅く、卵のほうは利益率が低いが回転が早かった。結果的には卵のほうが利益は多かった。彼が母を助けているうちに知ったこの経験的事実は、施振栄の経営管理のヒントになっている。いかなる業種、製品にもそれぞれの経営パターンがあり、それを「ビジネスモデル」と呼んで、それを把握しないと正確な管理はできない。母親から教えられたことは、「売るだけでなく回収できる人が商売上手だということ」であり、それによって彼は創業前から企業における経営管理の重要性を痛感していた。

施振栄と黄少華、林家和、葉紫華が共同で、エイサー社の萌芽期の一九七六年に宏碁電脳公司(Multitech Company)を創業した。施振栄は以前に勤めた会社—環宇電子公司の研究開発部門で、台湾の電卓第一号の開発に参画しながら技術を学んだ。そして同僚の黄少華等を誘って、一〇〇万元（二万五〇〇〇ドル）の資本金で会社を設立した。宏碁社は、台北市民生社区にある三〇数坪の住居内の町工場から出発し、その当初の従業員はわずか一一人であった。同社の主要事業は、貿易、マイクロプロセッサー（MPU）の技術コンサルタントおよび製品開発であった。萌芽期に請け負った金宝電子の家庭用コンピューター、三光グループの電話設計、誠州公司の端末機や卓上型ファミコンなどは、すべて宏碁電脳公司の技術者が請負開発したものである。

一九八一年には、宏碁電脳公司は漢字処理が可能な最初のコンピューターの設計に成功したが、これは当時の台湾におけるパソコン技術にとって画期的なものであった。中国語コンピューターの歴史上はじめての系統的な漢字入力法を用いている。その漢字入力法「倉頡」システムは七六年に、朱邦復が発明したもので、エイサー社が商品化した。翌年、台湾省新竹の科学基盤産業公園に最初の工場を建設、八ビットの家庭用コンピューターを「MPE－I（Micro Professor I＝小教授1号電脳）」、「天龍」などの自社ブランドで生産し始めた。続いてアップルとの互換機「小教授2号、3号」を送り出し、八六年には三二ビット・パソコンを発売した。八八年三月には、IBMの「PS／2モデル30」の互換製品を世界ではじめて市場に出し、同年五月には日本で日英二ヵ国語パソコンを発売し成功をおさめている。また、新工場の拡大で、生産能力は年間五〇万台に増加し、この間に、英文社名、ブランドをACER「エイサー社」に改めている。

エイサー・グループのパソコン基盤の世界戦略

一九八九年に、エイサー社は米国テキサス・インスツルメンツ社（TI）と合弁で、台湾の新竹にIC生産工場（徳碁半導体公司 TI-Acer）を設立した。投資総額は二億五〇〇〇万ドルで、エイサー社が五八％を出資し、DRAMとASIC（特定用途集積回路）チップを生産することになった。グループ内で初のこのＩＣ工場は、一九九一年から生産を開始した。その回路設計および生産技術はすべてＴＩ社が提供し、製品も全量ＴＩ社が引き取っており、エイサー社は二五六ｋＤＲＡＭなどを安く供給する国際分業体制となっている。

エイサー社は一九九二年に、組織再編成を実施し、戦略事業グループと地域グループの二つの事業グループを設置した、その後、次の三つの事業展開を進めた。すなわち、①世界各地への工場の展開。米国、メキシコ、タイ、中国、フィリピンなど世界五ヵ所に工場を建設する。中国との民間レベルの経済交流が活発になったことを背景に、九二年には、香港経由でパソコンの対中輸出を始めた。輸出額は、九三年には一〇〇〇万ドルだったが、九四年には倍増した。そして、中国のパソコン市場の高い伸び率を見込んで、九四年には中国でパソコンを生産する計画を開始した。②部品事業の重要性の増大。部品工場の集約化を進める一方で、組立工場は市場に隣接した地域に分散する。③ソフト事業の展開。エイサー社は創立二〇周年を迎えたのを機に、九六年を「消費電子元年」とし、「消費電子＝情報家電」ソフト分野への本格参入を宣言した。情報機器、通信機器、家電製品が今後一体となると判断したエイサー社は、長期経営戦略として、情報、通信、家電が一体となった製品の需要が拡大する二〇〇〇年までに全世界の家庭で知られるブランドの構築を目指し、ビデオ、ＣＤ、五〇〇ドルパソコン、一九九ドル子供用パソコン、インターネットパソコン、ワイドテレビなどの商品化を進めた。

このような拡大戦略のもとで、エイサー社は九五年時点で台湾最大のパソコン企業、世界第四位のコンピューター企業となっており、傘下企業は三〇を超えて、世界中で二万三〇〇〇を超える従業員を雇用し、少なくとも一三〇ヵ国に販売業者、およびディーラーを抱える。営業の主力はＯＥＭビジネスで、日本の富士通を始め、世界の複数の大手企業にマザーボードなどをＯＥＭ供給している。エイサー社における九八年の売上高は二二三九億元に達し、九八年のパソコン出荷台数七五〇万台で世界第七位、だが、エイサー社ブランドが表に出ないOEM供給を加えると出荷台数は九八〇台となり、パッカードベルやNECを抜き、コンパックコンピューター、IBM、アップルコンピューターに次ぐ第四位に位置する。

施振栄の特殊な経営手法

イノベーションは経済発展の源泉である。一九八〇年代から一九九〇年代にかけて飛躍的な成長を遂げた台湾のIT産業を支えたのは、製造プロセス面での多様な分業革新に他ならない。エイサー社はOEM戦略という特殊な経営手法で、効率的な分業ネットワークを形成している。米国企業はこの体制を利用し、自社ブランドの電子機器の生産をエイサー社に委託している。OEM委託生産は「相手先ブランドによる生産」と定義されている。しかし、相手先ブランドをつけて生産するところは共通するところであるが、同じOEMにも様々な形態がみられ、次のように分類できる。①供給相手先が開発・設計し、その設計をもとに相手先ブランド生産をするOEM委託生産。この形態は日本メーカーからの委託生産に多くみられる。たとえば、NECや富士通のようにIBM系列ではなく独自規格の製品を供給しているメーカーとエイサー社との提携関係。②供給相手先から受注したのち自社で開発・設計し、相手先のブランドをつけて生産するODM。エイサー社の設計技術の向上に伴いOEMの中でもこの形態が一九九五年頃主流となっており、供給先が主要部分を設計し、エイサー社が次要部分を設計するという設計の役割分担をする場合もある。この形態は欧米メーカーとの取引に多くみられ、日本メーカーとは逆に世界の標準規格となっているIBM系列機を供給している。③エイサー社で開発・設計をし、ノンブランドで生産する。このノンブランド製品を他社の来訪者にみせ、受注すればその供給相手先のブランドをつけるというODM委託生産である。このようにOEM戦略はエイサー社の発展を支えてきた。

施振栄の経営手法の特徴

(1)迅速な意思決定

コンピューター関連のハイテク産業は、技術進歩がきわめて急速であるため、企業はその変化に弾力的に対応し、早急な意思決定が必要とされている。エイサー社においてこの産業が成功した理由の一つは、施振栄の発想の柔軟性と迅速な意思決定にあると思われる。

その迅速な意思決定は組織のスリム化につながっている。台湾企業はマトリックス型の組織が一般的であり、報告と意思の伝達はスタッフがマネジャーや経営者に直結している形態が多い。つまり、経営者に直接ものを言うことができ、逆に経営者の方針がすばやく直接現場に伝わるのである。「極論すれば所謂管理職、つまり部下の管理を仕事とするスタッフは台湾の会社には存在しない。経営者以下、下層スタッフに至るまで全員がプレーイングマネジャーなのである。経営者は決断をするという意味で他のスタッフと異なる」(Taipei Computer Association から)。経営者は迅速に情報を収集し、分析し、意思決定をする。そのために徹底的に組織をスリム化し、同時に経営コストを押さえているのである。

(2)セカンドランナー戦略

「世界最先端の技術が必ずしも儲かるわけではない、老二(次男に相当)でいればいい」、これは施振栄がしばしば口にする言葉である。つまり、施振栄は核となる技術、ソフトウェアの分野でリーダーになれないが、マザーボードなどキーパーツの専門分野でならリーダーの座を守り続けられる利点、すなわち、後発性のメリットを活かすセカンドランナー戦略を取った。

エイサー社は米国企業と違って、最先端技術の開発を目指すのではなく、米国や日本で開発された技術をいかに速く製品化するか、このスピードを競うのである。最先端技術には敢えて手をつけずセカンドランナーに徹するわけである。そのために華人ネットワークを通して新しい技術情報をいち速く入手し、製品モデルを作り上げ、量産化にこぎつける。このスピードとの戦いで敗れた企業はどんどん淘汰されてゆく。こうして生き残ってきたセカンドランナー戦略が今日のエイサー社を作り上げた。

革新的企業者～施振栄～

エイサー社は、先端技術の開発面ではまだ日本や米国と競争することができないし、コスト面では東南アジア、中国と競争することができない状況にある。それにもかかわらずエイサー社は国際市場で競争できた。そのエイサー社の発展、高成長の原動力として、施振栄の技術戦略の革新が大きな役割を果たしてきた。とくに、エイサー社の場合は、コスト削減、品質改善を継続的に進めるプロセス・イノベーション形態に比較優位をもつことになった。けれども、そのプロセス・イノベーションが生産工程自体ではなく、部品生産の組織改革によって実現した。世界市場のニーズに的確に取り組み、製品開発と生産、供給をいかに迅速、かつ、効率よく行うか。その一つひとつの戦略は既知であっても、それを活用する企業機会を統合したシステムに新たに作り上げる経営能力と、そして先述したような連続性がなく、しかも急激に変化する経営環境にすばやく対応するという経営戦略を打ち出した施振栄は、革新的企業者の名に値する経営者であったといえよう。

（荘　幸美）

参考文献

周正賢『施振栄的電脳傳奇』聯經出版事業公司、一九九八年（中国語）
施振栄『再造宏碁』天下文化出版有限公司、一九九六年（中国語）

張瑞敏

中国家電王の「精神」と「戦略」

Zhang rui-min

1949-

（ハイアール集団）（中　国）

張瑞敏《チャンルイミン》の「精神」～雪辱をバネに～

海爾集団（ハイアール）の最高経営責任者（ＣＥＯ）張瑞敏は、一九四九年一月に中国山東省萊州市に生まれた。高校を卒業した一九六八年は文化大革命の真っ只中にあり、大学での勉学のかわりに工場での労働を強いられた。この頃に労働者として現場で感じたこと、学んだことが、その後の張の企業家人生の基礎になっているともいえるだろう。その後、中国科学技術大学工商管理修士課程を修了し、高級経済師の資格を取得した。

一九八四年一二月、張はハイアールの前身であった青島冷蔵庫総工場に派遣され、工場長として企業の建て直しに従事することになった。当時、同工場は莫大な借金を抱えていた。そればかりか、工場は汚れきっており、窓ガラスも割れ放題という悲惨な状況であったという。「大小便はトイレでやれ」「工場内にゴミを捨てるな」「製品を勝手に持ち帰るな」など、仕事上の教育というよりも、まず当たり前の躾からせねばならなかった。ここに、当時の中国の国有企業の実情がうかがえる。このような状況の工場で生産される製品に対して厳しい評価が下されたのはむしろ当然のことであった。当時の中国製品には「安かろう悪かろう」というレッテルが貼られ、中国には品質のよい高級品は作れないと評された。ここで張を奮い立たせたのが「反骨精神」であった。中国の企業・技術・製品に対する評価はきわめて低かった。この屈辱に耐え、それをバネに「何とか世界で通用する中国製品を作りたい」との信念を抱いて大改革に取り組んでいったのである。しかし、従業員一人ひとりの意識改革なくしてはけっして成し遂げることのできない大改革である。張はいかにしてこの改革を進めたのであろうか。

意識改革の転機となったエピソードである。張が青島冷蔵庫総工場に赴任した頃、顧客から冷蔵庫に関する苦情が寄せられた。そこで冷蔵庫の在庫を調べたところ、七六台の不良品がみつかった。張は全従業員を集め、不良品を出した本人が自らの手で冷蔵庫を打ち壊すよう命じた。当時の冷蔵庫の価格は八〇〇元以上と、従業員の収入の実に約二年分に相当していた。当然のように、「不良品でも安くすれば売れる」「適当に修理すればいい」「壊すなんてもったいない」という声が沸きあがった。誰もハンマーを手にしようとしない中、張は自らハンマーを握り、冷蔵庫を壊し始めた。初めはしぶしぶ従っていた従業員たちだが、次第に悔しさとショックから涙を浮かべる者も少なくなかった。張は、この月の自身の給料を返還し、「今後は不良品を出した者の給料から差し引く」と宣言した。このいわば大きな賭けともいえる「精神革命」が功を奏し、従業員の間に「品質こそ企業の生命線である」という意識が芽生えたのである。

張瑞敏の経営と改革の理念

「精神革命」のみならず、張は実際の経営においてもさまざまな新しい戦略を打ち出した。それらの基礎を成しているのが「徹底した管理主義」「競争原理に基づく成果主義」「顧客第一主義」である。また、ハイアールは一九八四〜九一年を「ブランド戦略段階」、一九九二〜九八年を「多元的発展段階」、一九九八年以降を「国際化戦略段階」と位置付けて、継続的な改革戦略を実行している。

張は「顧客の問題はわれわれの問題だ」と宣言し、消費者重視の行動を徹底させた。たとえば、四川省の農民から「ハイアールの洗濯機でサツマイモを洗うとパイプが泥や砂でよく詰まる」という苦情があると、「大地瓜」という名のイモでも洗えるパイプの太い洗濯機を作り出し、消費者のニーズに応えた。また、毎年六月〜八月は洗濯機の需要が伸びない。それは洗濯機の容量が大きく(五キロ)、水道・電気代がかさむので、夏には消費者が節約を考え買い控えるためだとわかった。そこですかさず容量一・五キロの洗濯機「小神童」を売り出し、消費者から好評を得た。他にも、狭い部屋に住む学生が冷蔵庫を机の代わりにして勉強しているとの情報を得るや、小型冷蔵庫に机の天板を付けた机型冷蔵庫を市場に出した。こうした消費者ニーズに対する素早い対応に加え、サービス面でも顧客重視を徹底した。劣悪な商品や偽物が蔓延している中国市場において、エアコンやパソコンの二四時間対応修理サービスをはじめとするアフターサービスをとくに重視した張の戦略が顧客の心を捉え、差別化にも成功していったのである。

その一方で「徹底した管理主義」も急速に進められた。そして一九九八年から、張は「内部模擬市場」という管理モデルを構築した。社内を一つの市場と捉え、各部署間に商業決算の仕組みを導入することにより、社内の部署間の関係に実際の市場取引のような緊張感を与え、これによって各部署ならびにそこに属する社員が、市場からのプレッシャーを実感できるようにした。また、「内部模擬市場」を二〇〇〇年からはSBU理論(Strategic Business Unit)として発展させた。SBUとは戦略的経営単位であり、社員一人ひとりが経営者の意識と責任をもつ仕組みを構築したのである。これにより、「自らの目標は何か」「市場における真のニーズは何か」「そのために何をすべきか」を常に考え行動することがすべての社員に求められるようになり、各社員があたかも経営者であるかのような存在となった。三万人の社員はもはやただ雇われているのではなく、「三万個のＳＢＵ」として存在している。こうした政策が社員の士気を高め、企業の活力となったことは想像に難くない。

これらはいずれも市場経済システムにおける企業改革ではごく当たり前のことかもしれない。しかし、一九八〇年代の中国の国有企業においてゼロから始め、ハイアールをここまで育て上げた偉業こそが、張が「中国初の革命的企業家」と称される所以である。

海爾集団（ハイアール）の国際化と本土化

張がこれまで断行してきた革命的改革の目標は、国際的ブランドとしての地位の確立である。その成果はすでに顕著である。一九八四年当時は年商わずか一四七万元に過ぎなかった小規模赤字国有企業が、二〇〇二年には年商七二三億元の企業に変身した。一八年間の成長率は、年平均で実に七三％に達する凄まじい勢いである。今や世界の一〇大家電メーカーの一つに数えられる地位を築いた。また、白物家電に留まらず、ＡＶ機器やパソコンから携帯電話などのＩＴ関連にまで分野を広げ、米国をはじめ世界の国々へ販売網を拡大している。ハイアールの国際市場での発展は、①資源集約による国際化の実現、②国際化を基礎とした国際市場でのブランドの本土化、③本土化を基礎とした国際的競争相手との協力、の三段階の戦略をとっている。ハイアールはすでに、「設計」「購入」「製造」「販売」「資金運営」の五つのグローバル化を実現している。国外に多数の設計センターを設け、先進諸国の優れた資源を利用して競争力のアップに努めている。また、二六万種におよぶ原材料や部品を、最も有利な条件で最も相応しい供給先から購入するシステムをとっている。製造では、現在、世界に一三の製造工場をもち、とくに米国とパキスタンには工業園〈工業団地〉を設立し、地域密着型の生産を展開している。また販売では、すでに四万八〇〇余の販売所と一二の販売会社を設立し、海外の企業との協力にも努めている。さらに資金面でも、資金調達方法の多様化に加え、青島商業銀行や長江証券との協力によって保険代理公司や財務公司を設立し、資金管理や運用についての充実も図っている。

また、もう一方の軸である本土化も進め、一定の成果を得ている。本土化とは「現地設計・現地生産・現地販売」である。本土化した世界ブランドを作るために、「融資・融智・融文化」を掲げた。融資とは、海外での株式上場等によって現地の資本を利用して事業展開することであり、融智とは現地の人的資源を利用することであり、融文化とは現地の文化や習慣を理解するとともに、ハイアールの文化を現地に浸透させることである。なかでも融文化は最も重要かつ困難な課題であるといえるかもしれない。融文化なくして本土化の成功はあり得ないと、張は考える。実際に、ハイアール・米国では管理主義の徹底や漫画等を利用した企業文化の浸透に努め、他方、優秀な社員の表彰や大胆な人事等によって競争原理を前面に押し出すことにより、ハイアールの企業文化を理解した優秀な「ハイアール人」がすでに多数誕生しているという。また、サウスカロライナ州政府は、ハイアールの地域貢献に対し無償で一つの通りを「ハイアール・ロード」と命名した。これらは融合文化が浸透している証といえるだろう。

張瑞敏のさらなる挑戦～鍵を握る日本進出～

張の国際化・本土化の戦略は着実に成果を上げてきている。そして世界戦略をさらに一歩前進させるために、現在、海外の競争相手との協力・共栄関係の構築に力が注がれている。二〇〇二年一月、ハイアールは日本の三洋電機と対等で包括的な協力関係を結んだ。三洋電機は技術面での協力に加え、日本市場での宣伝・販売においてハイアールを全面的にバックアップする。一方、中国市場ではハイアールの販路を利用して三洋製品の販売拡大を目指している。ところで、家電大国である日本市場での成功には大きな困難を伴うといわれている。それは、激しい競争環境と厳しい消費者マインドによる。日本の消費者は品質に対してきわめて厳しい目をもっている。中国で受け入れられたアフターサービスの良さ以前に、壊れにくく精度の高い製品が日本市場では求められる。張は、日本製品に対するコスト面での優位性に加え、ハイアールの真髄である「顧客第一主義」によって、消費者のニーズに応じて個性的な製品を素早く生産し、消費者の心を捉え、成功を勝ち取ることができると自信を覗かせている。

二〇〇三年八月、東京・銀座四丁目交差点のビル屋上にハイアールの広告塔が完成し、点灯式が行われた。日本における中国企業・ブランドの電飾広告塔はハイアールが初であり、シンボル的存在である。この電飾のように、ハイアール、そして張の思いは日本の消費者の心にあかりを灯すことができるであろうか。その成否は、後に続こうとする多くの中国企業の注目するところであり、今後の中国企業の対外投資に大きな影響を与えるだろう。ハイアールは中国企業のイメージや体質を変える起爆剤となり得るか。その成功は中国企業の国際舞台での成功の鍵を握ることになる。それだけに、その役割と責任はきわめて重要である。中国の赤字国有企業を世界的トップ企業に転身させた張瑞敏。海爾集団（ハイアール）のさらなる挑戦に向けて、革命的改革者の手腕に、また新たな注目が注がれている。（内藤　二郎）

◆参考文献

康毅仁・汪洋『海爾是海—張瑞敏的管理芸術』民主与建設出版社、二〇〇二年（中国語）
楊克明編著『海爾兵法』中国経済出版社、二〇〇三年（中国語）

第3部

日本の起業家

渋沢栄一

Shibusawa Eiichi 1840–1931

日本の制度設計
経済社会形成への貢献

（第一銀行・日本郵船）〔埼玉県〕

財界人渋沢栄一

幕末から明治、大正、昭和の時代を生きた渋沢栄一は、明治新政府で財政経済官僚として租税、貨幣、銀行、鉄道、官営工場など多方面にわたる新計画の実行、後に民間に転身しては日本資本主義の発展に貢献した。とくに明治期における活動は維新後の経済社会形成の根幹に関わり、活動領域の広さ、影響力の大きさで他を圧倒する。きわめて多数の企業の創業、経営に関係したところに渋沢の功績の重要な意義が見い出される。

その渋沢を形容する表現は多い。「日本株式会社の創立者」「日本近代資本主義の最高指導者」「実業王」「財界世話役」「財界の大御所」「財界の太陽」がその代表だろう。礼賛偏向の気味があるが、どれもが渋沢の業績の特徴的な一面を言い得て妙である。

国の発展にとり物的インフラストラクチャーの整備が重要なことはいうまでもない。加えて、制度の設計・整備、人材の育成・発掘も必須の要件である。企業の資金調達には銀行だけでなく株式会社制度の整備と普及もまた重要である。渋沢はこれらすべてに多大な貢献をした。ところが、かつて渋沢が調整機能を効果的に発揮させた財界はいまや変貌し、そうなっていない。渋沢の提唱した道徳面重視の企業家教育こそ日本の経済社会における根本問題の改善に有効な一つの可能性を示している。

広範囲にわたる活動領域

渋沢が役員・株主として影響力を行使した銀行・企業は一〇〇近く、関係した企業、事業、団体等の数はそれをはるかに上回る。『澁澤栄一事業別年譜』により関係した実業・経済の一部を挙げれば、以下の通りである。銀行四〇、銀行団体一三、手形交換所三、興信所一、保険一六、海運八、陸運五〇、航空二、通信二、綿業九、蚕糸・絹織業六、製麻・毛織・製帽八、紙六、窯業一七、鉄鋼・精錬八、船渠・造船五、汽車製造・自動車製造四、化学工業一四、瓦斯九、電気八、土木・築港・土地会社・其他一五、取引所八、倉庫八、ホテル四、貿易一三、諸商工業二七、鉱業一〇、対外事業四二という具合である。他に多くの社会公共事業にも関係した。数だけでなく、実に幅広い分野に関係したことがわかる。

しかし、この事実をもって単純に渋沢を有能で実績ある企業家、経営者と評価することはできない。表面上、その数があまりに多過ぎ、特定の企業、関連領域における業績向上、貢献度で評価する基準に当てはまらないからである。むしろこれは、一企業の経営者像でなく、起業のためのオーガナイザー、コーディネーターとしての姿を浮彫にしている。そしてそれは歴史の必然だった。つまり、時代と経済社会の状況が渋沢にそうした役割を求めたのである。

当時、民間部門の資本蓄積、証券市場の発達がまだ不十分であり、起業に必要な資金調達の仕組みも未整備だった。そのため一部の富豪、資産家から出資を募らねばならず、それには信用できる肝いり役が必要だった。株式会社制度がまだ定着せず株式市場が未整備な状況では、そうした役回りに相応しい人材が欠かせなかった。時代がその人材を必要としたとき、そこに渋沢がいた。その点、渋沢はカネに潔癖な人柄であり、それまでの実績から信頼も厚かった。その渋沢がまず出資してみせることは、他の出資を促すのに効果的だった。公私両部門に顔が利くことも有効だった。財界人として、渋沢はまさに嵌り役だった。渋沢がいなければ誰か代役が立っただろうが、渋沢ほど政府と経済界に通じ、かつ信頼に足る人物は他にいなかったに違いない。

転身と人間形成

渋沢栄一の功績をなしえた能力、資質は前半生に形成された。とくに人との出会い、転身の影響が大きい。その偶然性と後の経済社会への影響を考えると感慨深いものがある。

渋沢は一八四〇年二月、武蔵国榛沢郡血洗島《ちあらいじま》村（現埼玉県深谷市血洗島）の豪農の家に長男として生まれた。生家は苗字帯刀を許された村役人の家柄で、農業、養蚕、藍玉の製造販売、質商を営んだ。雅人で子供の教育に熱心だった父より、栄一は物心つく頃から論語、孝教、中庸などを学んだ。

七歳になると、従兄に当たる尾高惇忠《おだかあつただ》の塾に通わされ学問を習った。惇忠は士農工商の身分制度に異議を唱えるなど思想的にかなり激しい人であった。父は栄一が惇忠から倒幕思想の影響を受けたことに驚き、家業に精を出すよう申し付けた。栄一は我慢して言いつけを守り、しばらく家業に従事し藍玉の買い付けを通じて商売のコツや勘を会得する。

少年時代、たまたま具合の悪い父の代理で二人の庄屋と一緒に代官所に出頭させられたことがあった。御用金の割当を他の二人が承知したのに対し栄一は父の名代を理由に承知しなかった。そのときの代官の尊大さ、栄一の強情さは双方に悪い印象を残した。その出来事は身分制度の不合理への強い憤りになり、惇忠の影響もあり後の自由民権思想に染まる原因になった。ただし、身分制度をいきなり壊せない以上、自分のやりたいことをやるには、まず武士になる必要があるという考えに至った。

武士になりたい一心から、二二歳のとき父の反対を押切り江戸に出た。その後、幕府を苦境に陥れ顚覆させる狙いで、高崎城を占領しそこを拠点に横浜居留地の襲撃を計画したが、この暴挙は中止された。渋沢は捕縛を逃れ京へ上る。江戸で知り合った一橋家用人平岡円四郎《ひらおかえんしろう》に一橋家への仕官を勧められたことがあり、その縁で家来分の名義をもらい途中の危険を免れた。一橋慶喜《ひとつばしよしのぶ》は当時、禁裏守衛総督《きんりしゅえいそうとく》として京にあった。平岡の勧めにより一橋家に二五歳で仕官したが、その平岡は約四ヵ月後暗殺される。しかし渋沢の仕事ぶり、能力は引き続き高く評価され重用された。次第に出世し、勘定組頭として一橋家の財政改革、領地の産業振興、行政整理に貢献して藩主の信用を得た。

一八六六年、将軍家茂の死去により慶喜が一五代将軍職に就き、渋沢はかつて顚覆を企てたその幕府に仕えることになった。翌年、パリ万国博覧会へ派遣された代表使節民部大輔昭武《あきたけ》（慶喜の弟）に随行し渡仏した。そのとき欧州の産業、文化、制度等を見聞した。維新を幕臣としてフランスで迎えた。帰国後、静岡に蟄居していた慶喜の窮状を憂い、藩内の商工業振興のために藩、民間富豪による共同出資の組合商法会所（後の常平倉）を設立した。その年一〇月、新政府から大蔵省租税正の辞令があった。渋沢は、再三固辞したが大蔵大輔大隈重信の説得により、新政府官僚となった。

一八七一年、大隈が参議になり、井上馨《かおる》が大蔵大輔に就任した。財界人渋沢の形成にとりこの井上との出会いが重要な機縁になる。井上の部下として渋沢は貨幣、金融、財政制度の制定、改革のための調査、立案に携わった。司法省、文部省の予算案をめぐり、財政改革の主張が入れられず井上と司法卿江藤新平の対立が激化した。渋沢は漢学者に起草させた長文の建白書を井上と連名で公表し、ともに辞職した。渋沢、井上の連繫はその後も長く続く。同年六月、第一国立銀行総監役に就任し、八月、第一国立銀行が開業した。以後、渋沢は活動の足場を民間部門におき、その発展のために幅広い活躍をした。

いま、渋沢から学ぶもの

渋沢の最大の功績は、政府、民間両部門において、近代資本主義のための財政・金融制度の基本設計、基礎的条件整備を促進したことである。当初、明治政府には厳密な基本政策がなかった。今日に較べ経済運営手法は稚拙であり、寄合い所帯の政府内には財政運営の基本方針すらなかった。大蔵官僚として渋沢は経済財政の制度設計に関わる。結局、渋沢は均衡財政をめぐる意見対立から民間部門へ転身したが、その後も金融をはじめ多くの産業部門への関与を続け、それらの確立に尽力した。

次にあげられる功績は、多くの企業の設立に関わったことである。日本資本主義の確立と発展には、近代的考え方の経営者の出現と企業の誕生、それに基づく産業の形成を要する。長い封建制で染みついた官尊民卑の考え方から脱却するために商工業者自身が自立的精神をもたなければならない。日本社会の真の近代化と道義化、官民の役割の明確化を図り、経済の政治に対する優位性を実現させるには、そのための人材育成が不可欠だった。学問と実際を結合する実業教育が有効だと考えた。これらの諸点に多面的に配慮した上で、渋沢は各方面に関係することを通じ多くの企業の設立に関わった。

未発達な民間経済、不十分な経済政策手法、稀薄な政策感覚から、好不況の波が繰り返し押し寄せた。不況が望ましくないのは確かだが、結果的には日本経済を担う有力企業を生んだ。つまり、不況が泡沫的企業を淘汰し真に強い企業を選別して残したのである。その結果、わが国の資本主義は比較的短期間に発達し急速に近代化が進んだ。また、明治の鉄道・海運ブームは近代化に不可欠のインフラストラクチャー整備に大きな効果を発揮した。渋沢はこれらにも広範に関わったのだった。

誰もが運命的な出会いに影響されるが、それはいくらか偶然性の支配を意味する。渋沢の場合、顚覆を企てた幕府の幕臣、後には新政府の官僚として精勤した。その事実から、高い順応性が窺われる。豪農出身で裕福だったせいかカネに汚くないことも幸いした。予測できない人生の変化に柔軟に対応し可能性を拡大することができたのはそうした資質によるのだろう。ただし、自分の立場や考え方の変化を理屈の上で徹底的に分析し合理化する能力、その正当性を主張する能力は人並み以上に長けていた。

渋沢は体系的で普遍的な考えに立脚した思想家ではない。したがって、かつて経験した身分制度の矛盾、不合理を打破する思想的展開はない。若いときと異なり、仕官して後の渋沢の言動、思想に身分制度の否定といった反体制、反封建の影は薄い。与えられた役割、立場において工夫し機会を活かす。外的条件の変化に的確に順応し最適な結果を導き出す。そうした強い意志がその生涯から感じられる。

外国制度を取り入れようとして唱えた合本主義は、株式会社制度としてわが国にとり重要なものとなるが、当初、渋沢はまだ有限責任さえ知らなかったという。理論の緻密さよりも走り出してから考える、そのような人柄がそこからも窺われる。その柔軟性が渋沢の財界人としての強み、思想家としての弱みだったといえよう。予想できない好不況の波が次々と押し寄せ基幹産業が交代していくような社会では、渋沢のような弾力的な理念の持ち主こそ新時代の制度の実行者として最適任だったのである。

かつての明治維新と状況は異なるが、いままた、民間経済の自立を促進する必要性が高まっている。新しい時代に相応しい新たな制度設計、厳密な運用方法を用意しなければならない。渋沢がその新しい時代のために用意した制度設計のかなりの部分はこの新しい時代のためにも再認識、再評価されることが有効であり、その必要性は今後、ますます高まるに違いない。

（上遠野　武司）

◆参考文献

大島清・加藤俊彦・大内力「渋沢栄一」『明治初期の企業家』東京大学出版会、一九八三年
渋沢栄一談、長幸男校注『雨夜譚』岩波書店、一九八四年
森川英正「渋沢栄一—日本株式会社の創立者」森川英正編『日本の企業と国家』日本経済新聞社、一九七六年

福原有信

日本人の健康と美をみつめ続けて

（資生堂・朝日生命）〔千葉県〕

Hukubara Arinobu

1848–1924

「東京銀座　資生堂」の幕開け～業界の魁をになう決心を胸に～

東京都中央区銀座七丁目に「花椿」のトレードマークを掲げ、大通りに面した場所にはレストラン風のパーラーと呼ばれる飲食スペースをもった、今ではちょっと古びた感じもするビルがある。これが東京銀座で一二〇年余りの歴史を誇り、美容・化粧品業界をリードし続けてきた資生堂である。資生堂は、一八七二年、当時の新橋出雲町一六番地に、わが国初の洋風調剤薬局として産声を上げ、常に一歩も二歩も先を歩くことで、その地位を確実なものにし、「銀座に資生堂あり」とその名を知らしめた。

この「東京銀座　資生堂」の創業者であり、わが国の国民の健康と美の追求・発展に傾倒し、美容・化粧品業界だけでなく、生命保険会社の雄として国民の健康・保険事業を支えてきた朝日生命（旧　帝國生命保険会社）の創始者であるのが福原有信である。

有信は、一八四八年に安房国松岡村（現・千葉県館山市）に四男の末っ子として生まれた。幼い頃から祖父の漢方医であった有斎に医学、とくに漢方医としての教育を受けて育ち、有斎の他界後、一七歳で江戸に本格的な医学を勉強する目的で幕府医学所の教授であった織田研斎の門をたたく。織田の門下生となった有信は、間もなく、医学所の頭取を勤めていた松本良順にその才と熱意を認められ、正式に幕府医学所に入所することを許される。有信はここで本格的に西洋医学、とりわけ西洋薬学に取り組むのである。有信は持ち前の熱心さで、わずか二年足らずで当時最高水準の薬学書であった『ワートル薬性論』全一八巻を修め、一八歳で医学所中司薬（薬学担当職）に任ぜられた。

その後、明治維新の動乱期に閉所となった医学所を後にし、郷里の松岡村に身を置き、天下の行方を見守っていた有信であったが、明治新政府の成立とともに再び上京し、大学東校（後の東京大学医学部）の前身である東京大病院の中司薬に起用されることになり、医学界に復帰する。そして、その後、大学東校を辞して海軍病院に転任し、海軍病院薬局長となる。しかしながら、間もなく、兵部省に軍の医学部門を統括する軍医寮が設けられ、その軍医頭に医学所時代の恩師であった松本良順が任命される。この松本と海軍病院長の佐藤との折り合いが良くなかったことから、有信は二月に海軍病院を辞任する。これが、有信の転機となった。つまり、これが「東京銀座　資生堂」の幕開けのきっかけとなった。有信は、これを期に、民間人となり進天地を開拓する決意をした。有信、弱冠二五歳のときであった。

資生堂の船出～医薬分業の志と実用主義の思想をもって～

先に述べたように、有信が海軍病院を辞するのが直接の資生堂創業のきっかけとなるのだが、この決心の裏側には、有信がもともと抱いていた、あるいは有信自身にもともと備わっていた二つの思想ないしは思考原理があったと考えられる。それは、「医薬分業」と「実用主義」である。

当時の医学の世界は医薬同業、すなわち、医師が患者の病状を診察し、病名・療法を決定し、薬を処方するという形式であった。明治になり、西洋医学が取り入れられてからも、治療に当たった医師が直接投薬を行うという形式は、漢方医時代のそれとほとんど変わらなかった。早くから西洋医学を学んだ有信は、この問題に対して大いなる疑問を抱いていた。有信は、患者の病状の変化に対応した診断をし、それに合った投薬をしてこそ真の医療であると考えた。それには、医薬分業が必要であった。

また、有信は徹底した実用主義者でもあった。有信が幼少の頃、近くの寺院に仏典を学びに行かされた。有信はそこで仏教の末世観に基づいた住職の説法に対して「和尚さんは、地獄と極楽を見たのか」と噛み付いたというのである。つまり、まだ幼かった有信は、確かな存在として理解できないものをどうして理解すればよいのかと尋ねたのであった。この逸話からもわかるように、有信は現象・現実社会を理解し、それに応じた解決策を科学的に示すことが重要と考えていた。

事実、有信は、資生堂創業後、一八七四年に銀座の煉瓦街が完成すると同時に新装の資生堂の二階部分に回陽医院を経営して医薬分業を実践している。またその一方では、一八八〇年の日本薬局方（現在の薬事法の基となるものと考えられる）の制定に助力し、さらに、一八八四年には、わが国初の本格的な医薬品製造会社である大日本製薬会社の設立・運営に携わっている。

ところで、資生堂の社名の由来は、易経にある「彖日、至哉坤元、万物資生、乃順承天」から来ているということは、かなり知られているが、そのなかの「万物資生」は「万物は、これをもとに生まれる」という意味であり、心も新たに事業を始める当時の有信の意気込みを示した表現であるといわれる。しかし、創業間もない資生堂は、必ずしも順風満帆であったわけではなかったようである。

当初、資生堂は、海軍病院の同僚との共同出資会社「三精社」の事業拠点として新橋出雲町に「西洋薬舗会社　資生堂」として創業する。またさらに、有信の構想に共鳴した時の陸軍軍医総監・松本良順との共同事業として日本橋本町にも「西洋調剤薬局　資生堂」を開業することになる。しかしながら、この資生堂は、学者と医師の現実を省みない放漫経営により、すぐに資金繰りに窮し、「三精社」の解散と相前後して倒産する。本町の「調剤薬局　資生堂」は一八七四年、三井組の経営に委ねられ、その後この世から姿を消す。出雲町の「西洋薬舗会社　資生堂」は、その翌年解散となり、有信が家財道具などを売り払って資金繰りをし、有信の個人事業として再スタートすることになる。

新生　資生堂と有信の事業展開～開拓者魂と妻の内助の功を支えに～

有信の個人経営となった資生堂は、売薬の製造と販売をその主たる事業として再出発し、次々とヒット商品を世に送り出した。なかでも一八八四年に発売した「ペプシネ飴」は、胃腸の働きを助け、それでいてにがくなく、小児でも飲める薬として人気を博した。また、一八八八年には、わが国初の練歯磨である「福原衛生歯磨石鹼」を発売した。「福原衛生歯磨石鹼」は、歯磨き粉でさえもまだ普及しておらず、米の値段が一升五銭程度であった当時、陶器容器入りで一個二五銭という高値であったにもかかわらず、評判を呼び、海軍にも大量納入されるほどであった。さらに、一八九三年に資生堂は「脚気丸」という新製品を発売したが、これは、江戸時代から不治の病と恐れられていた脚気の特効薬として資生堂の人気・地位ともを確固たるものにした。

時はまさに日清戦争の戦勝に沸き、わが国経済も発展の途を登り始め、消費文化も高度化し始めてきた明治中期、資生堂は、舶来品に押されて成長の止まった化粧品分野に近代薬学の手法を取り入れ、本格参入を開始した。これらの新しい化粧品は、銀座大通に新装された資生堂から華々しく発売され、銀座の風物詩となった。有信はこれを期に事業の主力を薬剤から化粧品に転換する。

ちなみに、資生堂に「資生堂パーラー」の前身である飲食コーナーの「ソーダファウンテン」が設置され、途行く人にソーダ水とアイスクリームを販売し始めたのもこの頃（一九〇二年）のことである。「ソーダファウンテン」のアイスクリームは、永井荷風に「資生堂のアイスクリームを食べたら他のは駄目ですよ」とまでいわしめるほど人気を呼んだ商品であったようである。

このようにして、持ち前の実用主義と開拓者精神で資生堂を軌道に乗せた有信であったが、実際のところは、一八八〇年代後半から大日本製薬会社の設立や薬剤師制度の母体となった東京薬舗会の結成、また帝国生命の創立などで家業の資生堂の事業に専心する余裕はなかった。この間、資生堂の事業を受けもったのが、夫人の徳であったようである。徳は本郷の大工の娘として生まれたが、有信に見初められ、請われて有信の妻となり、早くから製薬免許を受けていた。「ペプシネ飴」のような幼児用の腹下し薬を世に送り出したのも徳の女性としての心遣いによるものであろう（ちなみに、「ペプシネ飴」には福原徳製と記されていた）。有信は、徳の内助の功にも支えられ、順調に事業を展開していった。

新事業への取り組み（帝国生命の設立）と有信の事業コンセプト～チャンスを逃さず、時勢を読む～

有信は、官を辞して野に下ってから、既述のように、資生堂以外にもさまざまな事業の設立・援助に携わっている。それらの事業の内でも最も有信が深く関与したのが、帝国生命の設立と運営である。帝国生命保険会社は、一八八八年、明治生命保険会社に続くわが国第二の生命保険会社として設立された。

わが国に近代的な生命保険事業が展開されたのは、一八八一年のことで、福沢諭吉の後援により創業した明治生命保険会社が最初であるとされる。有信は、それまで西洋薬学一本で歩んできたため、当初、保険業にはほとんど興味をもっていなかったが、当時、大日本製薬会社の支配人であった高橋為政に勧められ、海軍軍医総監であった高木兼寛に相談したところ、高木に生命保険の社会的な意義や事業の将来性を説かれ、設立に一役買い、理事員となる。その後、帝国生命は、幾多の難問を抱えながら、二度の社長の交代劇を演じ、三人目の社長として一八九一年に有信が就任した。

有信は、社長就任と同時に、さまざまな改革に着手した。手始めに組織改革と営業管区の整備を行い、保険の重要性を訴え、加入者を大幅に増やした。これにより、一八九四年には、契約高一〇〇〇万円を突破し、同業第一位の座を獲得した。有信は、その後七七歳で没するまでに、残りの人生の大半を帝国生命の経営に投じるが、その間、生命保険業でも、わが国で初めての「利益配当付保険」を売り出したり、カード・システムを採用した帳簿組織の開発や、女子職員を大量採用し、当時の流行語となったBG（ビジネス・ガール）を生み出すなど、現代企業経営に繋がる画期的な政策を数多く打ち出したのであった。また、本業の化粧品では、数々のユニークかつ画期的な製品を世に送り出す傍ら、大正年間には、わが国で初めて「意匠部（現在の宣伝部）」を資生堂本社に設置するなどして、そのマーケティングおよび宣伝・広告戦略の展開にも非凡なところをみせた。

以上みてきたように、福原有信は、わが国の近代化粧品業界の父であるとともに、近代生命保険業の確立にもその名を残す企業人であるが、それには他の多くの偉大な企業人と共通した部分がみられる。その一つは、チャンスを逃さないことである。巡り会ったチャンスを確実につかみ、ものにしていったのである。そしてもう一つは、常に世の中の変化を認識し、それを取り入れ、次の行動に生かしていったことである。言葉にしてしまえば、至極当たり前のことではあるが、この当たり前のことを実行できるかできないかが、成功者と凡人の違いなのかもしれない。

（首藤　禎史）

◆参考文献

永井保・高居昌一郎編『福原有信伝』㈱資生堂、一九六六年
㈱資生堂企業文化部編『創ってきたもの　伝えてゆくもの　資生堂文化の一二〇年』㈱資生堂、二〇〇三年
眞鍋繁樹「この人を見よ　福原有信」『月刊　ニューリーダー』はあと出版、二〇〇一年三月～二〇〇三年六月

中上川彦次郎

Nakamigawa Hikojiro 1854–1901

大胆な不良債権処理を断行し 工業化を推進

〔三井銀行〕〔大分県〕

福沢諭吉の甥として

中上川彦次郎は、一八五四（安政元）年に豊前国中津《ぶぜんのくになかつ》（現在の大分県中津市）に、藩の勘定役であった才《さい》蔵《ぞう》を父に、同藩士福沢百助《ふくざわももすけ》の娘（福沢諭吉《ふくざわゆきち》の姉）婉《えん》を母として生まれた。中上川の企業家としての活躍は福沢諭吉という偉大な叔父の影響を抜きに語ることはできない。

中上川は、一四、五歳頃まで藩校で四書五経等を学んだ後、一八六九（明治二）年には念願の東京留学が許され、七一年暮れまでの三年間、慶應義塾で学び、叔父福沢諭吉の薫陶を大いに受けた。慶應を卒業後、中津市学校の教員、伊予宇和島《いようわじま》の洋学会社の教員を歴任した中上川は、一八七三年秋には福沢の要請で慶應に戻った。福沢は中上川宛書簡のなかで「今の学者読書に耽る勿れ、書に耽るも酒色に耽るも其罪は同じ、唯有眼の人物にして始て読書中に商売を為し商売中に書を読み、学で富み富て学び学者と金持と両様の地位を占め、以て天下の人心を一変するを得べきなり」（日本経営史研究所編『中上川彦次郎伝記資料』三三〜三四頁。以下、引用はとくに断りのない限り同書からのもの）と書いている。

慶應に戻った中上川は強く洋行を希望し、一八七四年に小泉信吉とともにロンドンへ渡り、そこで井上馨の知遇を得た。七七年末に帰国した中上川は、慶應義塾の教師として教壇に立つ一方で、『民間雑誌』の編集・執筆に携わった。しかし『民間雑誌』が大久保利通《おおくぼとしみち》暗殺を機に廃刊となり、七八年に井上馨が工部卿になるとともに、中上川も工部省に出仕し、翌七九年に井上が外務卿になると中上川も外務省に移り、少書記官、次いで公信局長となった。しかし、中上川はこの在官時代にあっても積極的に新聞発行事業に関心を示していた。結局、この願いは「明治十四年の政変」によって政府内から大隈・福沢派が一掃されるという事態によって実現することとなった。

時事新報・山陽鉄道時代

福沢諭吉が大新聞の政党系列化に反対して「独立不羈」を唱え、一八八二年三月一日に『時事新報』を創刊すると、中上川は時事新報社の初代社長に就任した。中上川の活動は、経営、編集、論説や記事の執筆と多岐にわたっていたが、本領はむしろ経営面で発揮された。新聞の広告や宣伝にアイデアを用い、その販売向上に努め、中上川が社長の時代に時事新報社はその基礎を固めた。

時事新報社の経営が軌道に乗り安定すると、中上川は他の事業に関心を持ち始めた。一八八六年、中上川は友人の甲斐織衛《かいおりえ》の貿易事業に手を貸したりしているが、その過程で三菱の荘田平五郎《しょうだへいごろう》から山陽鉄道会社の社長就任の要請があり、八七年、中上川の山陽鉄道社長就任が決まった。

中上川の山陽鉄道時代の活動は、後の三井改革の原型となった。簡単にその特徴を挙げておこう。

第一に、中上川の鉄道事業に対する積極的かつ長期的戦略がある。武藤山治《さんじ》は、皆が工費の節約ばかりを言い募っているなか、「[中上川]氏は一々之を排し[中略]、用地の買収に於ても兵庫《ひょうご》停車場の敷地の如き其広さ三万坪に余りて構内の敷設線路延長六哩に及べるも尚茫々として多くの空地を有したる如き又或いは曩《さき》に鉄道をして尾道《おのみち》市街を横断せしむるに際しても、多くの反対ありしに拘わらず将来必ず其必要を来すべき複線用の土地を買収し置きたる如き」(二四三頁)であったと述べている。

また中上川はある程度の採算は度外視しても、鉄道経営に「迅速安全」の考え方を徹底導入し、全国の鉄道事業の模範たらんとした。イギリスへの留学経験によって、鉄道による大量輸送・スピード輸送の時代がやってくることを確信していたこともこうした大胆な経営戦略を可能にしていった。

第二は、その組織・労務管理策にみられる。中上川は山陽鉄道入りする直前、本山彦一《もとやまひこいち》(のちの大阪毎日新聞社主)宛書簡で、「会社行政の事務を総括するは幹事《マネージャー》に任せ、立法の事務を司るは理事委員《ダイレクトル》に任すべし」(二八九頁)と述べ、自らは幹事《マネージャー》として経営手腕を振るうことを望んでいる。株主(所有者)が経営者を兼ねることが多かった時代に、中上川は自らを専門的経営者と位置づけたのであった。また、再び武藤山治によれば、「其使用人の待遇に対しても大に意を用ゐ、上下の懸隔を排して平等主義を以て体をなし、社員は皆朋友なりとて権威を以て之を圧迫するが如き事をなさず、常に社員をして其言はんと欲する所を忌憚なく言はしめ仮令其説の取るに足らざるものにても静に傾聴して然る後簡単に其可否する所以を説き、能き納得せしめて乃ち止めりと」(二四三頁)という様子であった。

このような人材の活用法は甘すぎるとの見方もあろう。しかし、封建の遺風残る明治時代の話である。長いものには巻かれることをよしとする精神態度を矯正していくには、上に立つものが率先して下の意見を汲み上げていく努力が必要であった。しかし、中上川のドラスティックな改革は、やがて山陽鉄道の株主から疎まれるようになり、中上川は社長から降格させられた。そんななか、中上川に舞い込んできたのが井上馨からの三井改革の話であった。

不良債権処理と銀行改革

井上馨が、その経営手腕を見込んで中上川を三井に送り込んだのは、とくに当時の三井銀行が企業勃興ブームの反動である一八九〇年恐慌の影響から多額の不良債権（貸金一八三二万余円のうち約三分の一にのぼると目されていた）を抱え、抜本的な改革の必要に迫られていたためであった。

中上川は、山陽鉄道の経験からも、まず銀行における自分の地位を確定した。旧来の保守的な経営陣を抑えなければ、大胆な改革も行いようがなかったからである。中上川は井上の協力を背景に、旧経営陣の西邑虎四郎《にしむらとらしろう》、中井三平《なかいさんぺい》らを排除するとともに、三井銀行の総長・副長および渋沢栄一、益田孝《ますだたかし》、三《み》野村利助《のむらりすけ》ら三相談役との協議事項規約を廃し、自らは副長（＊総長は三井家の高保《たかやす》が形式的にその座にあった）兼理事の位置を占め、三井銀行の実質的経営最高責任者となった。『三井銀行八十年史』は、中上川の改革を「当行の長い歴史のなかにも、中上川副長の主宰した十年間ほど、あざやかな色彩をもつ時期はない」（三四六頁）と評している。

さて『中上川彦次郎伝』の作者である白柳秀湖《しろやなぎしゅうこ》は、一連の不良債権処理案件中とくに大きなものを七つ挙げている。その第一番目のものが、東本願寺に関する無担保一〇〇万円（現在の価値でいうと約五〇億円）の貸付金であった。中上川は、東本願寺に対して豊臣秀吉《とよとみひでよし》寄進の枳殻《きこく》殿を抵当登記すること、向こう一ヵ年内に債務を履行しない時はただちにこれを差し押さえることを厳重に申し入れた。東本願寺では管下の寺院に法難救済の檄を飛ばし、全山あげて金策に奔走した結果、三井銀行に対する負債を全額返済して余りある一八〇万円を集めた。また第二番目のものとして、第三十三銀行に対する不良債権約七〇万円があったが、処理の結果、抵当流れとして前橋紡績所、大嶋製糸所などが三井の手に入った。そのほかの五つの大口の不良債権も整理が強行された（うち一件は失敗）。しかもこれらが約二年半という短期間に成し遂げられたことが重要である。

不良債権処理と関連して中上川は官金取扱い辞退とそれに伴う支店・出張所の整理を行っている。官との癒着関係を断とうとしたのである。支店閉鎖も中上川在任中に全体の四割以上に上った。

同時に中上川は、銀行経営の近代化に着手した。第一に、地域別に支店が管轄していた制度を廃止し、本店が一括管理する制度を新たに導入した。本支店の職掌分担を明文化するとともに「本部旬報」（社内報）を発行し本支店の連絡を密にした。第二に、本支店の職務章程を改定し調査係を置き、その下に慶應義塾出身者を大量採用し、三井銀行のみならず三井全体の改革に活用した。有名なところでは、朝《あさ》吹英二《ぶきえいじ》、日比翁助《ひびおうすけ》、藤山雷太《ふじやまらいた》（中上川の義弟）、和田豊治《わだとよじ》、武藤山治、池田成彬《いけだしげあき》、藤原銀次郎《ふじわらぎんじろう》などである。

中上川の銀行改革の性格はきわめて大胆なものであった。とくに不良債権の処理が政府関係者（桂太《かつらた》郎《ろう》の邸宅を差し押さえている）にまで及んだことや、官金取扱特権の返上は井上馨や三井同族を感情的にも刺激することとなった。官に従属する政商からの脱却、実業の地位の確立という大目標が、中上川の経営理念の内にあったのである。またこの改革は、日本を工業国として立てるというさらに大きな目標のためのものでもあった。

工業化路線

三井の商業化路線の中心を担ったのが物産の益田孝であったとすれば、工業化を推進したのが中上川であり、それは「日本における工業資本主義確立」（白柳）を目指してのものであった。その工業化策が本格化するのは、一八九四年一〇月、工業部が三井元方の直属に置かれて以降のことであるが、中上川が三井入りしてすぐの時期にもその端緒は見出せる。その一つが鐘淵紡績の再建であった。中上川は先の朝吹英二を鐘紡に送り込み、自らも社長に就任し工場を増設する一方、和田豊治や武藤山治を抜擢して鐘紡の経営を軌道に乗せた。また前橋紡績所、大嶋製糸所には野口寅次郎などフランスで製糸技術を学んだ技術者を送り込んで近代化を図り、さらに新町絹糸紡績、富岡製糸などを工業部の管理下に置いた。

この他、工業部の管理下に置かれたものとしては芝浦製作所（現・TOSHIBA）がある。これももともとは田中久重《たなかひさしげ》に対する貸金整理に際して三井に接収されたものである。中上川は当初、電気事業経営に積極的であり、当時、逓信省電気試験所長であった潮田伝五郎《しおたでんごろう》（福沢の娘婿）を技師長として迎え、工場の大拡張を行った。しかし営業成績は振るわず、中上川の死後に三井から独立した会社となった。

ほかに挙げねばならないのは製紙事業への進出であろう。中上川は、渋沢栄一が実権を握っていた王子製紙が大川平三郎《おおかわへいざぶろう》の指揮で研究していた木材製紙技術の将来性に着目し、その事業化に二〇〇万円を融資する条件として自分の義弟にあたる藤山雷太を専務として送り込んだ。中上川は藤山に、「君が専務になるのは王子を奪りに行くことであるから、必ず彼等［渋沢・大川］に懐柔されるが如きことなく、三井の製紙会社たらしむるのだ」（二八九頁）といったといわれる。のちに、この中上川の言葉通り、王子製紙は藤山の掌握するところとなり、渋沢・大川は退陣することになる。三井の豊富な資金力をバックに優秀な人材を送り込んで経営を掌握するというのが、中上川の戦略の特徴であった。

しかしこうした中上川の戦略は、四七歳での突然の病死という条件がなかったとしても、早晩限界を示したのかもしれない。というのも、中上川の工業化戦略の投資の原資は、あくまでも三井同族の財産をベースにしたものであり、広く大衆の預金をベースにしたものではなかったからである。この点、株式会社というシステムを活用した渋沢栄一との比較も興味深い。

（中村　宗悦）

◇参考文献

日本経営史研究所編『中上川彦次郎伝記資料』東洋経済新報社、一九六九年
白柳秀湖『中上川彦次郎伝』岩波書店、一九四〇年

御木本幸吉

真珠事業にかけた生涯

Mikimoto Kokichi 1858-1954

〔ミキモト〕〔三重県〕

真珠王御木本

「世界の女の首を（真珠のネックレスで）締めてみせる」。真珠王御木本幸吉の言葉である。いささか誇大妄想の感があり、大言壮語の誇りを免れない。ところが御木本には、将来の夢を公言したりマスメディアを利用して演出効果を高め、目標達成を有利に運んだ経験が少なからずある。それゆえ、条件次第では実現できたかもしれない説得力がその言葉にある。

御木本は、真珠養殖の事業家という夢の実現のために、真珠の養殖・加工・販売体制の確立に多くの情熱と最大限の努力を注ぎ、この分野における先駆的な取り組み、並外れた実行力により事業化に成功した。努力の結果、日本各地への海水産真珠養殖の普及、また淡水産真珠養殖への技術の応用、さらには海外への事業展開が進んだ。近代日本の水産振興策の下、御木本が先鞭をつけた真珠養殖事業は次第に裾野を広げ、養殖真珠は一時（一九六二年）は輸出額の〇・八五％を占め有力な輸出品の一つになった。

御木本は企業家として成功したが、その過程で特許や漁場に関し多くの軋轢を生んだ。起業者は事業化、技術開発、市場競争にもてる力の大きな部分を傾注する。勝ち抜いてこそ名も実も残すことができる。えてして、そのような人物は辛く評価されがちである。御木本はその典型のような人物であった。

真珠養殖

真珠は貝の体内に侵入した異物（ごみや小石等）を核として包んだ粘膜から分泌される貝殻と同じ成分（真珠質）で巻き込んで無害化することにより形成される。天然真珠は紀伊半島の沿岸水域や長崎県大村湾で産したが、これらは微粒な粒の芥子珠といわれるものが一般で、主に磨り潰して薬用にされた。江戸時代、わが国の近海で宝石として価値ある大きな真珠が採取されても、その量はわずかだった。

真珠を抱く貝はほぼ世界中に分布し、海水産、淡水産がある。真珠としての価値はどちらも変わらず、量では海水産が多い。天然真珠には養殖真珠のように完全な球形をしたものは少なく、大きなものほど細長かったりいびつな洋梨形になる。かつて東洋、欧州で最上とされた真珠を産したペルシャ湾では、鮫に襲われる危険を冒しながら一〇〜二〇メートルの深さまで潜水して採取した。採取した貝がどれも真珠を抱いているとは限らない。粒の大きな真珠はそれだけに希少性があり高い価格で取引された。それゆえ、これを養殖により安定して採取できれば、大きな利益が得られると考えられた。

真珠の養殖は比較的古く、欧州、中国に先例がある。しかし、それは今日一般に取引されているような真円真珠ではない。一一世紀頃の中国で養殖された貝付き真珠は、宝石というより、仏像形をした核を貝の中に入れ真珠質を巻かせた貝付き「仏像真珠」であった。

比較的短い期間で真珠養殖の事業化に成功したのは日本が最初である。維新後、日本の地理的環境から水産資源の重要性、水産業を振興する意義が認識され、一八八一年に農商務省内に水産課が設けられた。それに応じ、次第に漁業への関心が高まり他業種からの進出も増えた。その結果、既存の漁民との間で乱獲や漁業権等の問題をめぐり各地で混乱が生じた。明治時代中頃までに、こうした事態に対し早急に対策を講じるよう当局へ陳情が寄せられた。八九年、このような状況下で、三重県英虞湾《あごわん》と長崎県大村湾の真珠資源についてもその保護のため、明治政府は県当局に対し適宜の処置を講ずるよう訓令を出した。御木本は翌年、英虞湾の神明浦に真珠の養殖場、御木本真珠貝培養所を開設した。

真珠事業と御木本

二〇〇二年、「株式会社ミキモト」は資本金五億円、売上高三二九億円、従業員数六三一名の規模である。事業所は東京、大阪などのほか、ニューヨーク、香港、パリ、ロンドンなど海外にも拠点を置く。世界中の人々の美しく豊かな生活文化の創造に貢献するという企業理念のもとに、国際的総合宝飾企業として事業展開している。法人組織としての創立は一九四九年で、御木本幸吉は御木本真珠株式会社の初代社長に九一歳で就任した。養殖場開設から約六〇年後のことである。一八九九年に東京銀座裏の弥左衛門町に開業した御木本真珠店もこの年に法人組織にし、社長には孫の美隆が就任した。

一八九三年、半円真珠の養殖実験中アコヤ貝から半円真珠五個をみつけた。三年後に養殖法の特許を取得し、養殖技術の独占を図った。真円真珠の養殖に成功したのは一九〇五年で、三ヵ月に及ぶ赤潮被害により英虞湾で八五万個の養殖貝が死滅したとき、このなかから真円真珠五個をみつけたのである。

銀座への販売店の出店は、したがって半円真珠養殖の成功から六年後、真円真珠の養殖にはまだ成功していない時期のことだった。天然真珠と半円真珠を販売したが、半円真珠を真珠として販売するには細工を要し、そのため販売業者に買いたたかれる恐れがあった。利潤の中間搾取を避けるためには自ら店をもち販売する必要があった。また政治、経済、文化の中心地である最大の消費地東京に出店することは、真珠の宝飾品としての認知、普及、定着のためにも有効であった。

そして、真珠が装身具のためのものであること、真珠そのものだけの取引、販売では利益が薄いことから、一九〇三年に京橋に専属の下請工場を確保し、〇七年にこれを買収し、御木本金細工工場として独立させた。翌年に工場を麹町に移転・拡張し、製品の洋風化を積極的に図った。洋風の高級装身具技術の視察、デザインの研究のために技術者を欧米に派遣した。ダイヤモンドを始めとする各種宝石の加工研磨技術の習得、そのための機械購入など積極的に事業を展開した。製品の各種博覧会への出品により御木本は、真珠宝飾品を手がける企業家として世界的にも広く認知されるようになった。

御木本幸吉という人

御木本幸吉は一八五八年、三重県鳥羽《とば》大里町のうどん屋「阿波幸《あわこう》」の長男として生まれた。鳥羽は天然真珠を産した英虞湾と同じ志摩半島にあり天然の良港として発展した。鳥羽の港には海岸から奥の山裾にかけて妓楼が櫛比する二筋の狭い二〇〇メートル程の道があり、阿波幸はその入り口に位置した。育った環境が、漁民の息子でない幸吉に海産物取引をはじめ水産関係の事業に着目させることになった。

一一人兄弟の長男として生まれた幸吉は、商売に忙しい両親よりも祖父吉蔵に育てられた。この吉蔵は数代続いた家業のうどん製造販売だけでなく、鳥羽港を利用して海上輸送はじめ青物、薪炭の販売などを手広く営み、鳥羽藩主稲垣家の御用達を命じられるまでになった商人であった。その祖父に九歳まで育てられたことは、商人としての資質の形成に役立った。一方、父親音吉は、新しい粉挽機の発明により三重県庁から表彰されたほど、機械器具の発明、改良の才能に長けていた。幸吉の発明に対する異常なまでに強い関心は父親の素質を、徹底した商人としての根性は祖父の素質を引き継いだ。

御木本をある論者は次のように評する。それによれば、根っからの色町育ちの人間には、①ニヒルであるか、②ひどく堅物のマジメ人間になるか、③人を人とも思わぬ美事にたくましい商魂に徹するかになり、いずれにしても人柄が思い切り徹底している特徴がある。そして、御木本を「鳥羽の入り江の奥にある小島（相島、いまのパールアイランド）で半円真珠造成に成功した人。―しかしその技術は古来から周知の技法だという。そこで真円真珠発明のために、彼はしげしげとその娘を、必要な人物、西川藤吉のもとにかよわせる。情にほだされて陥落した西川はついに幸吉の女婿になるのだが、西川の発明の成果は幸吉によって略奪される。本当の発明家桑原乙吉《くわばらおときち》もまた、幸吉に抹殺されてその栄誉を消される。厚顔にも国の内外に向かって自ら大発明家を誇称してはばからぬ幸吉の、中央権力者に近づく技の巧みさ。平和な原始共同体の漁村から漁場をとりあげる手段の悪辣さ。彼の人生遊泳の信念と技法とは、まさしく色町育ちの③のケースの典型ともいえようか」として、些か手厳しい。

事業家として

御木本は真珠養殖の技術開発と事業化で成功した。しかし養殖技術の真の開発者ではない。御木本自身は技術者ではなく、研究者、技術者の力を結集させることによりそれを実現した。半円真珠養殖の特許獲得は箕作佳吉《みのさく》理学博士の指導による。半円真珠養殖は真円真珠養殖実現のための一過程だった。

真珠養殖技術の開発はいくつかの勢力により進められた。出身地の水産資源に着目し、地の利を活かせたことが御木本の成功への鍵だった。また、起業者として成功を夢見る以上、リスクをとる覚悟、綿密な計画、周到な用意が必要である。「御木本の真珠王としての地位は、ただ単なる商法で築かれたものではない。常に自らチャンスを作り可能な限りの手を打って、いわゆる御木本式演出を駆使しての結果である」とされる。

真円真珠の養殖技術が一応確立された今日でさえも、真珠養殖事業は常にリスクを伴う。資金回収までに少なくとも一年以上を要する。複雑な挿核技術、赤潮の被害、海水温の変化に応じた管理、死貝の発生のほか、湾内の養殖に適す水域の混雑により密殖の問題も生ずる。浜揚げした珠の質が期待した基準に達しない可能性もある。それだけに専業事業者のリスクは兼業事業者より大きい。

先駆者としてリスクをとった御木本が技術の独占により競争を自己に有利に展開しようとしたことは理解できる。結果的には特許、漁場等の独占に失敗し、真珠養殖技術はその後普及した。三重、長崎をはじめ四国や瀬戸内の各地に真珠養殖事業が増えた。

養殖真珠の市場価値は大手養殖業者、中小養殖業者で差がない。これは形状、色沢、巻厚状態（真珠層の厚さ）、仕上げ加工等に左右される。高い価格で取引される良質の珠を産出する可能性はどの養殖業者にも同等にある。そこにこの事業の面白味、旨味があるといわれる。しかし、個人経営ではこの事業の状況は他の帆立貝、牡蠣、真鯛の養殖といった海面養殖業事業に較べかなり厳しい。

御木本は先駆者として製品の品質向上、信頼性向上に尽力し、真珠事業全体の発展に努めた。これに対し、新規もしくは潜在的な参入者は立場、見方が異なる。また、当初は技術的に海面占有面積が広く、御木本が未利用の地先海面を安価で賃借し利益をあげていることへの羨望も多く、さらに地元漁民が養殖事業に参入するとき既に好条件の海面が御木本に占有されている事実も少なくなかった。批判の多くには、御木本の先見の明と事業化の先進性に起因して生じた軋轢によるものもあったのだろう。

（上遠野　武司）

◇参考文献

大林日出雄『御木本幸吉』吉川弘文館、一九七一年
永井龍男『幸吉八方ころがし』文藝春秋、一九八六年

矢野恒太

Yano Tsuneta

1865–1951

相互会社「第一生命」の創立者

（第一生命保険相互会社）〔岡山県〕

相互主義の保険会社

矢野恒太は、一八六五年、備前国《びぜんのくに》上道郡《じょうとうぐん》角山村《つのやまむら》竹原《たけはら》（現在の岡山市竹原）で三五〇年以上続く医者の家に父三益《さんえき》、母伊勢の長男として生まれた。恒太は、一八七八年八月に小学校全科を終え、同年一〇月に父祖一五代の医業を継ぐため、岡山医学教場（岡山大学医学部の前身）へ入学した。年わずかに一二歳と一〇ヵ月であった。その後、彼は上京し、一八八〇年一一月、東京帝国大学医学部予備科に入るが、一八八二年六月には岡山に帰郷して、翌八三年一月に岡山県医学校（一八八〇年、岡山医学教場を改称）へ再入学した。そして八九年一二月に第三高等中学校医学部（一八八八年四月、岡山県医学校を改称）を卒業、上阪して開業間もない日本生命に社医として入社する。

矢野恒太は、保険募集で地方に出張する職員に同行し、診査業務に精励するかたわら、持ち前の探究心から保険制度の研究にも熱心に励んだ。しかし、彼は同僚社医の待遇問題で交渉役を買って出て会社と折衝し、そのことが原因となって一八九二年一二月、三年間勤めた日本生命を退社する。この時に、彼は医者になる道を歩まず、自ら生命保険会社を起こそうと決意した。日本生命を退社後、矢野は、上野の東京図書館に通いながら保険や数理、統計、経済などの研究に没頭した。そこで彼は、ドイツの保険経済学者アドルフ・ワーグナーの『保険論』に出会う。そこには利益を目的としない会員組織の相互保険会社、すなわち剰余金のほとんどを契約者に還元する相互主義の保険会社が紹介されていた。

折しも起業ブームの最中で、先行の三社、明治生命保険株式会社（一八八一年七月開業、現明治安田生命保険相互会社）、帝国生命保険株式会社（一八八八年三月開業、現朝日生命保険相互会社）、日本生命保険株式会社（一八八九年九月開業、現日本生命保険相互会社）の成功に触発されて、生命保険会社や類似保険の新設が相次いでいたが、なかには詐欺的あるいは投機的なものも多く、社会問題となっていた。このような利益追求のみを目的とした保険会社が続々と誕生しては潰れる当時の状況を憂慮していた矢野は、相互主義による経営こそが保険会社の理想的なあり方であると確信し、一八九三年一一月その研究の集大成として『非射利主義生命保険会社の設立を望む』という小冊子を自費出版した。

保険業法の起草に参画～相互主義の実現に向けて～

一八九三年八月、安田財閥の創始者である安田善次郎は、矢野恒太の主張する相互主義に共感し、経営の行き詰まっていた共済五百名社の改革について矢野に相談をもちかけた。矢野は、安田善次郎に保険数理に基づく近代的保険会社に改組することを提案し、自身で作製した死亡表（矢野氏第一表）により新会社を設計した。矢野は、この新会社で相互主義を実現しようと考え、出資者に対する配当は年六分以下に制限した。ただし、当時はまだ相互会社が法制化されていなかったので、新会社は安田一家の出資による共済生命保険合資会社（後の安田生命保険相互会社、現明治安田生命保険相互会社）として一八九四年四月設立され、矢野は同社の三人の支配役の一人として営業部門を担当した。

しかし、実際に経営に携わるといくつかの疑問がわき、矢野は欧州の先進会社の経営を実地に学びたいと思い、安田の了承を得て一八九五年五月に渡欧した。彼はまずドイツのゴータ生命で一年間相互保険会社の経営について学ぶが、このドイツ滞在中に商法研究で留学中の岡野敬次郎博士や後に第一生命の社長となる柳澤保惠《やなぎさわやすとし》伯と親交をもつことができたのも、彼の将来にとって重要な意味をもつ出来事であった。それから彼は、英国に一ヵ月余り滞在し、エクイタブル生命の実績と経営方針を見聞した後、米国を経由して九七年三月に帰国した。矢野はこの留学によって相互主義に対する確信をさらに強めた。

帰国後、矢野は共済生命の総支配人格となり、これまで吸収した知識を経営に生かそうとしたが、彼の施策は他の安田系諸会社の幹部にはきわめて革新的と受け取られ、両者の間にあつれきが生じていった。相互主義の実現という理想に燃えていた矢野は退社を決意し、一八九八年六月、当時、農商務省参事官の職にあった法学者岡野敬次郎を訪ね相談した。折しも保険業法の法案起草に当たって、保険の数理や相互会社の実務に詳しい人材を求めていた岡野は、矢野はまさにそれに打ってつけの人物であると考え、直ちに彼を農商務省に招いた。そこで矢野は、保険業法に関係する諸法令など保険経営の実務についてほとんど独力で起草し、一九〇〇年三月に公布された保険業法（法律六九号、同年七月一日施行）の制定に大きな役割を果たした。保険業法の起草に参画し、相互会社の法制化に尽力した矢野恒太は、同年五月に農商務省商工局の初代保険課長に就任して、全国各地の保険会社を検査し、不良会社を整理して業界秩序の是正に貢献した。

「第一生命」の創業～理想の保険会社をめざす～

保険業界の秩序を正し、後任の育成も終えた矢野恒太は、一九〇一年一二月農商務省保険課長の職を辞し、宿願の保険相互会社の設立準備に取りかかった。まず、中外商業新報（現・日本経済新聞）に新会社の経営方針などを述べた「保険相互会社首唱之辞」を寄稿し、それを小冊子にして携えながら、二〇万円の基金募集に歩いた。しかし、折しも不良会社の破綻が相次ぎ、保険業界に対する信頼が地に落ちていたさなかで、聞きなれない形態の会社に出資する人などあろうはずもなかった。行き詰まった矢野は岡野敬次郎に相談した。その岡野が書いた第百銀行取締役支配人池田謙三への紹介状が保険相互会社誕生の突破口となり、一九〇二年五月末には何とか出資者を集めることができた。同年六月三日、基金拠出者を集めた会合が開催され、発起人も決まり、社名も日本最初の相互会社に因んで「第一生命保険相互会社」と名づけられた。九月一五日、日本橋区の銀行集会所で創立総会が開かれ、定款および普通保険約款が決議され、社員総代・役員が選出された。初代社長には伯爵柳澤保恵、専務取締役には矢野、取締役には博文館館主の大橋新太郎、そして監査役には池田の紹介で銚子醤油（現ヒゲタ醤油）社長の濱口茂之助がそれぞれ就任した。矢野恒太が日本生命を退社して以来一〇年間ひたすら追い求めてきた相互主義保険会社は自らが首唱者となって遂にここに実現したのである。

第一生命の経営方針「我社の特色」

一九〇二年一〇月一日東京市日本橋区新右衛門町で営業を開始した第一生命は、いまでいえばまさにベンチャー企業であった。創業当初は、「相互会社」を「倉庫会社」と間違われるなど、パイオニアとしての苦労が絶えなかった。そこで矢野は、会社の特徴をアピールするために、「我社の特色」なる小冊子を作成、配布した。そのなかで、相互会社とは「営利を目的としない法人」で、いわば「倶楽部」のようなものであること、我社の主人公は出資者（基金拠出者）ではなく、保険契約者（社員）であり、契約者が選挙によって重役を選ぶこと、剰余金の大部分は契約者に配当されることなど、相互主義の特質を前面に押し出すとともに、合理的な考え方に貫かれた特色ある経営方針を明らかにした。

相互会社を日本ではじめて実践する矢野は、基金拠出者や契約者のために、また後に続く者のためにもこの事業を失敗してはならないという使命感に基づき、徹底した堅実経営を目指し、約束通りに配当を実施するため極力経費を切りつめた。先行会社のほとんどが保険料に日本人より長命のイギリス人の死亡率と四パーセントの予定利率を用いていたのに対し、安全を見込んで日本人の死亡率（矢野氏第二表）と三・五パーセントの予定利率を用いた。そのため、保険料は最も安いとはいえないが、必要な経費以外は配当として契約者に返戻するので、低廉の極地であると主張した（「保険料最不廉にして、最低廉なり」）。また経費を極力抑えるために、原則として一〇〇〇円未満の契約は扱わない（「高額契約主義」）、代理店は置かない（「無代理店主義」）など、特色ある方針を打ち出した。配当方法についても契約後に年月を経るほど配当金額が大きくなる「累加配当方式」を採用した。これは長生きするほど得な仕組み（「長命無損害」）を取り入れたものだが、これが後に第一生命の発展の原動力となったのである。

このような合理主義に基づく堅実経営を行った結果、第一生命は開業後わずか四年で配当を開始し、一九〇七年には責任準備金の積立方式を最も堅実な純保険料式に変更した。当時、約三〇社あった中で、純保険料式を採用していたのは明治生命と日本生命のみであった。さらに一〇年には基金の償却を開始した。第一生命は当初、まず足元を固めるという方針のもと東京周辺を中心に営業を行った結果、一一年に保有契約高が全国では第一二位であったが、東京地区では第二位を占めるに至った。一五年、矢野恒太は第二代社長に就任し、名実ともに第一生命の経営の舵取りを担うことになり、一七年一一月創立一五周年を記念して契約者配当を一分五厘増配し、基金全額を償却、積極的な経営に転じた。その切札が四分五厘という類をみない高配当と、請負的要素を取り入れた支部制度の全国展開であった。こうして二〇年一一月には待望の保有契約高一億円を達成し、翌二一年四月に東京市京橋区の新社屋「第一相互館」に本社を移転、同年一一月には保有契約高の順位で五大生保の一角を占めるまでに成長した。

「日本経営品質賞」の受賞

一九〇二年九月、矢野恒太によって設立された第一生命は、二〇〇二年九月をもって創立一〇〇周年を迎えた。いくつかの生命保険会社が先行するなかで創業し、独自の相互主義経営を推し進めた第一生命は、その斬新さゆえに人々の理解を得るまでに多少の日時を要したものの次第に成長の歩を速め、いまや業界第二位の保険会社として確固たる地位を占めるまでに発展した。同社は、創立以来の経営方針である「契約者第一主義」を徹底し、消費者に「一生涯のパートナー」として選ばれ続けるため「日本経営品質賞」受賞を目標として、一九九六年度より経営品質の向上に取り組み始めた。同賞は、米国の「マルコム・ボルドリッジ国家品質賞」を範として、九五年に財団法人社会経済生産性本部が主体となって創設されたものである。それは日本企業の競争力向上を目的として、消費者の視点に立った企業革新を実現し、卓越した業績を生み出す「経営の仕組み」をもつ企業を表彰する制度である。第一生命は、消費者の視点から徹底的に業務を見直すため、同賞の審査基準に基づく自己評価（セルフアセスメント）を始め、職員の声を汲み上げ経営に反映させる仕組みを充実させるなど業務改善にも力を注いだ。このような消費者志向の取り組みは、生涯設計の完成に向けた新商品・サービスの開発や他社との業務提携などに結実し、二〇〇一年一一月、第一生命は金融・保険業界としてはじめて日本経営品質賞を受賞した。矢野恒太が会社を創立してから九九年目の快挙であった。

（中村　年春）

参考文献

財団法人矢野恒太記念会編『矢野恒太伝』財団法人矢野恒太記念会、一九五七年
第一生命保険相互会社五十年史編纂室編『第一生命五十五年史』第一生命保険相互会社、一九五八年
第一生命保険相互会社編『第一生命一〇〇年の歩み　すべては、お客さまと共に』第一生命保険相互会社、二〇〇二年

豊田佐吉　*Toyoda Sakichi*　1867–1930
豊田喜一郎　*Toyoda Kiichiro*　1894–1952

自動織機から自動車へ

（豊田自動織機・トヨタ自動車）〔静岡県〕

豊田　佐吉

豊田　喜一郎

グローバル企業のルーツ

二〇〇三年一一月五日にトヨタ自動車が発表した九月中間連結決算（米国会計基準）によると、売上高は前年同期比八・〇%増の八兆二二四二億円、「税引き前利益」（経常利益）も同一三・七%増の八一二〇億にのぼり過去最高を更新する好調ぶりで、この下期には厚生年金基金の代行返上益が上乗せされるため、二〇〇三年三月期の経常利益一兆二〇〇〇億円を上回ることも可能としている。トヨタ自動車は年間一五兆円を超える売上げと二兆円に及ぶ経常利益をあげる世界有数のビッグカンパニーにのしあがっているのである。すでに二〇〇二年度に世界の企業の中で売上げで第九位、純益で一二位にランクされている（金融を除く）。日本企業のなかではいずれもトップであり、自動車販売台数ではゼネラル・モーターズ（GM）の年間八五四万台、フォード・モーターの六九八万台に次ぐ六一七万台で第三位であるが（二〇〇二年度）、二〇〇三年四月〜九月期ではフォードを抜いて第二位に躍進している。しかもそのうち北米はじめ海外での販売が三分の二を占めるグローバル企業へと発展しており、今後はとくに、進出が遅れた中国へのチャレンジャーとしての進出への期待が高い。

こうしたグローバル企業としての発展ぶりについて、米国の経済雑誌『ビジネス・ウィーク』は「トヨタを止められるのか？」と題する八ページの特集を組んだとのことであるが（『朝日新聞』二〇〇三年一一月八日夕刊）、躍進するトヨタは一八九〇（明治二三）年「豊田式木製人力織機」の完成を手始めに自動織機の発明に生涯を賭け「日本の発明王」と称えられた豊田佐吉と、一九三七年わが国「自動車産業のパイオニア」としてトヨタ自動車工業を設立した創業者豊田喜一郎の起業精神を継承しつつ、豊田一族を核にした強固な団結力を誇り、さらなる発展を期している。愛知県豊田市に本社を置き、豊田自動織機、愛知製鋼、トヨタ工機、トヨタ車体、アイシン精機、豊田紡織などトヨタグループ一四社を抱え、従業員は二五万人に及ぶ。現在の会長は奥田碩《ひろし》、社長は張富士夫で豊田家の出ではないが、専務豊田章男はじめ関連企業の役員に送り込まれた豊田一族の求心力と、労使協調体制が相俟って強靭な結束を堅持し、資本の論理を加えて限りなき前進に燃えているのである。この点、ライバルのホンダと異なる。ホンダも創業者本田宗一郎の名前を会社名にしているが、世襲を嫌った本田は子供を自分の会社に入れなかった。本社の経営メンバーに本田一族は一切タッチしていない。

では、自動織機の発明王豊田佐吉と自動車産業のパイオニア豊田喜一郎の起業精神とはいかなるものであったのか、そしてそれはどのように継承されてきたのか、躍進するトヨタのルーツを探ってみよう。

日本の発明王・世界の織機王

豊田佐吉の生涯は発明一筋そのものであった。一八九〇年に申請した「豊田式木製人力織機」から始まり生涯を通して取得した特許は八四件、実用新案も三五件に及び、一三件の外国特許を得ている。わが国織物業発展への技術貢献は多大で、技術立国の魁となった。しかもほぼ独学による開発であり、「ともかくやってみよ」という「現場主義・現物主義」を徹底するトヨタ精神の範ともなっている。

その豊田佐吉は、一八六七（慶応三）年に遠江国敷知《ふち》郡吉津村山口（現・静岡県湖西市）で、農作業のかたわら大工職を家業とする伊吉の長男として生まれた。吉津村は三河東部の現・愛知県豊橋市に近接しており、遠州・三河地方は木綿織物業が盛んな地域であった。この在来産業の成長と結びつきながら佐吉の技術開発は進められたのである。大手資本が欧米の近代技術を導入して工業化を進めるなかで、これに対抗しうる国産技術の開発に力を入れた。すなわち、大工職に飽き足らなかった佐吉は一念発起、独学で木綿手織機の改良、力織化に熱中し、一八八五年の「専売特許条例」公布に発奮、一八九〇年春に東京上野で開かれた第三回内国勧業博覧会出品の西洋機械から強烈な刺激を受け、まず同年一一月には「バッタン織機」を改良した「豊田式木製人力織機」を考案した。九四年には旧来の手回し式を足踏み式に改良した能率向上二〜三倍の「糸繰返機《かせくり》」を開発して注目され、九六年には「豊田式木鉄混製動力織機」を発明した。最初の日本製小幅動力織機で、主に中小織布業に採用され、在来機業の生産向上に貢献している。さらに小幅用鉄製、そして本格的な広幅用鉄製動力織機の開発に向けての努力を重ね、一九〇五年にはたて糸の送り出し装置付きの「三八年式」、翌年にはより堅固な「三九年式」と比較的安価で取り扱い容易な「軽便織機」を開発し、一九〇九年にはよこ糸のシャトルをスライダーにより押し出す方式の「自動杼換装置《ひがえ》」を発明している。そしてこれらの集大成として二四年には世界最初の無停止杼換式「G型自動織機」を発明するにいたった。この完全な自動織機の発明は国際的にも注目され、二九年には紡織機の世界トップメーカーであった英国のプラット社と当時の一〇〇万円という高額で特許権譲渡契約を結んでいる。これは、国産技術の海外輸出であり、佐吉は「世界の織機王」との名声を高めるにいたったが、この間の道のりはけっして平坦なものではなかった。

技術開発そのものでの艱難辛苦はもとよりのこと、とくに開発技術の企業化、すなわち、力織機の製造販売と織布業の経営には大変な苦労を味わっている。それは単に企業収益の問題ではなく、佐吉にとって研究開発資金調達の問題でもあった。中国市場への進出を企図した三井物産や紡織一貫態勢を求める紡績業界から力織機の改良は注目を集め、一八九九年に名古屋に井桁商会、一九〇七年には豊田式織機株式会社が設立されたが、織機の量販化を重視する経営陣主流と念願の自動織機の発明を期したい佐吉との間に深刻な齟齬が生じ、一九一〇年には常務取締役技師長辞任に追い込まれている。挫折感と失意のもとで欧米の紡織機視察に赴いた佐吉は帰国後改めて「独立自営」を決意して、一九一一年に豊田自働織布工場を設立、一九一四年には紡績業にも進出し、一九一八年には豊田紡織株式会社に発展、中京地区での有力紡織メーカーにのし上がるとともに、一九二一年に、中国・上海に豊田紡織廠を設立、一九二六年には株式会社豊田自動織機製作所（現・豊田自動織機）を愛知県碧海郡刈谷町（現・刈谷市）に設立するほどの急成長を遂げたのである。画期的な無停止杼換式自動織機発明の開発資金がこれらの事業拡大による収益によって賄われたことはいうまでもない。

大衆車の国産化にかけた夢と情熱

上海での紡織工場建設に着手していた頃の一九二一年、東京帝国大学工学部卒の長男喜一郎が豊田紡織に入社した。その六年前には三井物産名古屋支店長児玉一造の弟で伊藤忠合名会社のマニラ支店支配人を務めていた利三郎が妹愛子の婿養子として豊田家に入籍し、経営的手腕を発揮して躍進する事業を支えていた。そこに大学出の技術者喜一郎が入社し、利三郎の支援のもとで紡織事業の拡大と自動車の国産化を牽引することになったのである。自動車工業への参入は、一九一〇年の欧米視察で「自動車の時代」を痛感した佐吉が「わしは織機をつくってお国に尽した。お前は自動車をつくれ」とその夢を託したことによるが、本格的始動は喜一郎が一九二九年にプラット社とのＧ型自動織機特許権譲渡契約のため欧米出張した際、あわせてその自動車事情を視察し秘かに国産化への決意を固めたことによる。

当時の日本でも一九二三年の関東大震災を契機としてその実用性と有用性から乗用車・トラック・バスなど自動車の輸入と普及が急速に進んでいたが、自動車生産は日本フォードと日本ＧＭによる輸入組立車が圧倒的で、国産車の生産はダット自動車製造会社などがその緒に就いたばかりであった。また戦争兵器の近代化・高度化によって軍用車輌の国産化が推進されつつあったなかで、喜一郎は自動車事業の成功に不撓の決意をもってひた走ることになった。主眼はフォードやシボレーのような大衆車の国産化であった。三三年には豊田自動織機製作所内に「自動車部」を設置、翌年には臨時株主総会で自動車事業進出を正式決定し、三五年にはＡ１型乗用車とＧ１型トラックの試作車完成にこぎつけている。もちろん難問山積であった。技術的にはエンジンはじめ各種部品の製造が難渋して試行錯誤の日々であったし、先行き不安の巨額投資に親族はじめ古参従業員や株主たちから危惧の声があがるなか、喜一郎は菅隆俊や大野修司らを招致して優秀な技術スタッフの編成と量産化に向けて刈谷町から二〇キロほどの挙母町に一九一万平方メートルの広大な工場用地を取得するなど着々と手を打っている。また後に「販売の神様」と称された神谷正太郎を日本ＧＭ大阪本社から引き抜き、販売網の整備に着手させている。

幸い一九三六年公布の自動車製造事業法で日産自動車とともに許可会社に指名され事業拡大の目途がつき、一九三七年にトヨタ自動車工業株式会社が誕生、初代社長に利三郎、副社長に喜一郎が就任した。翌年には月産一五〇〇台を第一次目標とした挙母工場が竣工している。鋳物、鍛造、鍍金、ボディー、プレス、機械、塗装、組立などの各工場と事務所、研究施設、厚生施設を完備した日本最初の一貫製造工場の完成であった。生産工程においては「ジャスト・イン・タイム」の徹底であった。大衆車国産化への夢はその足場を築いたが、日中戦争勃発以降の戦時体制のもとで乗用車の製造は抑制・禁止され、軍用トラック生産が主力とならざるをえなかった。アジア・太平洋戦争に突入した一九四一年、トヨタの生産台数はトラック・バス一万四四〇三台に対し、乗用車はわずか二〇八台にすぎなかった。同年社長に就任した喜一郎の大衆乗用車国産化の夢は敗戦後に持ち越されたのである。それも厳しい再出発であった。

一九四五年八月一五日敗戦の前日に被爆した工場施設や機械設備の修復から始まり、戦後の混乱のなかで、二年後にはSA型小型乗用車、BM型トラック、SB型小型トラックの生産が軌道に乗り暁光が見え始めたが経営環境は厳しく、四九年のドッジ・ラインの影響で自動車産業は需要の激減と資金繰りの悪化という二重の打撃を受けた。従業員の二割一六〇〇人の解雇に踏みきらざるをえず、ストライキは長期化し、一九五〇年喜一郎の辞任と引き換えに収拾するにいたった。存亡の危機に直面したのであるが、朝鮮戦争の勃発による軍用トラックの大量受注で息をふき返した。次への夢叶わず喜一郎は五二年に脳溢血で死亡、本格的国産乗用車製造の宿願は三年後のトヨペット・クラウン完成によって果された。自主技術開発方式による大衆車製造という喜一郎の経営戦略は歴史の激流に翻弄されながらも見事に結実したのである。以後、五七年コロナ、六六年カローラの発売によって堅固な地歩を築いていく。とくにカローラは七四年に世界第一の量販車へと成長している。この間、挙母町は五一年に市制施行、五九年には豊田市と改名、トヨタはここを拠点に世界に羽ばたいていったのである。

(和田　守)

◆参考文献

和田一夫・由井常彦『豊田喜一郎伝』名古屋大学出版会、二〇〇二年
読売新聞特別取材班『豊田市トヨタ町一番地』新潮社、二〇〇三年

小林一三

Kobayashi Ichizo

1873–1957

阪急電鉄・宝塚歌劇の創始者
東京電燈社長

（阪急電鉄・宝塚歌劇）〔山梨県〕

不況の度に注目される小林一三～後人たちは何を見てきたのか～

小林一三に関しては、彼が書いた経済・国際評論、日記も発行され、伝記や評伝、小説も巷に溢れている。だが、彼の生前から現在（二〇〇三年八月）まで、大なり小なり彼を取り上げた書籍は最低四〇冊以上に及ぶものの、評伝等の動向は殆ど検証されず、類似本が何度も出回っている。ゆえに、本稿では従来の評伝等を検証し、これらが触れなかった小林像にも触れ、そこから何を学ぶべきかを考えたい。

実は現在、小林一三研究は第二のブームになりつつあり、二〇〇〇年から二〇〇三年の間でも、多かれ少なかれ彼を取り上げた書物は管見の限り四冊には上り、さらに一冊が後日刊行予定と聞く。なお、彼に関する書籍の出版年をみると、七〇年代から八〇年代にかけての彼の評伝の多くは不況時に出されており、たとえば七〇年代は六冊のうち、七一～三年が各一冊、七八年二冊、七九年一冊というように、ドル・ショックや第一・二次オイルショックと符合し、彼の評伝の第一次ブームである八〇年代に出版された一八冊も、バブル発生以前の八六年より前に書かれた物が一四冊も占める。ところが九〇年代に入ると、バブル崩壊後もこうした符合関係はみられず、出版された書籍も五冊に留まり、ここからは私たちがバブルをもう一度夢見て過去から学ぼうとしなかった姿が見えてくるのである。

次に彼の伝記・評伝・小説等の傾向であるが、彼を取り上げた伝記の最初はおそらく村島帰之『小林一三』(国民社、一九三七年)と思われるものの、小林礼賛ゆえに彼の問題点(岡町登記所登記官買収問題等)に触れておらず、多少の誤りもみられる。これに対し多くの資料を駆使して客観的に彼を描いた最初の伝記は、三宅晴輝『小林一三伝』(東洋書館、一九五四年)で、これは一九五九年に加筆訂正され、日本書房から再度出版された。もっとも三宅は小林と面識があったため、「革新官僚」相手に自由経済のために戦った善玉・英雄的な書き方をしており、こうした基調はその後の評伝等にも継承されることになる。

ちなみに教訓を得るという視点から書かれた評伝の最初は、小林とも親交が深く阪急百貨店社長も歴任した清水雅の『小林一三翁に教えられたもの』(梅田書房、一九五七年)だが、清水が描いた人間小林は、七〇年代に入ると岩堀安三『偉才　小林一三の商法』(評言社、一九七二年)等によって、処世術や経営のノウハウの神様のように次第に描かれ始め、その傾向は現在に至っている。なお強調される小林の言葉や教訓は、七〇年代には先見の明の重要性、大衆商法と合理性の合体であったが、八〇年代には先見の明は強調されるものの、大衆商法の話よりは、決断実行のスピード、人の意表を付くPRの源泉、逆境をどう好機に変えるか等といった、どの仕事にも共通するノウハウが目立ち始め、合理化が進みつつあった八〇年代前半における雇用者間の競争激化を象徴した内容になっている。

しかし他方でこの頃になると、企業家小林の神格化から脱し、時代に合わせた形で単にノウハウを読み取るという発想を超えた研究(津金澤聰広「小林一三の余暇思想」『現代風俗'83』現代風俗研究会、一九八三年)や小説(小島直記『鬼才縦横』PHP研究所、一九八三年)が出現し、前者は消費者大衆の視点から彼の思想を客観的に捉え、後者は本稿でも後述する事大主義を批判した。ただし九〇年代に入ると、研究一冊、小説一冊、評伝一冊、解説一部、文芸評論一冊というように、内容は多彩化したが、八〇年代と異なった新機軸はみられず、この傾向は現在に至っている。いずれにせよ、小林に関する評伝等の多くは、彼の長所からは学んでも、短所から警告する行為は怠っていたことを忘れてはなるまい。

小林一三の履歴 〜際立った柔軟な発想と斬新なアイデア〜

では長年にわたり高い評価を得てきた小林一三の履歴とは如何なるものなのか、簡単に触れておこう。

生前、彼は「今太閤」といわれ、実力で成り上がった叩き上げのイメージが強いが、実際は名家の出身で、北巨摩郡韮崎町（現在の韮崎市）の酒・絹問屋の長男として生まれ、遠縁には甲州財閥とも関係が深かった小野金六もいた。一八九二年に慶應義塾を卒業したが、小説家志願であったため、当初は『都新聞』への入社を希望していた。ところがそれが叶わず、九三年に三井銀行に入社、月給一三円で本店秘書課に勤務するが、同年九月、大阪支店勤務となった。なお彼は慶應在学中から芝居に夢中であったが、大阪勤務後一層花柳界に熱を上げ、それは後に彼が興行師として成功するのに重要な経験となる。

大阪支店勤務中の一八九五年、後に彼の事業の支援を行った岩下清周が支店長として赴任し、岩下は小林の才能を見込んだが、翌々年には北浜銀行を創設して三井を離れた。小林は北浜銀行に行くか迷ったが、前大阪支店長の高橋義雄に止められ、結局、九七年名古屋支店に勤務することになる。名古屋支店勤務は左遷であり、以後も彼は閑職の調査課に配属される等、三井銀行では不遇であった。

そんな彼に転機が訪れたのは一九〇六年、岩下清周と飯田義一（三井物産筆頭常務）に日本最初の証券会社を興そうと誘われたことであった。彼は銀行の仕事が自分に合わないことや優秀な同僚との競争では出世が難しいと考え、一九〇七年一月三井銀行を辞職するが、ほぼ同時期に恐慌が発生したため、会社の話は没になり、不憫に思った飯田は三井物産が大株主であった阪鶴鉄道の重役に推薦した。ただし当時の阪鶴鉄道は鉄道国有法に基づく買収が決定していたため、同鉄道の重役たちは、大阪・箕面・宝塚・有馬といった遊覧地や温泉場を結ぶ電車会社設立を考えていたが、株の暴落で総株一一万株の約半分は引受け手がなかった。小林はその株を小野金六の世話で一万株所有し、残りを北浜銀行に引き受けさせ、同年一〇月に箕面有馬電軌を創立、これが後に阪神急行電鉄（以下、阪急）となる。

箕面有馬電軌は当時、田園地帯を通っていたため、彼は乗客誘致のために沿線住宅地経営を実施、都市部に住む新中間層を念頭に置き、月賦での住宅購入制度を行った。これは好評で次第に沿線周辺は寒村から住宅街へと変化するが、客数増加にはそれだけでは不十分で、彼は箕面動物園創設（一九一〇年）、宝塚新温泉開設（一九一一年）、豊中グラウンド設置（一九一三年）といった斬新な試みを次々実施した。

こうした素早い実行以前に彼は入念な調査を行っており、それが成功の秘訣といわれることは多い。だが実際は緻密な調査をして行った事業でも好調に進展したわけではなく、動物園は一六年に閉鎖し、全国高校野球の発祥の地となった豊中も、グラウンド拡張工事と増える客数に対応できるだけの電車増発といった競争で阪神電車に敗れてしまう。また宝塚新温泉の建物「パラダイス」でのプール経営も男女混浴の問題等があって失敗したが、彼はこれを逆手にとり、客寄せのために一九一三年に宝塚唱歌隊を結成し、翌年には脱衣場を舞台に少女歌劇を上演する。彼が少女に注目したのは、当時三越少年音楽隊が人気を集めていたためで、少女なら一層愛らしく人気が出ると読んだからであった。宝塚はその後軌道に乗り、一八年には音楽歌劇学校を設立、同年の帝劇での東京公演以降、東京でも人気を集めた。彼はこうした反響と東京での娯楽地の少なさ等を考慮して、一九三四年には東京宝塚劇場を開場する。

ちなみに宝塚は、彼が戦後渡米した際に大物興行師から誘致されたほど国際評価も高く、後年、彼の死亡を伝えたニューヨーク・タイムズも彼を前大臣、日本での女性歌劇の創始者と書き、阪急電鉄での功績よりも宝塚を中心に書いていた。これは郊外の宅地開発という発想が欧米にもあったからであろう。

なお、鉄道に話を戻すと、箕面有馬電軌は一八年に阪神線を主力にしたため、社名を阪急に変えた。阪神線敷設には北浜銀行倒産とそれに伴う灘循環電軌買収困難といった問題があったが、彼はそれらを克服しただけでなく、誘客策として駅で買物させることを考えついた。二〇年一一月、梅田停留所のビルの一階を白木屋に貸し、売上げが上々だったため、二五年二月にはビルの二・三階に直営のマーケットを設立、これは後に阪急百貨店に発展するが、ターミナル・デパートの発想は世界で彼が最初である。

やがて彼は阪急での手腕を買われ、一九三三年には東京電燈の社長となった。同社では人員整理や子会社の整理等を実施して三六年に経営を軌道に乗せたが、この頃電力統制論が浮上し、彼は国家からの統制に反発して社長を続投、しかし統制の流れが決定的になった四〇年三月には社長を辞任する。ところが辞任問題が浮上した会議の席で外務省から電話が入り、彼は遣伊経済使節に任命され、帰朝直後の七月には商相に就任している。付言すれば、彼は四五年一〇月にも国務大臣兼復興院総裁に就任した。

小林の社会観と国際感覚～人間的矛盾から得るべき教訓とは何か～

以上のように、小林の出世は斬新な発想で道を切り拓くイメージのみで語られることが多いが、同時に留意すべきなのは、それだけでは一時的な成功をしても、その状態を維持・発展させるのは難しかったと思われることである。まず彼は成功の維持・発展のために、自分の子弟たちを事業家一族や華族と結婚させたばかりでなく、経営に信頼できる人物が必要という視点もあってか、阪急・東宝の経営でも彼の子弟が重役に就き、未だにそれは続いている。要するに、彼は頼れるのは自分だけという意識とその延長線上に家族主義的な発想をもっていたのである。それは経営のみならず、社会観にも反映され、『日本人と家族主義』(五四年、全集第七巻)でも、失業を抑制できる等といって家族制度の長所を強調し、その後起きた家族の大変化を先に読むどころか、後退した発言を行っていた。彼は物質的な社会変化には敏感であったが、精神的には必ずしもそうでないという人間的矛盾を抱えていたといえよう。

そして家族主義的な発想はよそ者を排外する意識にもつながる訳で、それは彼の国際感覚にも表れていた。物質的文化の頂点にいた白人に対する憧れ・畏怖がみられる一方、黒人や東洋人を蔑視する発言を繰り返し、白人以上になるには軍備拡張が必要と強調していたのである（『国旗の力』全集第四巻）。

ところが戦後、彼は東京裁判を「世界から無責任な軍国主義を駆逐し、戦争の禍根を断たうとする崇高な目的に出た世界人類史上の画期的なる裁判」（日記、一九四八年一一月一三日付）と評価し、一転した態度を示す。これは事大主義であり、自分だけが頼りという意識に基づく生き残りをかけた変節とも読み取れる。実際、電力統制をめぐり国と戦いながら後に大臣になった点でも、同様の傾向が彼にはあった。柔軟性と変節は紙一重であり、彼の特性は事業家としては成功をもたらしたが、政治家としては負の方向に働いたといえよう。これは活動の場を間違えると長所が短所になる典型的な事例であった。

晩年の小林は公職追放を経て東宝社長に復帰し、自己の高潔なイメージづくりを心掛けたが、実際の彼はさまざまな矛盾と何とか折り合いをつけていた人間であった。なお彼の西洋文明への憧れと人種差別的発想は、当時の風潮からすれば仕方なかった部分もあるが、国際化が進展した現在でも、同様の発想が残っていることを私たちは反省すべきであり、その点では小林の轍を踏んではならないのである。

（大杉　由香）

◆参考文献

小林一三翁追想録編纂委員会編・発行『小林一三翁の追想』一九六一年
小林一三全集編集委員会編『小林一三全集』（全七巻）、ダイヤモンド社、一九六一―二年
小林一三『小林一三日記』（全三巻）、㈱阪急電鉄、一九九一年

松永安左ヱ門

Matsunaga Yasuzaemon 1875-1971

戦後日本の電力業界の枠組みを築いた「電力の鬼」

（電力王）〔長崎県〕

電力界に入るまで

松永安左ヱ門は、一八七五年、長崎県の壱岐ノ島に生まれた。幼名は亀之助といった。松永家の家系は一八世紀後半の天明年間にさかのぼるが、初代安左ヱ門は、無一文状態から、酒造業、船舶運送業、貸し金業など幅広い事業を起こし、一代で大きな家産を擁する地元の名家を築いた。亀之助は、初代安左ヱ門の企業家としての才覚や資質を引き継いだ三代目である。安左ヱ門を襲名したのは、一八九三年、亀之助一九歳のときであった。

亀之助は、家督を相続する前、一五歳のときから慶應義塾に入学していた。病気や家督相続などでいったん壱岐ノ島に戻って家業に当たったが、二一歳のとき、再び慶應義塾に復学し、以来、福沢諭吉の薫陶を直に受けた。このとき、その後の安左ヱ門の生涯を決定した、諭吉の養子福沢桃介と出会った。

安左ヱ門は、二四歳のとき、学問の道を捨て、実業の世界で身を立てることを志した。以降、桃介の世話で、利根川水力電気の企画に参加したり、日本銀行に入ったりしたが、期待していた出世の見込みが立たず、やめてしまった。その後、桃介の家の食客となり、さまざまな事業や相場に携わり、大儲けと失敗を繰り返す波乱万丈の人生街道を歩んだ。そして、安左ヱ門三三歳の一九〇七年には大儲けを企んで熱中していた株式相場の大暴落に遇い、無一文となった上、自宅が全焼するという憂き目に遭った。

そこで安左ヱ門は、灘住吉の呉田の浜に引き込み、自分の人生を見つめ直し、何のために実業界に入ったのかという原点を改めて真剣に追求する生活に入った。安左ヱ門が、単なる実業界の暴れん坊で終わらず、後年、強い信念と実行力を発揮し、原理原則を貫いて戦後の電力業界の青写真を描きあげ、「電力の鬼」にいたった、「生涯学問の人生」の出発点は、安左ヱ門のこの壮年期に、整えられたのであった。

電力業界へ、そして九州から全国規模の電力攻防戦へ

安左ヱ門は、当初、呉田の浜での思索の生活を数年続けるつもりでいたが、それは二年もたなかった。広滝電力の監査役の仕事に加え、福岡市内に敷設する電気鉄道事業にも乗り出していったのである。さらに、三井銀行の平賀敏からの、大阪瓦斯のコークスの一手販売の仕事や、東洋製革の仕事も引き受けた。了見の狭い日本社会や組織の壁に当たりながらも、安左ヱ門は、持ち前の工夫と行動力で関連企業のトップや政府機関関係者の知遇や信頼を得、事業を伸ばしていった。そのころ、福沢桃介が突然訪ねてきて、「実業家を目指そう」と切り出した。安左ヱ門は、再び桃介と組み、福博電気軌道を設立し、その後、合併・吸収を繰り返しながら、九州電燈鉄道を育て上げた。一方、福沢桃介は、木曽川周辺の豊富な水力に注目して、関西電気を設立していたが、この両者を、松永の下で合併し、一九二二年、東邦電力が誕生した。

電力業界はそれまで、一時は一〇〇〇社を超える中小会社が割拠した時期もあったが、吸収・合併や

系列化が進み、松永らの東邦電力が設立され、本社を東京に移転したころには、東京電灯、東邦電力、宇治川電気、大同電力、日本電力のいわゆる五大電力が覇を競う形になっていた。このうち、首都東京では、当時日本のエジソンと呼ばれた藤岡市助の発案で電力事業化の先鞭を切った東京電灯が、日本最大の電力会社として君臨していた。そこへ、松永らの東邦電力が、首都圏への殴りこみをかけ、当時「東電・東力戦争」と呼ばれた熾烈な需要家争奪合戦を繰り広げたのであった。松永が信奉する自由主義経済は、このころ一つの頂点を極めていたとみることができる。

しかし、「東電・東力戦争」の過当競争の弊害を憂慮した東京電灯のメインバンク三井銀行の総帥・池田成彬と、東京電力のメインバンク安田銀行の総帥・結城豊太郎は、仲介に入り、一九二七年、東京電灯と東京電力は、ほぼ対等の条件で合併し、翌年、新会社の東京電灯が成立した。松永は、五〇万株の大株主として新会社の取締役におさまった。しかし安左ヱ門は心密かに期していた社長ではなく、平取締役に終わった。それは、仲介に入った池田らの財界人が、松永流の自由主義経済がもたらす過度の抗争を必ずしも快く思っていなかったためと思われる。揉め事を嫌う組織風土が、松永の全国制覇の夢を、思い半ばにして、やんわりと抑えにかかった図柄であった。

国民の自由な企業精神こそ産業発達の元を基本理念に

電力業界における自由競争ゆえの抗争は、その後も全国各地で頻発した。政府は、こうした紛争を収拾させたいという理由も加え、経済発展の基盤ともなる電力産業の国営化を進める方向で動きを見せ始めた。しかしそれは、松永が信奉する自由主義の理念に真っ向から違背するものであった。そこで松永は、各方面で、自由主義経済の理念に基づく堂々の論陣をはった。一九二八年の『経済往来』三月号に「電力国営反対論」を発表したほか、返す刀で、同年四月には「電力統制私見」を発表し、電力事業の特色に触れつつ、業界が不毛な過当競争に陥り、結果として金融資本の支配下に組み込まれることのないよう、自主統制する必要性を唱えた。松永の視野と主張は、もはや業界内の「国盗り合戦」の域を超え、一国の産業政策の基本や国家経営の理念の水準に達していた。

しかし、こうした一連の主張や運動にもかかわらず、昭和恐慌や満州事変など不安定で激動する当時の世情は、松永の主張とは真っ向から対立する方向に向かっていった。電力会社も、自由経済を守るため、自主統制機関としての電力連盟を発足させ、さまざまな抵抗を試みた。また、松永や小林一三らも、電力の国家管理の問題点を指摘し、さまざまな業界の自主統制案を提起するなど奔走した。しかし、事態はすべて逆方向に転がり、終に一九三八年、電力管理法・日本発送電株式会社法などが成立し、大正初期から一貫して松永が主張し続けた電力民営体制は、終焉してしまった。その後、三年も経ないうちに、松永は実質的に引退し、勅令によって配電会社の国家管理が強行され、さらには松永が育てた東邦電力も解散してしまった。こうして松永は、いったん表舞台から退場したのだった。

戦後の混乱期に九電力体制を完成へ

松永安左ヱ門は、その約五年後、齢七〇歳を超えて、不死鳥の如く蘇った。この間、日本は太平洋戦争へ突き進み、敗戦を迎えていた。戦後、占領軍によって、足早にさまざまな米国流の民主主義的な仕組みが導入されていった。電力事業も、一九四七年の「過度経済力集中排除法」の適用を受け、再編成が必至となった。引退したはずの松永の下にも政財界の要人の出入りが多くなり、そうした相談に応じるなかで、松永自身も電源開発による日本再生計画に一枚かむようになった。

この間、片山内閣が設置した「電気事業民主化委員会」がまとめた案は、集中排除の目的にかなわないものとして占領軍から認証されず、占領軍が設置した米国人専門家による集中排除審査委員会が提示した、地域分割案への対応を迫られていた。これを受けた第二次吉田内閣は、「電気事業再編成審議会」を編成し、松永安左ヱ門を会長として迎えた。この時安左ヱ門は、すでに七五歳になっていたが、自由主義の下に電力事業を再編成する大役と取り組むことになったのである。

もっともこの審議会の大勢は、日本発電送の一元体制を維持しようとするものであり、当時の政官界のほとんどもこれを支持していた。長老松永は、斯界のベテランとして敬意を表されながらも、その主張は審議会の大勢から浮き上がりがちであった。しかし、当時の日本は占領下であり、占領軍の意向が最終的にはすべてを決定した。占領軍の目からすると、松永の主張の方が、審議会の大勢の意見より民主的でリーズナブルであった。占領軍の強力な支持を得た松永の構想は、業界労使や政官界こぞっての反対を受け、紆余曲折を経ながらも、最終的には国会の議を経ないでも公布できるいわゆる「ポツダム政令」の発動により、一九五一年、現在の「九電力体制」に向けて結実していったのであった。

電力界の危機と再編成問題

今日の地域分割の九電力体制は、このようにしてスタートを切った。しかし、この体制が軌道に乗るまでの段階は、けっして順風満帆というわけではなかった。分割された各社のトップの人事を決める「公益事業委員会」でも、吉田首相が日本発電送の最後の総裁に据えた信越化学グループの総帥・小坂順造と民営体制に固執する松永安左ヱ門は随所で対立した。世論の支持は、クリーンな印象の小坂に集まっていたが、松永は老獪な駆け引きを駆使し、結局は持論の民営化路線を事実上押し通した。

一方、再編直後の九電力は、「朝鮮特需」などによる電力需要の伸びに応じて経営基盤を確立させなければならなかったため、電源開発を進める必要に迫られていたが、必要とされる膨大な資金力が確保できないという大きな問題も抱えていた。松永は、ここでも強引なまでのリーダーシップをと、世論の轟々たる非難に逆らってまで、大幅な料金値上げを実現して企業体質を好転させ、電力株の上昇をもたらし、外資の導入の道を開くことで財政基盤を強化、電源開発を推進する道を拓いたのであった。

松永が、後に「電力の鬼」と称されるに至ったのは、こうした一連の働きに対する畏敬や反発の念がない交ぜになったところからきたものと思われる。

松永の理念とロマン

こうして、松永安左ヱ門は、八〇歳に近づく晩年に、世論の大きな反発をも押し返し、年来の念願であった電気事業の民営再編成を成し遂げ、再び表舞台から去っていった。松永の生涯を振り返り、その働きを支えたものが何であったかを考えると、「一国の産業を発展させるのは、国民の自主的企業精神であるので、自由主義経済体制は何としても堅持しなければならない」とする強靭な信念であり、実業の世界でそれを実践し続けるというロマンを追い続けた精神の若さであったといえよう。

（花輪　宗命）

参考文献

（小島直記伝記文学全集第七巻）『松永安左ヱ門の生涯』中央公論社、一九八七年

満田孝『電力人物誌　電力産業を育てた十三人』都市出版、二〇〇二年

鳥井信治郎

Torii Shinjiro 1879–1962

サントリー創始者
洋酒文化を創った起業家

（サントリー）〔大阪府〕

日本人の口に合わせた「赤玉ポートワイン」

鳥井信治郎は、一三歳の時から大阪の薬種問屋「小西儀助商店」で丁稚《でっち》奉公をしながら、外国から輸入した薬品やぶどう酒を扱うその店で、時代の先端をゆく新感覚を身につけるとともに、洋酒に対する知識を深め、微妙な味と香りをかぎ分ける技術を覚えた。次に奉公に出た舶来の絵の具や染料を扱う店でも外国からの輸入品が多かったので舶来品についての関心が高かった。好奇心旺盛な信治郎少年はただ働くだけでなく、何か学ぼう。そして「今までにないものをつくり出したる」という心構えで働いた。

信治郎は、丁稚奉公時代に身につけた知識と技術を生かして自分でやってみようと決意し、二〇歳の時、小さな家を借りて「鳥井商店」を創業した。フランスやスペインから輸入した生ぶどう酒に砂糖や香料を調合して販売した。数年後、信治郎はスペイン人の貿易商セレースと知り合い、セレースの家に行ったとき、スペイン産ワインを口にした。「うまい。この味を日本人にも広められないだろうか」と思い、さっそくスペインからぶどう酒を輸入し瓶詰めにして販売した。しかし、売れ行きは芳しくなかった。本場のぶどう酒とはいえ、酸味がきつく日本人の舌には合わなかった。そこで、スペイン産のぶどう酒を日本人に合うように香料と甘味料を調合し研究を重ねた結果、一九〇六年に「向獅子印甘味葡萄酒」を生産した。屋号も「寿屋《ことぶきや》洋酒店」に改めた。洋酒の消費量がまだ少ない時代に洋酒店の看板を掲げることは大きな冒険であった。翌年、さらに改良を加えた「赤玉ポートワイン」を発売した。これは信治郎の自信作であった。日本人の舌に合うはじめてのワインである。いくら良いワインでもつくるだけで売れるものではないと考えた信治郎はビンやパッケージのデザインにも神経を使い、新聞広告をはじめ宣伝活動にも力を注いだ。

初夏のある夕方、寿屋の前に赤と黒で「赤玉ポートワイン」と書いた高さ一・五メートル位の角行灯が三〇個ばかりずらりと並んだ。それぞれに灯が入ると、寿屋と白く染め抜いたハッピを着た若者がひとつずつ背負って夕涼みに賑わう町へ繰り出した。その後、この方法は映画や興行物の宣伝にもしばしば用いられるほどであった。日本初のヌードポスターを作るなど、信治郎は宣伝のためにはあらゆる手段を用いた。宣伝の効果もあって「赤玉ポートワイン」は徐々に好評を博し、売れるようになった。これが主力となり、国産初のウイスキーを生み出す原動力となった。

日本初の本格国産ウイスキー「サントリー白札」

赤玉ポートワインで成功した信治郎は、「国産ウイスキーをつくる」という思いから、一九二一年に「株式会社寿屋」を創立した。一九二三年にはウイスキー蒸溜所建設に着手した。しかし、周りの人たちは大反対であった。蒸溜所建設には莫大な資金が必要であり、日本で本格ウイスキー製造が可能なのかわからない。会社の全資本を投入して成功しなかったらどうするのかという心配からであった。

しかし、信治郎には赤玉ポートワインを生産してヒットさせた自信があった。リスクは大きいものの、日本人に合う国産ウイスキーは可能であると信じ、この事業を推し進めた。ちょうどそのとき、醸造学専門の若い技師竹鶴政孝《たけつるまさたか》が英国から帰国することを知り、竹鶴を雇って、京都郊外の山崎の渓谷に巨費を投じてウイスキー工場を建設した。製造されたウイスキーは樽に入れられ、何年もねかして熟成させる。ウイスキー製造には時間がかかる。その間をうめるために、信治郎は一九二九年、勝負の早いビール醸造に進出した。そしてようやく国産初の本格ウイスキー「サントリー白札」が発売された。「サントリー」は、「赤玉ポートワイン」の赤玉が太陽を象徴していたことから「サン」をとり、信治郎の名字鳥井（トリイ）を結びつけて、信治郎自身が考え出したネーミングである。「赤玉ポートワイン」があってこそ、サントリーが育てられたという思いから感謝の意を込めてつけたようである。

しかし、新しく発売された「サントリー白札」は高額であったこともあり、ウイスキーの評判はそれほどよくなかった。七年ものの「サントリー白札」は、発売価額が一本四円五〇銭であった。当時輸入洋酒の値段が比較的安く、ジョニーウォーカーの赤が一本五円ぐらいであった。評判がよくなかったのは焦げ臭かったことにもあった。信治郎も後日これを認めて次のように述べている。

「初期の頃はこげくそうて、実際に飲めたもんやなかった。モルト（麦芽）の乾燥に、ピート（草炭）は多い方がええと思うて、燃やしすぎたんやな。それで大麦が、死んでしもたんや。あのこげくさい匂いも、ほんまのところ、ちょっとはなくちゃいかんのやが……。

なんぼ造っても売れんから、蔵へ入れ蔵へ入れして、ほっといたんや。そないしてストックしているうちに、だんだん味がようなってきた。禍い転じて、福となったわけや」

この〝焦げ臭さ〟は、本格的なウイスキー独特のもので必要なものであったが、初期の頃はこれを重んずるあまり、ピートを炊きすぎたのではないかといわれている。

ビール業界参入～「オラガビール」発売～

「サントリーウイスキー白札」が発売される前年の一九二八年一二月、信治郎は横浜市鶴見区にあった日英醸造株式会社のビール工場を買収した。同工場では「カスケード」というビールを製造していた。ウイスキーは勝負に長い年月がかかる。ところがビールは勝負が早い商品である。信治郎はウイスキーの重荷をビールでカバーしようと考えた。このビール工場の生産能力は五万石前後である。当時ビール業界はユニオン、キリン、アサヒ、エビスなどの既存勢力が市場を押さえていた。そこへわずか五万石前後の小工場をひっさげて殴りこみをかけた。翌年四月から「新カスケードビール」を売り出した。

「新カスケードビール」には大瓶と小瓶があり、生ビールもあった。信治郎は大瓶一本二九銭で売り出した。ほかのビール会社の値段は一本三三銭。ビールの一本当たりの利益はきわめて少ないため、二九銭は異常な値段であった。さらに翌年五月には「サントリーウイスキー赤札」を売り出すと同時に、京浜地区では「新カスケードビール」を「オラガビール」と改称して勝負を挑んだ。「オラガビール」はさらに安くして一本二七円で売った。信治郎は猛烈な販売戦を展開し一本二五銭に値下げした。当然ビール業界では大騒ぎとなった。信治郎の言い分は、ビールはかさばる商品なので送料がばかにならない。それだけに工場から近い京浜地区の顧客には、送料の分だけ安くサービスできるということであった。

〝オラガ〟という名称は、当時〝オラガ大将〟とあだ名をつけられた田中義一からヒントを得たものであった。田中義一大将は、前の総理で、政友会総裁であった。「おらが国は……、おらが党は……」といった、何かにつけて〝オラガ〟を連発し、愛嬌のある存在であった。

「出た　オラガビール　飲め　オラガビール」こんな調子で広告した。しかし、「総理大臣のあだ名をビールに使うなんてどんでもない」などと横槍が入らないとは限らない。信治郎は対応策として〝おらが女房〟の〝おらが〟だよ、と宣伝部長には予防線を張らせるほど用意周到な面もあった。

売れ行きの悪いウイスキーをかかえたまま、ビール工場も既存各社との激しい販売戦を展開しているうちに、資金難に陥った。これを克服するためには、寿屋の再編が必要であった。最初に手放したのは、もっとも売れ行きの良い喫煙家用の半練り歯磨「スモカ」であった。次に横浜の「オラガビール」を東京麦酒株式会社に売却した。既存勢力と激しい戦いに挑んだ信治郎にとって「オラガビール」に未練がないわけではなかったが、資金不足のためやむをえない措置であった。幸いにも、当時ビール業界は激しい値下げ合戦で手を焼いていた大手の東京麦酒が法外な価格で買い取ってくれた。五年前に一〇一万円で買ったものを三〇〇万円で売り渡した。「オラガビール」孤軍奮闘も結果的に無駄ではなかった。

当時ウイスキーはあまり売れていなかったし、金ばかりかかっていたので、目先だけを考えれば、ウイスキーを手放す方が経営的には楽になるかもしれない、という判断もあったはずである。しかし信治郎は、「ビールはほかにも、たくさんの人がやっているが、ウイスキーは日本で誰もやっておらん」といって、ビールを放棄してウイスキーを残す決断をした。先見の明があった。

ウイスキーに社運をかける

信治郎は、ウイスキーをそのまま温存し、従来の有力な武器「赤玉ポートワイン」を強化するために、ブドウ酒と果汁の専門工場を新設した。製品を整理し得意な分野で勝負をかけた。この苦難の時代（一九三三年）に妻クニを亡くし、また後継者として信治郎が手塩にかけて育てていた長男吉太郎も、それから七年後、三三歳の若さで急死した。クニ夫人は伝染病で、長男は心筋梗塞で亡くなった。現代医学なら助かったかもしれない。さすがに信治郎も「日本の医学は、なっとらん」と嘆いたほどであった。吉太郎の妻春子は阪急の創業者小林一三の娘である。

信治郎は、この悲しみを乗り越えるためにもウイスキーづくりに力を注いだ。不思議にも売れなかったウイスキーを貯蔵庫に寝かせる間に味がさらによくなってきた。しかも、時の運も味方してくれた。一九四一年一二月、太平洋戦争突入とともに、日本海軍御用達のウイスキーとなり、軍の庇護のもとで経営の基礎を固めた。原料の大麦も海軍の配慮によって〝軍需品〟として手当てされた。山崎工場の貯蔵庫のなかには大量のウイスキー原酒が仕込まれ、戦時中でも海軍に守られて静かに眠り続けた。

戦後、「サントリーウイスキー」は進駐軍の将校たちに売り込まれた。米軍の将校たちはサントリーの味に驚き、口から口へと言い伝えられて「サントリーウイスキー」の評判は急激に広まった。こうしてサントリーウイスキーの生みの親である信治郎は、戦後復興の先遣隊として活躍し、米軍の間での高い評判が、後日「サントリーウイスキー」が米国へ輸出されて好評を博する遠因ともなった。

一九六二年二月、信治郎は八三年の生涯を閉じた。信治郎の後を継いだのは次男の佐治敬三である。佐治は形式上母方の親類の養子になっただけで、鳥井家で育った。佐治は早速ビール業界進出を宣言し、社名を「株式会社寿屋」から「サントリー株式会社」と改めた。「サントリービール」は一九六七年から発売された。佐治の時代になって事業はさらに拡大された。現在、サントリーグループは、酒類、食品事業をはじめ、医薬、花、健康食品事業など新規分野にも取り組み、さらに海外にも進出し、飲料ビジネスなどを世界各国で幅広く事業展開している。二〇〇三年末現在、グループ各社一六九社の連結売上高は一兆三一九八億円で経常利益は五六二億円である。

（永野　慎一郎）

◆参考文献

杉森久英『美酒一代　鳥井信治郎伝』毎日新聞社、一九八六年
山口瞳・開高健『やってみなはれ　みとくんなはれ』（新潮文庫）新潮社、二〇〇三年
「はじめ物語」大阪風味―くいだおれ大阪どっとこむ! http://www.kuidaore-osaka.com/

鳥井信治郎

中島知久平

Nakajima Chikubei

1884–1949

飛行機王の技術は車のエンジンに生きている

（中島飛行機・富士重工業）〔群馬県〕

〝てんとう虫〟の誕生

一九五八年三月ひな祭りの日、富士重工業から一台の軽四輪乗用車が発表された。「スバル三六〇」空冷二気筒、三五六ＣＣ、一五馬力。高い走行性と低価格で、たちまち大衆車として人気を集め、曲線のかわいらしいスタイルから〝てんとう虫〟の愛称で呼ばれる。一九六〇年に一万五四六三台を生産したのに対し、六六年には五万一九五二台と三倍以上を増産し、国内の軽自動車生産の四〇％を占めた。こうして、てんとう虫は当時、高根の花だったマイカーを庶民の手のとどく所にまで運んできたのだった。この名車を生み出したスタッフは、戦前の飛行機づくりのさきがけとなった「中島飛行機」生き残りの技術者たちである。富士重工業の前身が中島飛行機製作所であり、その創設者が中島知久平である。

スバル三六〇につづき、富士重工業は初の量産ＦＦ車「スバル一〇〇〇」を生産し、水平対向エンジン、４ＷＤシステムなどを発展させてきた。そこには、中島知久平が大空に架けた航空機開発の精神がひきつがれている。

日本航空機工業の夜明け

二〇〇三年は、人類がはじめて動力付きの飛行機で空を飛んでから一〇〇年。米国のライト兄弟が、ガソリンエンジンを付けた自家製の複葉機で五九秒、二六〇メートルの距離を飛んだ一九〇三年一二月、中島知久平は一九歳、海軍機関学校に第一五期生として入学した。

一九〇七年、海軍機関学校を三番で卒業した中島は「明石」「須磨」「常磐」などの軍艦で実務訓練を受け、日露戦争でロシアから分捕った老朽艦「石見」に乗っている時に海軍機関少尉に任官した。忙しい艦上勤務の合間に、下士官集会所で飼っている鷲の生態を観察したり、新しい飛行機の情報を伝えるドイツの雑誌を読みふけったりしている。飛行機製作の夢が少しずつ現実味を帯びてきたといえよう。

この頃、すでに米国ではライト兄弟が飛行機製作会社をつくり、欧州各地でデモンストレーションをやっている。一方、フランスではアンリ・ファルマンが複葉機で空中旋回の技術を披露し、一九〇九年、ブレリオは初めての単葉機でドーバー海峡を横断し、時速七五キロを記録した。この翌月、世界最初の国際飛行大会がフランスのランスで行われ、三八機が参加、二三機が離陸して六日間スピードを競った。この年の終わりに、オーストリアのエトリッヒが単葉機を完成、翌年、ドイツのルムプラー社が、その製作権を買い取ってルムプラー「タウベ（鳩）」型として売り出した。

こうして、米国や欧州の国々は大空に華やかに翼を広げてみせ、飛行機のない国をうらやましがらせた。日本の航空界もじっとしてはいられない。帝国飛行協会はドイツからタウベ型単葉機二機を買い入れた。また、一九〇九年七月、「臨時軍用気球研究会」という公式の機関が設けられた。勅令第二〇七号によると「陸海軍大臣の監督下で、気球および飛行機に関する研究を行う」機関で、陸海軍の現役軍人と学識者で構成された。知久平は、発足二年後に同会の御用掛に任命されている。

知久平は、かねてから米国かフランスに行き、航空界の実情をこの目でみたいと思っていた。一〇年三月、「生駒」勤務を命じられた。この年五月六日、英国のジョージ五世が即位した記念にロンドンで日英博覧会が催され、生駒は、両国の親善をはかるため公式に派遣されることになった。

中島機関中尉は、艦が途中マルセーユに入港すると、これ幸いと上官にフランスの航空界を見学したいと申し出た。無茶な言い分に艦長も機関長もびっくりしたが、彼は「これからは飛行機の時代」であることを熱心に説いて、艦がロンドンからの帰りマルセーユに寄港するまでの間、フランスにとどまって視察することを認めてもらった。こうして、彼は約四〇日間、各地の飛行場や製作工場、発動機工場を見て回り、多くを学んだのであった。

やがて海軍大学の選科学生として、一年間航空の研究をやることになった。操縦と製作のため、横須賀市追浜にできた飛行場で仕事を始めた。この地は旧海軍航空隊発祥の地で、貝山緑地公園に記念碑が建っている。一三年になると、横須賀海軍工廠造兵部に配属され、飛行機造修工場長になった。ここで海軍初の国産機、日本海軍式水上機（カーチス七五馬力）を完成する。

一四年、造兵監督官に任命され、発注した飛行機、発動機の生産を監督するためフランスに出張したが、出発に先立ち「大正三年度予算配分ニ関スル要望」を提出した。その頃、航空研究への予算はわずかで、しかも大半は飛行訓練に振り向けられ、飛行機の国産化や改良進歩を図るための予算は微々たるものであった。知久平は、要望書の中で「国家経済の破綻さえ引き起こしかねない大艦巨砲主義を一日も早く改め、わが国の国情に合った航空兵力の重視の政策に即時転換すべきである」と強調した。

経済的に貧しいわが国の国防は、航空機中心にすべきであり、世界の航空情勢に追いつくには、民間航空機産業を興さなければならない、との信念を抱いていたのである。知久平は軍を退役して民間に下り、飛行機の開発・生産に専念する決意を固めた。

中島飛行機製作所の旗揚げ

関東平野がようやく尽きようとする群馬県の東南端、新田郡尾島町。北に赤城山を望み、南に利根川が流れる。中島知久平が生まれ育った地である。

中島知久平海軍機関大尉は、海軍に休職願を出す一方、郷里の農家の養蚕小屋を借りて「飛行機研究所」の看板を掲げた。一九一七年五月であった。一二月には予備役に編入され、晴れて民間航空機事業の第一歩を踏み出した。本拠も尾島町から太田市に移した。「子育て呑竜さん」の名で今も賑わっている大光院の近くである。後に、陸軍に制式採用された一〇〇式重爆撃機「呑竜」も、僧名の呑竜さんにあやかってつけた機名だ。

この辺りは、飛行場を造るのにも格好の場所だった。利根川の沖積地が広がり、付近は河原や耕地、荒れ地だから、練習機が墜落しても人に被害を与えることはない。こうした地の利のうえに、人の和も知久平にはあった。地元からの応募者をはじめ、彼が造兵部にいたときの部下も集まり、部品工場や飛行機組み立て工場も新設されていった。

旗揚げの翌年、出資者である神戸の肥料商石川茂兵衛が破産してしまった。その財産整理に当たっていた関西財界の有力者、日本毛織会社社長川西清兵衛が資金援助を引き受けることになった。川西とは、のち経営戦略の相違から袂を分かつことになるが、この提携によって中島式一型機の試作は順調に進み、一九一八年七月に完成した。これは中島式一型1号機と名付けられ、直ちに試験飛行が行われたが、離陸後すぐに墜落大破し、つづく2号機も失敗に終わった。次の3号機は約一七分飛んだが、着陸後溝にはまって壊れた。これを修理した4号機も墜落……。

中島式試作機が、地を蹴って飛び立とうと挑戦を続けていた一九一八年の七月から八月にかけて、全国で米騒動の嵐が吹き荒れていた。米不足と投機のために米価が急騰し、さらにシベリア出兵による米の思惑買いが、これに輪をかけた。太田の町の人たちは、世情にひっかけて「札はだぶつく、お米は上がる　何でも上がる　上がらないぞい中島飛行機」と陰口をたたいた。

苦しい草創期だった。しかし、知久平以下社員は黙々と工夫を重ねた。一九一九年、新しい試作機四型6号機が出来上がり、試験飛行で尾島飛行場の空を舞った。一型、三型よりも浮力を増す新設計の翼に特長があった。この結果、陸軍から一挙に二〇機の発注があった。実際に納入したのは四型機を陸軍仕様に改良したもので、中島式五型といった。軍部が民間の飛行機工場に飛行機をつくらせたのは、これが初めてであった。このあと、陸軍からの大量追加注文や海軍の初発注が続くことになる。

エンジンの国産化も進める

中島飛行機製作所は機体の量産をいち速く軌道に乗せて、業績でも他社を引き離していたが、発動機の生産では遅れをとっていた。日本で航空発動機を造っていた民間工場は東京瓦斯電機工業が最も早く、次いで川崎造船所、三菱内燃機製造が中島飛行機に先行していた。

一九二五年、東京府豊多摩郡井荻町上井草（現・杉並区桃井）に発動機工場が完成、稼働を始めた。その頃、日本の航空発動機は四五〇馬力どまりで、ほとんどが水冷だった。中島は英国・ブリストル社の空冷星型九気筒ジュピターの製造権を得て、着々と空冷発動機生産の準備を始めた。水冷を早々に打ち切ったことは、当時、イスパノイザで水冷王国を誇っていた三菱とともに、日本の発動機業界を二分することになった。

一九三〇年六月、国産第一号の四五〇馬力「寿」を完成させ、その三年後、一〇〇〇馬力をめざして

「栄」が生産された。栄系エンジンは小型、軽量、高性能をねらった設計で、海軍の零式艦上戦闘機（「零戦」）、夜間戦闘機「月光」、陸軍の一式戦闘機「隼」などの名機に搭載し、太平洋戦争中に米英軍機をおおいに悩ませた。

「エンジンの音轟々と、隼は行く雲の上、翼に輝く日の丸の……」。戦争中に歌われ、またヒットした映画「加藤隼戦闘隊」に登場した「隼」の名を、七〇歳代以上で知らない人はいないだろう。

知久平の政界進出と敗戦後の民需転換

中島知久平は、一九三〇年二月の第一七回総選挙に群馬一区から無所属で立候補し、最高点で当選した。「軍部の方針を大艦巨砲主義から航空機重点主義に転換させる必要がある。そのためには、政界で発言力のある指導的な立場に就く以外にない」と考えていた。

政友会総裁、鉄道大臣を務め、敗戦後に東久邇内閣の軍需相から商工相となるが、A級戦犯容疑者となった。健康を害して収監を免れたものの、自宅拘禁のまま世を去った。

戦後、中島飛行機は富士産業と社名を改め民需転換を図ったが、GHQの財閥指定により一五社に解体された。そのうちの主要五社が一九五三年七月、富士重工業株式会社を創立し、母体としての中島飛行機を継承している。

（大塚　栄寿）

◇参考文献

富士重工業株式会社編『富士重工業三十年史』一九八四年

豊田穣『飛行機王・中島知久平』講談社、一九八九年

渡部一英『日本の飛行機王　中島知久平』光人社NF文庫、一九九七年

石橋正二郎

Ishibashi Syoujiro　1889-1976

ブリヂストンの創業者
地下足袋から始めたイノベーター

〈ブリヂストン〉〔福岡県〕

仕事をするなら、人のため

石橋正二郎は、一八八九年二月一日に福岡県久留米市で仕立物業を営む石橋家の二男として生まれた。誕生日の二月一日が旧暦の正月二日に当たることから、正二郎と名づけられた。正二郎が生まれた頃の石橋家の家業は屋号を「志まや」といい、着物を縫う仕立屋であった。三歳年上の長男・重太郎は健康に恵まれ、腕白で、外交的であった。二男の正二郎は物静かな、家に篭りがちな少年であった。正二郎は一八九五年に小学校に入学したが、当時の小学校は四年制であった。小学校時代は欠席が多かったが、学業成績は抜群であった。小学校を卒業後は高等小学校に進み三年で卒業して、四年制の久留米商業学校に最年少で進学した。

一九〇六年、久留米商業学校卒業後、大学への進学を考えていたが、心臓病を患う父の強い反対によって、進学を諦め、長男の兄・重太郎が取り仕切っていた家業の手伝いをした。成績抜群であったため、神戸高等商業高校（現在の神戸大学）に進学していたならば、卒業後はまったく違った将来が約束されていたであろう。しかし、素直に現実を直視して、今何をしなければならないか、を適切に判断した。その答えは、進学を諦めてまで、家業を継ぐ以上、「〝人のために〟なる仕事をしたい」。正二郎の第一歩はここから始まった。

革新的な経営システム導入

当時、「志まや」は日々多種多様な品物の注文に応じる仕立物業であった。シャツから下着まで注文に応じた。すべて手作りであった。そのとき、正二郎と一緒に一日中働いていた徒弟は一〇人ほどであった。一九〇六年、兄が軍隊に入隊したことから、外回りの仕事も、家内仕事もすべて正二郎一人に任されてしまった。仕立屋は地域の注文に応じるだけで、非能率、しかも重労働であり、これ以上商売の発展は望めない、と判断した。周囲の反対を振り切ってこの仕事に見切りをつけた。このとき若干一八歳であった。これからは、全国展開のできる、そして社会のニーズのある《モノづくり》をすることが必要だと考え、足袋の製造に特化した。さらに、徒弟制度を廃止し、賃金制度を導入するなどの大胆な改革を行った。徒弟は仕事や技術を身に付けることが目的で奉公しているために、無給でしかも労働時間は長かった。こうした社会通念に真っ向から反対し、徒弟に給料を払い、労働時間も短くした。徒弟を使用人として、待遇改善を図った結果、生産性は飛躍的に向上した。こうした正二郎の経営手腕は短い期間に次々と発揮された。一九〇八年、新工場の建設に伴って、縫製ミシンの動力化や、裁断機が導入された。これによって、足袋の大量生産が可能となり、翌年には足袋の売上額が二三万二〇〇〇足、総額七〇〇〇円の利益を計上するまでになった。正二郎の経営革新は着実に実を結んだ。

このようなときに、正二郎の将来を予言するような出来事があった。一九一二年、正二郎は足袋の宣伝を行うために、東京から二〇〇〇円の自動車を買い入れた。これは地元九州を走った第一号の自動車で、東京でさえ自動車は三〇〇台しか走っていなかった時代だったから、宣伝効果は予想以上にあった。「志まや足袋」は近代化路線を走り続ける。その業績は着実に上がり、一九二四年、「志まや足袋」は「アサヒ足袋」と社名を変更した。これが日本中に知れ渡った「波にアサヒ」のアサヒ足袋の誕生であった。社名変更と同時に正二郎式イノベーションが始まった。「アサヒ足袋」は合理的な価格決定システムを他社に先駆けて導入した。それまでは足袋の種類やサイズによって価格が付けられていた。九文の足袋は二七銭、一〇文だと三〇銭というように一〇段階に値段が付けられていたために、価格表をみて値段の確認をしなければならなかった。客も面倒であったし、店の対応も大変であった。こうした販売方式を転換させるユニークな思考力を正二郎は持ち合わせていた。足袋の値段をすべて市価より二割安い一足二〇銭で統一した。客の反応は予想以上で、注文は増え、売れ行きは好調となった。均一価格足袋を売り出したときには従業員はたったの一〇人、一日二〇〇〇足の生産であったが、革新的な経営システムの導入によって、わずか四年で一日二万足、従業員は一〇倍の一〇〇人に増員、さらに注文に追いつくために新工場の建設に伴い三〇〇名の従業員を抱えるまでになった。こうして「アサヒ足袋」は日本で一、二位の足袋メーカーに成長した。

イノベーター正二郎、地下足袋で成功

次なる正二郎の挑戦は、布製の足袋からゴム製の足袋への新製品開発であった。社名が変わって四年後の一九一八年、再び社名を「アサヒ足袋」から「日本足袋」へと変えることになったが、資本金は一〇〇万円であった。折しも、第一次世界大戦後の不況の煽りを受けて、足袋の販売不振に喘ぐ日々が続いた。在庫の山ができた。このとき、「日本足袋」のピンチを救ったのは正二郎の社会のニーズを感知する鋭い感性と人々への思いやりであった。当時の地下足袋は足袋底に糸でゴムを縫いつけていたた

め、糸が切れてしまうと、ゴムも剝がれてしまった。地下足袋の寿命は長くはなかった。日々、研究開発が続けられ、誰も想像しなかったアイデアが生まれた。そのヒントは自転車タイヤにあった。自転車のタイヤは布を二枚張り合わせ、それにゴムを張ってある。足袋にゴム底を付ければ耐久性のある地下足袋となる。日給が五〇銭から一円の時代に労働者は一足五銭もする「草鞋」を毎日買わなければならなかった。「草鞋」では一日か二日しか使い物にならない。労働者の履物代が、生活を圧迫していた。

一九二二年「貼り付け式ゴム底足袋」が努力の甲斐あって完成し、実用新案として出願された。新製品の売上げは好調であった。その年の九月一日、関東大震災が起きた。震災後の復旧作業用に地下足袋が使われ、まさにゴム底足袋は飛ぶように売れた。

二〇世紀の主役は自動車

正二郎は二〇世紀の世界を席巻するものは自動車であることを見抜いた。その頃、日本では八万台程度しか自動車が走っていなかった。ところが、すでに米国では二〇〇〇万台を上回る自動車が走り回っていた。「これからは車の時代だ」。一九二八年、正二郎は自動車用のタイヤの製造に参入する決意をした。一九二九年にはタイヤ製造用機械を米国に発注し、「日本足袋」の倉庫で、タイヤの試作品作りを始めた。極秘でタイヤの試作品に取り組んだ。そのとき、タイヤに刻印するマークを「石橋」の英文字に当たる「ストーンブリッヂ」と当初は考えた。語呂と親しみやすさを考えて、最終的には「ブリッヂストン」に落ち着いた。

一九三〇年に国産自動車用タイヤ一号が完成した。翌年、久留米市にブリッヂストンタイヤ株式会社を資本金一〇〇万円で設立した。ところが、生産が始まると、不良品の山となった。この時の対応が、ブリヂストンの将来の発展の基になった。「誠心誠意お客様に尽くす」をモットーに正二郎は三年間で一〇万本のタイヤの無料交換に応じた。一方では、品質向上に地道な努力を重ねた。これがブリヂストンの品質責任保証体制の始まりであった。「品質のブリヂストン」がユーザーの心をがっちり捉えた。

一九四二年に社名を日本タイヤ（株）に変更するとともに、本社を東京の京橋に移した。終戦後、ブリヂストンタイヤ株式会社に社名を戻した。海外からの技術援助の申し出もあったが、あくまでも日本の技術、日本の資本で世界トップレベルのタイヤづくりを目指した。そのために、正二郎はユーザーの声に耳を傾けた。タイヤのミゾやトレッドパターンなどのユーザーの声を集め、悪路にも強い、耐久性のあるタイヤの技術開発に生かした。こうしたことが功を奏し、一九五三年には国内市場第一位となった。売上高は一〇〇億円を突破した。より一層耐久性のあるタイヤの開発が進められ、一九六四年、日本初の乗用車用ラジアルタイヤが開発された。

メセナ活動も事業の一環

正二郎の経営理念である独創性のある良いものを作り続ければ利益は自然についてくる。その利益は投資に使うか、社会に還元する。それが東京のブリヂストン美術館や久留米市の石橋文化センター、さらには東京国立近代美術館などの文化事業である。教育事業にも情熱を注いだ。たとえば、石橋兄弟は一万坪のキャンパスと校舎を久留米市に寄贈し、九州医学専門学校（現在の久留米大学）の創立に尽力した。

正二郎がことのほか絵画に興味を示したのは坂本繁二郎から直接絵の指導を受けたことから始まった。坂本がフランス留学から帰国後も、正二郎と繁二郎の家族ぐるみの付き合いが続いた。繁二郎から、友人の青木繁の美術館ができないものか、との相談があった。このことが発端となって、正二郎は黒田清輝、藤島武二、安井曽太郎などの日本画を精力的に収集した。これがいわゆる石橋コレクションの始まりとなった。コレクションの中には重要文化財となっている青木繁の「海の幸」、藤島武二の「天平の面影」などのたくさんの名画が含まれている。終戦後はゴッホ、ルノアール、ピカソなど印象派・ポスト印象派の絵画から、ロダンの彫刻などの作品の収集に並々ならぬ心血を注いだ。

父から息子へ継がれた志

一九五六年、正二郎は株式から絵画にいたるまで、私財を投じて石橋財団を設立した。正二郎によって収集されたたくさんの高額な美術品、いわゆる石橋コレクションは一九六一年にこの財団に寄贈された。石橋コレクションが財団に寄贈されるまでに五年の歳月を要した。美術品の点数が多く、しかも高額のものが多かったために、鑑定に手間取ったからである。世界一流の名画をいつでも、財団の管理する美術館で鑑賞できる。これこそ正二郎が思い描いていた「人々の幸せのために仕事する」、それを実践したものだ。こうした社会貢献に対して、従三位勲一等瑞宝章を叙勲した。二〇〇二年には「日本自動車殿堂」入りをしている。正二郎はブリヂストンの社長として、会長として、さらには相談役として一九七六年に八七歳でこの世を去るまで生涯現役で走りつづけた。

「常識をやぶり、柔軟な思考力で発想の転換を行う。すべての仕事に真心で、情熱を持って取り組み、理想を追い求め、人々の幸せになる仕事を忍耐強く続ける。」こうした正二郎の精神は長男の幹一郎に受け継がれた。石橋財団の設立に際して、父正二郎から私財を投じて財団を設立したい旨の提案があった時、息子幹一郎は「私は心から賛成する」と二つ返事で承諾した。

（石橋　春男）

◆参考文献
石橋正二郎『理想と独創　世の人の幸せのために』ダイヤモンド社、一九六五年
ブリヂストンタイヤ株式会社編『石橋正二郎』一九七八年

松下幸之助

Matsushita Kounosuke　1894–1989

世界最大の家電メーカー松下電器の創業者

（松下電器）〔和歌山県〕

三人で松下電器創設

松下幸之助は和歌山県の農家で生まれた。父が米相場に失敗したため、九歳の時、小学校を中退して大阪に行き、住み込み従業員として働いた後、大阪電灯に就職した。その頃、市内を走る電車をみて電気の将来性を予感し、電気事業に関心を持ち始めた。電気関連の仕事をしながら、電気コードの取り付けを簡単にするソケットを考案した。自分で会社を設立して改良ソケットを造って売れば儲かるだろうと考え、夫人の弟・井《い》植《うえ》歳《とし》男《お》（後の三洋電機創業者）を郷里から呼び寄せ、大阪電灯の同僚二人を誘い、夫人も含めて五人で会社を設立した。しかし、ソケットは造ったもののまったく売れなかった。二人の同僚は離れていき、生活は厳しく夫人が質屋に通うほど貧乏生活であった。それでも幸之助は希望を捨てずに電気器具の考案に熱中した。

一九一八年三月七日、電気器具の製作に本格的に取り組むために、「松下電気器具製作所」を創立した。幸之助と義弟・井植歳男、そして夫人の三人でスタートした。最初の製品はアタッチメントプラグであったが、品質がよく価格も安かったため、よく売れた。続いて考案した二灯用差込みプラグはさらに好評であった。第一次世界大戦後の長期不況の時も松下電気器具製作所は順調に販売を伸ばしていた。

二三年三月、松下電器の発展の基礎となった自転車用砲弾型電池ランプを開発した。幸之助は、自転車の灯りがローソクか石油ランプであり、電池式ランプもあるものの、電池寿命が二、三時間しかもたないことから、実用的な電池式ランプの考案を思いついた。研究の結果、三〇～五〇時間点灯し続ける砲弾型電池ランプの製作に成功した。画期的な製品の開発であったが、どこの問屋も取り扱ってくれなかった。幸之助は、大阪中の小売店に無料で置いて回り、実際に点灯実験をしてみせ、結果がよければ売って下さいと頼んだ。松下電器の運命をかけた販売戦略であった。この実物宣伝が功を奏し、小売店から次々と注文が殺到した。さらに、二七年四月には角型ランプを完成した。幸之助はこれを国民の必需品にしようと「ナショナルランプ」と名づけた。「ナショナル」のブランド名を使用するのはこれが最初であった。発売に際して、販売店に一万個の見本品を無料提供した。この販売策は大当たりであった。

電熱器分野にも進出した。当時、電熱器はラジオとともに文化生活の先端をいく製品であったが、値段が高くて一般家庭には手の届きにくい商品であった。幸之助は一般家庭でも買える値段で、品質のよい電熱器の開発をめざし、電熱部を設置した。最初の製品は電気アイロンであった。アイロンは四～五円で売られていたが、松下電器は新製品のアイロンを一万台生産し、三円二〇銭で売り出した。この値段は量産によって可能であった。当時、国内で販売されていたアイロンは月一万台であった。幸之助は手頃な値段で品質のよいものであれば、消費者は喜んで買ってくれるだろうと考えた。アイロンは予想以上に好調な売れ行きであった。アイロンに続いて、同じ方針で電気コタツの開発に取り組み、新開発のサーモスタットを使用した電気コタツを開発した。これも従来の半値程度で、品質も優れていたので好評を博し、四、五年の間に、市場の七～八割をナショナルのコタツが占めるようになった。

昭和恐慌を積極経営で乗り切る

一九二九年、新工場の完成とともに、本格的に大衆家電製品の開発に乗り出した。事業を拡大し、積極的な活動を展開しはじめた頃、昭和恐慌が起こり、政府の引き締め政策の結果、売上げが半減し、在庫があふれる事態が生じた。工場建設直後で資金も不足していた。この危機を乗り切るためには従業員を半減すべきであるという意見が幹部の間から出た。幸之助は熟慮のすえ、「生産は半減するが、従業員は一人も解雇しない。給与も全額支給する。工場は半日勤務にして生産を抑える。その代わり店員は休日を返上して在庫の販売に全力を尽くしてほしい」と指示した。この方針は、全従業員に快く受け入れられた。全員が一致して危機打開のために販売に協力したため、二ヵ月で在庫は一掃され、工場はフル生産に入るほどの活況を取り戻した。とくにランプの売上げは大幅に伸び、月二〇万個も売れるようになった。全員参加で危機を乗り切ろうとした幸之助の経営戦略はみごとに当たった。確たる信念で臨めば不景気ほど儲かるという経営哲学であった。このような幸之助の積極的な経営方針は、その後の松下電器の経営に大きな影響を与えることになった。

幸之助は、一九三二年五月五日を松下電器創業記念日とし、全従業員を集め、生産者としての松下電器の使命について、「産業人の使命は貧乏を克服し、富を増大することである。そのためには、物資を大量生産し、安い価格で提供することだ」と説き、物資を無尽蔵にして、楽土建設という使命達成のための「二五〇年計画」を発表した。松下電器は家庭電化製品を大量に生産し、水道の水のような安価な製品にして供給するという経営方針をとった。これが「水道哲学」と呼ばれている彼の経営哲学でもある。

事業部制採用～責任経営の独立採算制～

一九三三年、幸之助は製品分野別の責任経営方針を採用し、独自の発想による「事業部制」を実施した。工場群を三つの「事業部」に分け、ラジオ部門を第一事業部、ランプ・乾電池部門を第二事業部、配線器具・合成樹脂・電熱器部門は第三事業部とした。この改革によって、各事業部はそれぞれの傘下に工場と出張所をもち、商品の開発から生産、販売、収支まで一貫して責任をもつ独立採算制の事業体となった。事業部制の目的について、幸之助は「自主責任経営の徹底」と「経営者の育成」を挙げている。この事業部制は当時としては画期的な機構改革として評価された。

戦後、松下電器は積極的な事業展開をめざして販売力、技術力、製造力の強化に着手した。販売会社を設立して全国展開しながら、これと並行して月賦販売会社を設立した。新しい月賦販売制度は軌道に乗り、ラジオの民間放送開始と共に、ナショナル・ラジオの売行は急速に伸びた。松下の販売網は地方単位から府県単位に細分化され、販売力は大幅に強化された。細分化された販売網は電化ブームの到来によって、ナショナル製品の普及に大きな力となった。松下電器はデフレ下の苦しい経営状況のなかでも生産設備を更新し、自動化を推進した。さらに技術革新に本格的に取り組み、独自技術を開発し、時代のニーズを先取りした商品づくりに重点をおいた。家庭電化時代の到来をいち速く予測した松下電器は、五一年に洗濯機、五二年にテレビ、五三年には冷蔵庫を発売した。「三種の神器」と呼ばれて人々の憧れの的であった。「良い製品を安く大量に生産する」という水道哲学の理論を実践して急成長した。

さらに、松下電器は事業分野の拡大に伴い、五六年に一一事業部を一五事業部に細分化し、新鋭工場を次々と建設して本格的な量産を始めた。幸之助は、五九年一月、「どの工場も世界的水準の工場にする」として、ラジオ、部品、乾電池、蓄電池、洗濯機、掃除機、冷蔵庫、電機、配電器、松下通信工業などの新工場を次々と建設した。ただ工場の建設や設備の拡張は必ずしも製品コストの切り下げにつながらなかったので新工場は事業部の独立採算制とした。その結果、過度の膨張を抑制し、一つの製品分野に限られた人間の創意と能力を集中できた。そして新しい設備をフルに活用し、事業を飛躍的に伸ばした。

フィリップス社との提携と独自技術開発

一九三五年には、社名を松下電器産業株式会社に改称した。その後、戦時体制となり、軍の要請に応じて木造船や木製飛行機などを製造したので軍需産業に関与したとのことで、戦後、松下電器は財閥に指定され、幸之助は公職追放A級の指定を受けた。そのため経済活動が一切できなくなったが、労働組合の請願運動が功を奏し、一九四七年に幸之助は公職追放指定を解除され、一九四九年には財閥指定も解除された。

経済活動を再開したばかりの松下電器は朝鮮戦争の特需によって急速に成長した。幸之助は、日本経済の再建のためには世界的視野の経済活動が必要であると考え、一九五一年一月、米国視察に出かけた。米国の高度大衆消費社会の豊かさを実感した。GE社が作った標準型ラジオが二四ドルで売られていたが、この値段は同社従業員の二日分の賃金に値する。ところが、日本では松下製ラジオが九〇〇〇円前後であった。それは同社従業員一ヵ月半の給料なのだ。はじめての米国視察、引き続きの欧州視察から多くのことを学んだ。戦後復興には欧米から先進技術の導入が必要であると痛感した。

松下電器は、エレクトロニクス分野での技術提携先として戦前から取引があったオランダのフィリップス社を選んだ。フィリップス社側は、提携の条件として、新会社に対して、イニシャル・ペイメント五五万ドル、株式参加三〇%、技術指導料六%を要求した。幸之助は、「技術に価値があるなら、松下電器の経営にも価値がある」と経営指導料を主張した。結局、ロイヤリティーは、技術指導料四・五%、経営指導料三%で交渉が成立した。幸之助は経営の価値を正当に評価する経営指導料を認めさせた。こうして、新会社・松下電子工業株式会社が誕生した。松下電子工業は世界トップレベルのフィリップス社から真空管やブラウン管の最新技術を導入して、ラジオ、テレビなどのエレクトロニクス応用機器の品質向上に努めるとともに、独自の技術開発に力を入れた。それが松下電器発展の基礎となった。

世界最大の家電メーカーへ

一九六〇年代の日本経済の高度成長期に、松下電器は事業分野を拡大するとともに、輸出にも力を入れ、さらに海外生産を積極的に推進するため、アジア、アフリカ、中南米諸国に海外工場を建設した。そして世界各地に海外販売網を作った。高品質、高性能な優良品の生産と販売を経営方針とした松下電器のブランド商品「パナソニック」「ナショナル」は世界中に普及されている。二〇〇三年三月現在の松下電器グループの年間売上高は、連結対象三八四社で七兆四〇一七億円、従業員数二八万八三二四名である。海外子会社・関係会社は四一ヵ国の二二六社で、名実ともに世界最大の家電メーカーである。

松下幸之助は、企業活動の他に、PHP運動（Peace and Happiness through Prosperity）、「繁栄を通じて平和と幸福を実現しよう」という思想啓蒙運動を展開し、一九七九年には若手政治家の育成をめざして財団法人松下政経塾を設立した。松下政経塾開塾以来、二〇〇三年一〇月現在、一九九名の卒業生を輩出した。そのうち衆議院議員二六名、参議院議員二名、都県議会議員一四名、都市町村議会議員一一名、知事一名、首長四名、合計五八名が中央および地方政界で活躍している。

生涯現役で、松下グループや社会のために働いていた松下幸之助は、晩年になって欲しいものは何ですかという質問に「若さ」ですと、答えるほど仕事好きな企業家であった。

（永野　慎一郎）

◇参考文献

松下電器株式会社『松下電器五〇年の略史』一九六八年

松下幸之助『私の行き方考え方』日本図書センター、二〇〇〇年

松下幸之助『松下幸之助　夢を育てる・私の履歴書』日本経済新聞社、二〇〇一年

松下電器　会社概要「社史」松下電器産業ホームページから

長瀬富郎（二代）

Nagase Tomiro Jr. 1905–1988

大衆消費社会の到来を予見した経営戦略

（花　王）〔岐阜県〕

二代長瀬富郎の時代

花王石鹼の花王（Kao）というネーミングには、明治の半ば、輸入石鹼の粗悪な模造品が横行し消費者の信頼を損ねていたのを憂え、顔（Kao）を洗えるほどの上質の石鹼を自ら製造販売しようとした創業者・初代長瀬富郎（一八六三〜一九一一年）の願いが込められている。

しかし日本の石鹼工業が、輸入品に対抗できるだけの品質の石鹼の量産化に成功し、完全に輸入代替を成し遂げたのは、大正末から昭和初期にかけてであった。花王の場合、二代長瀬富郎社長の時代がその時期に当たる。またこの時期は、都市の新興中産階層が消費文化の担い手として登場してきた頃であった。二代長瀬富郎は米国視察の経験から、日本にも大衆消費社会が到来することを確信し、製品そのものの開発はもちろん、広告・宣伝活動の革新、そして消費者により良いものをより安くというマーケティングの新機軸を打ち出し、国内トップメーカーの地位を築いていった。

社長就任と組織改革

二代富郎は、一九〇五（明治三八）年二月、初代長瀬富郎の三男として生まれた（最初は、富雄を名乗った。以下、単に富郎とする）。初代が健康を損ね病床に伏し、長瀬商店の経営について遺言状にしたためた時、富郎はわずか六歳であった。このとき初代は、長瀬商店を合資会社に改組し、その代表社員に就任するとともに、弟の祐三郎《ゆうざぶろう》、常一《つねいち》を無限責任社員、富郎以下八名を有限責任社員として登記申請した。合資会社設立後、間もなく初代は他界し、経営は二人の弟に引き継がれることになった。

初代の弟、祐三郎、常一コンビによる経営は、基本的には初代の方針を引き継ぐものであった。二人は、しばしば原料調達面での困難な状況に直面しながらも、「花王石鹸第一主義」を守って堅実な経営を行っていった。しかし一方、旧来の大店の経営にみられたような徒弟制度や販売方法などは、震災以後の復興過程で生じた全国的な販売流通網の変化とそれに伴う販売活動・取引方法の変化のなかで、次第に時代遅れのものとなりつつあった。

一九二五年、富郎は同志社大学を中退し、合資会社長瀬商会に入店、同年、資本金二五万円の花王石鹸株式会社長瀬商会が新たに設立され、旧来の合資会社はこの株式会社に合併される形となった。次いで一九二七年、祐三郎は代表取締役を辞任し常任監査役に退き、富郎が社長に就任した。

富郎は社長に就任すると同時に、まず組織改革に着手した。最初に重役会を、次いで重役会メンバーが参加する各部門別会議を設置した。これによってトップとミドルの会議が制度化され、さらに店員と工員（ホワイトカラーとブルーカラー）の交流を可能にする協議会という組織も作られた。こうした組織革新は、経営から思いつきや感情を排して合理的な事業を行うためのものであり、「人材の登用と一致協力の精神」を涵養しようとする理念に基づくものであった。

さらに富郎は店員を社員、社員見習、雇用店員の三種に分け、それに応じた採用基準、賃金体系、勤

長瀬富郎(二代)

務時間、停年制を導入し、労務管理の近代化を推進していった。

こうした大胆な組織改革が必要とされた理由の一つには、石鹸業界自体の競争環境の激化という側面も大きかった。また、次々と参入してくる同業他社との競争に打ち勝つためには、これまでとは異なる安価で良質の石鹸製品を投入していく必要があった。

欧米視察と花王石鹸の改良

富郎は、花王石鹸改良のヒントを得るために、一九二八年六月から約九ヵ月間東北大学卒業の新進技師であった川上八十太《かわかみやそた》を伴い欧米視察に出発した。欧米の石鹸工場視察を中心にした旅であったが、富郎に最も深い印象を与えたのは、大量生産・大量消費時代をまさに迎えていた米国の現状であった。とくに「凡ての点において、アメリカの石鹸工場内でのプロクター&ギャンブルに最も好意を持ち、且つ興味を持った」と、富郎はわざわざ日本に書き送っている（『花王史一〇〇年』八八頁）。

帰国後、富郎が真っ先に取り組んだのは大量生産に向けた花王石鹸改良の研究であった。「研究の研究会」と名付けられたこの会合は、技術者と経営者の意見交換・情報交換を中心に一二回にわたって続けられ、一九二九年五月からは「新装花王石鹸」発売に向けての体制づくりが進められていった。

この「新装花王石鹸」では、とくに原料油脂の配合などに工夫と改良が重ねられ、試作品も第一号から八号が製造され、このうち第七号を製品化することが決定された。石鹸の香料については、最初は女子工員らにアンケートを行ったりしたが決まらず、最終的には成分内容を公開することを条件に外部の香料会社の協力を仰ぎ、その後、ながく親しまれることになる花王石鹸の香りが決定された。またこれら原料調合などの基礎研究と同時に、石鹸製造工程中、最も時間がかかる（したがって費用もかかる）乾燥の工程にドイツ製のトンネル式乾燥機を導入、そのほかにも切断機、包装機などの機械設備が導入され、大量生産体制が整えられていった。

　富郎が石鹸の大量生産体制づくりに腐心したのは、日本にも大衆消費社会が確実に到来するであろうことを、米国の現状から見て取ったからにほかならない。やがて新装花王石鹸の発売を目前に、米国は大恐慌の波に襲われ、日本もまた昭和恐慌のどん底を経験するのであるが、富郎の計画の根幹自体は寸毫もゆるぐことはなかったのである。

広告の刷新と販売流通網の整備

　もう一つ富郎が心肝を砕いたのは、広告の刷新と宣伝活動であった。とくに富郎の片腕としてこの広告刷新を支えたのが、広告部長の太田英茂《おおたひでしげ》であった。太田は海老名弾正《えびなだんじょう》（一九二三年から同志社総長）のもとでキリスト教伝導活動を行っていた異色の経歴の人物であったが、日本フェビアン協会機関誌『新人』廃刊後の一九二六年、海老名を通じて富郎の知遇を得、長瀬商会に入り広告を担当することになった。太田は広告部（二九年に営業部から独立）に東京美術学校出身の高橋鉄雄《たかはしてつお》（飛鳥哲雄《あすかてつお》）、森永製菓のパッケージデザイナーとしての経歴をもった奥田政徳《おくだまさのり》を専門デザイナーとして採用した。また「新装花王」のデザインについては、コンペで選出することとなった。このコンペに出品したのは、当時の商業デザイン界を代表する杉浦非水《すぎうらひすい》や前衛舞台芸術家の村山知義《むらやまともよし》らの作品であったが、出品された試作品総数、二八点（八名）の中から最終的に選ばれたのは、出品者中最年少であった府立工芸学校講師の原弘《はらひろむ》の作品であった。このデザインはのち昭和二〇年代まで花王石鹸の包装紙として親しまれることになる。

　さて「新装花王石鹸」の発売に向けての研究開発、広告刷新が着々と進み、発売のメドが立っていった一九三〇年末、重役会は取引先の見直し、小売り単価と卸建値の設定、発売記念特売、旧花王の買い戻しなどを決定した。取引先の見直しは、当時問題となっていた小売段階での乱売、値崩れを防ぐために複雑な流通網を整理し、代理店、デパート、小売店との直接取引を進めるためのものであった。また品質も「純度99・4％」（＊P＆Gのアイボリー石鹼が99・44％を謳い文句にしていたのを模した）を前面に出しつつ、正価一〇銭という切りの良い価格付けをすることで値崩れを防ごうとした。さらに代理店に対しては、旧花王の二ダースと新製品三ダースを引き換えるという画期的な流通在庫圧縮策を行うことを決定した。そしていよいよ、一九三一年三月をもって「新装花王」が全国的に発売されたのである。

しかし、満を持して投入された「新装花王」は、予想を上回る旧製品の返品と新製品の認知度の遅さに苦戦を強いられる。また現実には取引先の整理も完全にはなされないままの見切り発車であったために、新旧花王が流通網に併存し、一時は〝偽花王〟まで現れた。

『花王史一〇〇年』は、「製造、販売はじめ各部門の改善努力が実をあげるには二ヵ年以上を要した。そして、［中略］一九三三年になると「新装花王石鹼」の売上高は著しい伸びを示し始め、翌年には四九八万ダース、五二二万円に達し、急速に業績の改善をみることとなった」（一〇四頁）と述べている。しかしもう少し大局的にみるならば、この間の各部門の改善努力もさることながら、日本の社会全体が大衆消費社会へ向かう流れをいち速く見抜いた富郎の戦略が重要であった。富郎の企業家としての成功を、「新装花王石鹼」の事例だけでとらえるべきではない。なぜならば、富郎は「新装花王」開発中からすでに、トイレタリー・マーケットの拡大を予測し研究開発怠りなく、消費者の多様なニーズに応じた多品種化戦略を準備していたからである。

消費者のニーズに応じて

研究・試作中の髪洗い石鹼の名称が「花王シャンプー」として発売されたのは、一九三二年四月であった。発売当初、花王シャンプーの成分は石鹼にソーダ灰と硼砂を混合し、それに若干の白陶土、酸性白土を加えたものであったが、一九三八年には高級アルコールを配合した製品となり、広告・宣伝の目新しさも手伝ってヒット商品となっていった。

富郎は、「花王シャンプー」発売一〇ヵ月後、今度は洗濯石鹸発売の可否を議事に取り上げ、またその際に「ソープライン」(石鹸を中心とした製品の系列化) の試案を提示した。これは合資会社時代以来の「花王石鹸第一主義」を転換させる画期的なものであった。

この新方針にしたがって、すでに発売されていた花王シャンプーに続き、「スター石鹸」、「月星洗濯石鹸」、チューブ入りクリーム石鹸「花王パート」、「オリーブ水石鹸」、小粒洗濯石鹸「ビーズ」、家庭用クレンザー「ホーム」などを次々と製品化していった。さらに富郎は、一九三四年九月、馬喰町花王ビル内に家事科学研究所を設立した。この研究所は、「家事は婦女子の末技」と軽んじられてきた家事全般を科学的に分析し、家事労働の省力化に対して花王の製品がいかに役立つかを実証しようとするものであった。研究所は全国各地で花王製品を用いた講習会を開催し、一九四〇年までの六年間に参加者延べ一五〇〇万人を動員したのである。

時代はやがて暗い谷間の時代に入ってゆき、花王もまた原料統制などを受けつつ苦難の時期を迎える。しかし戦後、日本が本格的な大衆消費社会を迎えると、花王の製品の多くは、消費者に受け入れられていった。その礎石を戦前期に築いていったのが、二代長瀬富郎であった。

（中村　宗悦）

◆参考文献
日本経営史研究所・花王株式会社社史編纂室編『花王史一〇〇年（1890〜1990年）』花王株式会社、一九九三年
佐々木聡・藤井信幸編『情報と経営革新―近代日本の軌跡』同文舘、一九九七年

本田宗一郎

Honda Soichiro

1906–1991

夢を力に世界のHONDAを築いた起業家

〔本田技研工業〕〔静岡県〕

本田宗一郎の生い立ち

本田宗一郎は、松下幸之助と並んで現代の日本で最も人気の高い経営者である。松下電器産業を築いた松下幸之助が「経営の神様」と称され、尊敬を集めているのに対して、本田宗一郎は、バイクと自動車の機械とエンジンの開発に注いだ夢と情熱ゆえに、またエネルギッシュでネアカな人柄ゆえに、経営者から技術者まで多くの人々から愛されつづけている。

本田宗一郎は、一九〇六年に浜松郊外で鍛冶屋を営む本田儀平の長男として誕生した。この父子に共通した性格を示すエピソードがある。宗一郎が小学校五年生の頃、浜松歩兵連隊にアメリカ人の操縦による飛行機が飛来した。これを、みたい一心の宗一郎は、学校をズル休みして二〇キロも離れた浜松まで一人で出かけ、飛行の様子をみて大感激した。このことを知った父儀平は、宗一郎をしかるどころか、むしろ息子の飛行機に対する強い憧れとひたむきな行動に対して大いに感激してしまったという。宗一郎が後年に示す機械やエンジンに対する強い好奇心とあくなき研究行動は父親譲りのものである。

本田技研前史

高等小学校卒業後、東京・湯島の自動車修理工場「アート商会」に修理工見習として就職した。当時、鍛冶屋から自転車屋に転業していた父親の影響であろう。一九二二年から六年間、ここで自動車修理技術を習得し、一九二八年に二二歳で独立、浜松で「アート商会支店」を設立した。この経営は順調で店員数五〇名を超えるほどになったが、やがて地方都市での企業成長にさまざまな限界がみえ始めたため、これを廃業した。そして、一九三七年に自動車用ピストンリングを製造する「東海精機株式会社」を設立した。このピストンリング製造は商品として量産できるようになるまで血みどろの苦戦が続いたと思われる。製品の販売先はトヨタ自動車であったが、三万本製作して納入できたのはわずか三本という時期もあった。しかし、研究開発の努力は実を結び、またトヨタ自動車から四〇%の出資も得て、資本金一二〇万円の企業に成長した。だが、一九四五年、敗戦によりピストンリング製造は停止してしまった。そこで東海精機をトヨタ自動車に四五万円で売却し、次なる転進を図ることになった。

本田技研の誕生

次なる事業を模索していた本田宗一郎は、一九四六年に後のＨＯＮＤＡを生むことになる重大なキッカケを偶然にも手に入れたのである。それは、本田がたまたま訪れた友人宅で、旧陸軍の無線機発電用の小型エンジンを目撃したことに端を発している。「これを自転車用の補助動力に使おう」というアイデアが本田の頭にひらめいた。当時、戦争中に軍が使用していたこの小型エンジンがもはや不要となって近辺にごろごろしていた。これを買い集め、大衆の足だった自転車に付けることはかつての自動車修理業での経験で容易なことであった。

一九四六年にホンダ技術研究所を設立し、自転車に改造した小型エンジンを付けた「モーターバイク」の製造を開始した。この製品アイデアは見事に成功し、スタート時に月産二〇〇〜三〇〇台だったのが月産一〇〇〇台にまで急増した。だが、このモーターバイク製造が成功すればするほど、その遅いスピードと低い耐久力に不満が感じられるようになった。そこで、「どうしても強力なフレームをもった強い馬力のオートバイを作りたい」と本田は考えた。一九四八年本田技研工業株式会社を設立し、自らエンジンのアイデアを描き、工員と議論を重ねながら、一九四九年に完成したのがスピードに夢を託すという願いが込められて命名された「ドリーム号」という本格オートバイであった。

この時点で本田技研は、月産一〇〇〇台のモーターバイクというドル箱と将来の夢を乗せたドリーム号という新製品をもって有望企業となったが、それは次の飛躍の踊り場に立っていることを意味していた。次の飛躍を可能にするための課題として本田が考えたのは二つであった。その一は、生産量が増えるにつれて重要性が増大する販売問題、とりわけ販売代金の迅速で確実な回収であった。製造能力と販売能力のバランスの取れた経営といってもよい。他の一つは経営者としての本田宗一郎のパーソナリティに関連したものである。本田は、地縁、血縁、世間体といった浜松でのしがらみや一種ののんびりした風土は自らの能力や個性発揮に邪魔をし始めていると感じていた。そこで自らをより開放的で創造的にするためには、より刺激の強い東京で思う存分仕事をしてみたいと強く思うようになった。前者の課題は一九四九年に販売や財務に優れた能力をもつ藤沢武夫を常務取締役に迎え入れ、その方面の経営問題を担当してもらうことで解決を図った。後者の課題は、一九五〇年に東京営業所設置、一九五二年に本社を東京に移転することで解決を計った。当時、成長の踊り場にあった本田技研は、こうした二つの課題に対してきわめて本田宗一郎らしい個性的な解決方法で対応したといえるだろう。この時以後、社長の本田宗一郎は研究開発、藤沢武夫（まもなく副社長に就任）は営業と財務にそれぞれ専念する共同経営者として機能し始め、両者の個性に磨きがかかることになった。

発展する本田技研

本社を東京に移転し、藤沢武夫という経営のパートナーを得て、本田技研は不況下の昭和二〇年代末から本格的な成長軌道を歩むようになった。一九五三年から矢継ぎ早に成長にとって重要な意味をもつテーマを実践に移し始めた。

一九五三年には四億五〇〇〇万円の工作機械を輸入した。本田宗一郎の考えでは、国際競争力の高い性能の良いエンジンを製造するためには優れた工作機械を海外から直ちに輸入する必要があった。この時点での資本金は六〇〇〇万円であったが、その七〜八倍の設備投資を断行したのである。この巨額な投資資金の借り入れに対応するために、販売代金回収のスピード・アップは藤沢武夫に課せられた至上命令であった。そのためにさまざまなマネジメントの工夫が行われたが、「このときに会社の基礎が固まった」と後に本田宗一郎は感慨深く振り返っている。

一九五四年に、欧州のオートバイ・レースであるマン島TTレースの出場宣言を行い、五九年に初出場し、このレースで第一位から五位まで独占する完全優勝を果たした。夢を実現すべく目標として社会に宣言し、挑戦を重ねて勝ち取るという本田流の成功パターンが確立された。これ以後、夢に挑戦するホンダ流は四輪車進出、F1レース出場、低公害エンジンCVCC開発などの成功によってこの会社の伝統として定着している。

本田宗一郎は一九五四年の社内報で「わが社運営の基本方針」として、次の六項目を掲げた。①人間完成の場たらしめること、②視野を世界に広げること、③理論尊重の上に立つこと、④完全な調和と律動の中で生産すること、⑤仕事と生産を優先すること、⑥常に正義を味とすること。この時期には、前述のように生産技術水準の大幅向上、各分野のマネジメントのシステム化の徹底、技術、生産、販売などの分野での国際化のスタートなどが次々に開始され、また株式の店頭公開も行われたりして、会社全体が成長軌道を歩み始めたのである。そのため、増えつづける社員や部門の間に共通の行動基準や価値観、あるいは企業文化といったものを明示的に確立する必要性が高くなった。また、これに先立つ一九五一年にはわが社のモトーとして三つの喜び、すなわち、「作る喜び」「売る喜び」「買う喜び」の実現に向け全体的努力を方向づけることを宣言している。

このように本田技研の企業成長の軌跡は、一見、無謀な夢、現実離れした目標とも思えるものを大胆に公表し、実現に向けて猛スピードで行動するという本田宗一郎の個性的な生き方のリズムが支配しているように思われる。個性的経営者が編み出した個性的企業成長パターンであると表現できよう。こうした結果、一九五五年に二輪車生産で国内一位を達成して以来、日本のトップメーカーとして君臨し続けている。しかし、四輪車メーカーとしてみた場合、本格的な市場参入は一九六七年であり、国内メーカーとして後発組に属するので、一般的な評価では大企業へ脱皮する直前の段階にあるともいわれており、直面する課題とともになお未経験な課題も数多く存在することが予想される。

自動車メーカーHONDAのチャレンジ

二輪車メーカーとしての本田技研は、文字通り世界一といってよい。だが四輪車メーカーとしてのHONDAのスタートは遅く、一九六二年のスポーツカーS360開発から始まっている。ここでも「本田流」が貫かれ、まずF1レース参加宣言を世界に公表した上で、一九六四年にF1初参加、そして翌一九六五年メキシコGPでは早くも初優勝を飾ってしまった。こうした世間を驚かせる成果を土産にして一九六七年に軽自動車N360の大ヒットで国内市場に華々しくデビューした。また同年に小型車進出も宣言し、一九六九年にH1300を発売した。このH1300は、しかし商業的には、本田流の独自性を強調するあまり、空冷エンジン搭載にこだわりつづけた本田宗一郎の失敗作であった。この失敗から本田宗一郎は、「あなたは本田技研の社長としての道をとるのか、あるいは技術者として残るのか。どちらかを選ぶべきではないか」と藤沢副社長に選択を迫られたといわれる。本田宗一郎が選んだのは社長として残る道であり、この時期以後、本田技研の研究開発のイニシアチブは研究所の技術者集団に委譲された。技術の天才、本田宗一郎の役割が終了したことを示す出来事だった。

本田宗一郎の本田技研における役割の終了を促したもう一つの出来事は一九七二年のCVCCエンジンが世界で最初に米国のマスキー法一九七五年規制値に合格したこと、およびこのエンジンを搭載した低公害小型車「シビック・CVCC」が発売され、大ヒットしたことである。「シビック・CVCC」の成功は天才企業家、本田宗一郎の引退の花道を飾るにふさわしいものであり、引退を提案した副社長、藤沢武夫も同時に引退した。二人の引退は一九七三年であり、本田宗一郎六五歳、藤沢武夫六一歳であった。

（永林　惇）

◆参考文献

本田宗一郎『俺の考え』実業之日本社、一九六三年
本田宗一郎『スピードに生きる』実業之日本社、一九六四年
本田宗一郎『本田宗一郎　夢を力に』（日経ビジネス文庫）日本経済新聞社、二〇〇一年

井深　大　Ibuka Masaru　1908-1997
盛田昭夫　Morita Akio　1921-1999

技術力と経営能力の融合が生んだ大躍進

〔ソニー〕〔栃木県〕〔愛知県〕

井深　大

盛田　昭夫

百貨店の一室からスタート

一九四五年一〇月、戦禍の傷も癒えぬ町中に焼け残った日本橋白木屋（現・東急百貨店）の一室で東京通信研究所をスタートさせた井深大、そしてすぐに経営に加わった盛田昭夫、この二人の卓越した手腕により無名の町工場であった東京通信研究所は、東京通信工業株式会社へと改組、さらにソニーへと社名の変更を経て、世界に冠たる大企業へと飛躍したことはあまりにも有名である。

井深が新しい技術の開発に挑戦し、新商品を生み出す。そして盛田がニューヨークの五番街やパリの凱旋門にショールームを設けて、新商品の素晴らしさを世界に浸透させてゆく。メイド・イン・ジャパンが粗悪品の代名詞であった戦後の状況下で、無名の町工場は二人の絶妙なコンビネーションにより、高い技術と優れた経営で世界に認められるエクセレント・カンパニーへと大躍進したのである。

二人の創設者の誕生と出会い

井深大は一九〇八年に栃木県日光町清瀧で、父井深甫《いぶかたすく》と母さわの長男として生まれた。甫は古河鉱業日光製鉄所の技術者であったが早くに亡くなり、母が再婚したため、井深は愛知県安城市で祖父の基《もとい》に育てられた。中学時代は、こづかいを貯めて買った真空管で無線機を作るなど無線に夢中となり、早稲田大学理工学部電気工学科に入学後は音や光の電圧変調の研究を行った。一九三三年に大学を卒業し、ＰＣＬに就職した。ＰＣＬ（フォト・ケミカル・ラボラトリー）は映画会社トーキーの下請けの研究所で、井深はそこで録音技術の研究に携わった。その後、日本光音への転職を経て、一九四〇年に知り合いの技術者とともに日本測定器を設立し独立した。社長が植村泰二、専務が小林恵吾、そして専務が井深という陣容であった。軍の要請で井深は熱線誘導の研究に着手したが、その研究のために開かれた戦時研究会で、盛田昭夫と邂逅した。

盛田昭夫は一九二一年に愛知県名古屋市で、父盛田久左ェ門と母収の長男として生まれた。久左ェ門は江戸から四〇〇年続く造り酒屋の一四代目であり、盛田家の暮しは豊かであった。母はクラシック音楽が大好きで、レコードを買ってきては蓄音機で聞いて楽しんでいた。その影響で、盛田は音楽に興味をもつようになる。米国から電気蓄音機が日本に入ってきた折に盛田家でもすぐに購入したが、盛田はその音の良さに感動する。そして中学時代には電気蓄音機を自ら作るなど、技術がもたらす魅惑の世界を追い求めるようになる。盛田は大阪帝国大学理学部物理学科を卒業し、海軍航空技術廠で技術担当中尉となったが、その時に出席した戦時研究会で井深と出会う。

戦時研究会での邂逅と別れ、そして再会

一九四三年一一月、井深と盛田は東京会館で行われた戦争中の軍の戦時研究会で運命的な出会いを果

たした。井深は日本測定器で周波数継電気を新しく発明したが、それはさまざまな兵器に応用できる余地があった。陸軍から熱線追従型爆弾に使いたいという要請があった。そして作られたのがマルケと呼ばれる熱線誘導兵器であった。それは熱電対で受けた熱の変化を断続して増幅し、敵機の熱源に向けて爆弾の方向を決め命中させるというものである。陸軍最大のプロジェクトとして、当時としては莫大な金額である二億円という予算が組まれた。この研究が熱源に向かって進路を決め命中する熱線爆弾を作るところまで進んだ時点で、研究会のメンバーは玉音放送を聴くことになる。戦争は終わり、目標は失われた。敗戦の失意と混乱のなか、研究会のメンバーも散り散りとなった。しかし運命の糸は再び二人を引き合わせることになる。それはある新聞のコラムによりもたらされた。

戦争が終わり、盛田は愛知県の実家に戻っていた。ある日、盛田が朝日新聞のコラム「青鉛筆」に目を通すと、そこに井深の名前を見出したのである。井深は終戦の年の一〇月に日本橋白木屋の三階に東京通信研究所を設立し、ラジオの修理と改造を行っていた。それが新聞のコラム(一九四五年一〇月六日)で紹介されたのである。盛田はすぐさま井深に手紙を出し上京した。二人の再会は、世界のＳＯＮＹへ向けての始動を意味していた。

トランジスタラジオへの挑戦

井深と盛田は再会の翌年一九四六年五月に共同出資により、東京通信研究所を東京通信工業株式会社(東通工)に改組した。井深は専務取締役に、盛田は取締役に就任したが、資本金一九万円、従業員三〇名足らずの小さな町工場であった。

井深と盛田はテープレコーダーの開発を決めた。高周波バイアス法の特許を安立電気(現・アンリツ)から購入し、試行錯誤の末、一九五〇年に製品として日本初のテープレコーダー「Ｇ型」を開発した。

G型は一六万円と高価であり（当時の大学卒の初任給は一万円）、当初、買い手がつかなかったが、速記の代用として最高裁判所に、また音楽・語学教育用として学校に売れるようになる。そして一九五二年、井深はテープレコーダーの販路拡大のためアメリカに視察に赴くが、そこでトランジスタの特許公開のニュースに接する。

トランジスタはベル研究所のショックレー、バーディーン、ブラッテンの三人により発明され、製造特許は親会社のウエスタン・エレクトリック社（WE社）が保有していた。そのWE社がトランジスタの特許を公開するというニュースに井深の企業家精神は奮い立った。特許料は二万五〇〇〇ドル（約九〇〇万円）と高額であったが、井深はトランジスタの可能性に社運を賭ける決意を胸に帰国する。そしてすぐに井深はこの決意を盛田に伝える。盛田の洞察も井深の直感と同様、トランジスタ製品の新時代の幕開けを見抜いたものであった。盛田は渡米し、WE社とライセンシー契約を締結する。

ライセンシー契約はノウハウ契約と異なるため、トランジスタの開発を東通工が独自に行わなければならない。開発するといっても、トランジスタ製造の資料は盛田が持ち帰った「トランジスタ・テクノロジー」という本が一冊あるのみである。この本を頼りに東通工の技術者たちの奮闘が始まった。当時のトランジスタの歩留まりは悪く、米国でも五％程度である。また米国でさえ補聴器にしか使えないような低い周波のトランジスタしか開発されていない。その状況下で井深が下した判断は、なんとトランジスタラジオの開発であった。工作機械から開発してゆかねばならない、未踏の領域への挑戦である。設備投資に必要な莫大な資金は三井銀行からの借り入れで賄ったが、真空管しか知らない三井銀行の審査部員に、トランジスタとは何であるか、なぜその開発が有望であるかということを理解させることは至難の業であった。

世界初のトランジスタラジオの製造をめざし、寝食を忘れ開発に没頭する東通工の技術者を落胆させるニュースが一九五四年一二月に飛び込んでくる。米国のリージェンシー社が世界初のトランジスタラジオ（TR—1型）を開発したという知らせである。世界初の夢は破れた。しかし東通工は一九五五年一月に国産初のトランジスタラジオTR—52型を開発、八月にはそれを改良したTR—55型を発売した。そして一九五七年三月には世界で一番小さいトランジスタラジオTR—63型を開発する。このTR—63型は本格的な輸出製品の第一号であり、世界のSONYを確立する上で重要な製品の一つであった。価格は一万三八〇〇円、輸出価格は三九・九五ドルであった。

世界のSONYへ飛躍

東通工が世界をめざし輸出を重視することになったのは、一九五三年に盛田がオランダにフィリップス社を見学に行ってからである。小さな農業国にあって、世界に認められエレクトロニクス製品を製造するフィリップス社を視察した盛田は、東通工の製品を世界に広めようと決意する。盛田は一九五七年八月に渡米し、大手の電気機器販売会社アグロッド社と長期契約を結び、東通工製品の輸出を拡大させた。同年のクリスマスシーズンにはTR—63型を日本航空の特別貨物で空輸したほどである。また世界の人々に覚えてもらいやすい社名に変更する必要性を感じた盛田は井深と相談し、一九五八年に社名をソニー株式会社に変更した。新社名SONYは、音（SOUND）の語源であるラテン語のソヌス（SONUS）と、当時流行していた可愛い坊やという意味のSONNYとを掛け合わせた造語である。性能の良いトランジスタラジオ、そして後のテレビがSONYブランドの名を世界に広めてゆくわけであるが、それに盛田の海外販売網の構築が大きく貢献した。

盛田の尽力によりニューヨーク、香港、チューリッヒに事務所が設置され、アイルランドのシャノンに工場が開設された。一九六〇年二月にはニューヨークにソニー・アメリカが発足し、米国の代理店を通さずに販売するシステムが確立された。

次に、井深はトランジスタテレビの開発を決断する。ソニーは一九五九年、一一月に世界初のトランジスタテレビ（モノクロ）ＴＶ８—３０１を開発し、さらに一九六二年四月一七日、世界最小・最軽量のマイクロテレビＴＶ５—３０３を新聞発表した。一〇月一日にはニューヨークにソニーのショールームが開設されたが、オープンセレモニーではマイクロテレビが話題の的となった。そして苦心の末、一九六八年一〇月、新型ブラウン管を採用したカラーテレビＫＶ—１３１０が完成、トリニトロンと命名される。トリニトロンは後にエミー賞に輝くことになる。井深は家庭用ＶＴＲ（ベータマックス）の開発に成功するが、標準規格を巡りＶＨＳに敗れる。しかし一九六八年にはＣＢＳ・ソニーレコード設立（盛田が代表取締役）、一九八八年コロンビア映画買収など、ソニーの快進撃は続くことになる。

井深は一九九七年一二月に急性心不全にて逝去（享年八九歳）し、盛田も一九九九年一〇月に肺炎のため逝去（享年七八歳）したが、二人の偉大な企業家精神は経営陣に継承され、ソニーは二〇〇三年、資本金四七六五億円、従業員数一万七一五九名、売上高二兆五二六二億円となっている。

（加藤　正昭）

◆参考文献

ソニー広報室『ソニー自叙伝』ＷＡＣ、二〇〇一年
（財）幼児開発協会『井深大　盛田昭夫　日本人への遺産』ＫＫロングセラーズ、二〇〇〇年
井深大『「ソニー」創造への旅』グラフ社、二〇〇三年

小倉昌男

Ogura Masao

1924–

クロネコヤマトの宅急便の創始者

（ヤマト運輸）〔東京都〕

近距離・小口貨物輸送から長距離・大口貨物輸送へ転換

小倉昌男は、大和運輸（現在・ヤマト運輸）の創業者・小倉康臣《おぐらやすおみ》の次男として東京都渋谷区で生まれた。父・康臣は三〇歳の時、トラック四台で運輸業を始めた。当時トラックは全国で二〇四台しかなかった。大和運輸は三越やそごうなどの百貨店の配送業務、旧国鉄と連携して貨物を運ぶ通運事業、路線トラック部門を主な業務とし、近距離・小口貨物運送に特化していた。昌男は、東京大学経済学部を卒業し、一年間、会社勤務の後、一九四八年に父の運輸会社に入社した。同社の百貨店部長、営業部長を勤めながら、基幹事業である路線トラック部門に力を入れた。その一環として、長距離・大口貨物輸送システムに転換した。戦後、道路の舗装が進み、トラックの輸送能力が向上した。一方では、日本経済の高度成長期に入り、家電製品の普及が始まった。家電の生産は松下電器産業、シャープ、三洋電機などの関西系メーカーが得意であった。しかし、最大の消費地は東京とその近郊であったので、家電製品は東海道の西から東へ運ばれた。大量の物流の移動に着目して、小田原―大阪間の路線免許を運輸省（現・国土交通省）に申請したが、既得権業者の反対によって、免許取得まで三年近くかかった。大阪―東京間の長距離便がスタートしたのは一九六〇年三月であった。

六五年に専務に就任した昌男は、生産性向上に取り組んだ。輸送効率を向上させるためにトレーラーシステムを導入した。普通のトラックの最大積載量は一〇トン、トレーラーを使用すれば最大一五トンまで積める。さらに牽引するトラクターと貨物を積むトレーラーを切り離すことも可能である。起点と終点では別のトレーラーで荷物の積み下ろし作業ができるため、輸送効率が飛躍的に上昇した。また、六七年からは乗り継ぎ制を積極的に採用した。東京と大阪を往復する場合、運転手は午後に出勤して荷を積み、夜九時頃東京を出発、翌朝七時頃大阪に着き、仮眠してから夜に大阪を出発、三日目に東京に戻ってきた。昌男は、中間の浜松で上り下りの運転手がトレーラーを交換し、折り返すようにした。東京の運転手は浜松往復で仕事を終え、自宅に帰られる。家族サービスができ、労働時間の短縮になった。

二代目社長就任～会社は沈没寸前～

一九七一年三月、病気の父に代わり、昌男は四六歳で二代目社長に就任した。会社の経営状態は最悪であった。追い討ちをかけるように、第一次石油ショックが起こった。役員報酬の削減、役員車の廃止、社員の削減など、コスト削減で乗り切ろうとしたが、それでも経営は厳しかった。運賃収入の構造上の問題に気が付いた。大口貨物偏重の誤りであった。

昌男は、理想的な運送会社像とは何だろうと考えた。答えは「全国どこへでも、どんな量の荷物でも運べる会社」であった。その時、以前に読んだ牛丼の吉野家の新聞記事が頭に浮かんだ。メニューを牛丼に絞り込んだら、利益が増えたという話であった。逆の発想であった。昌男は理想的な運送会社をめざす代わりに、取り扱う荷物を絞り込むことを考えた。これが、宅急便というコンセプトの最初のヒントであった。ある時、昌男は息子の古着を千葉に住んでいる甥に送ろうとしたが、運送会社社長の自分でさえ送る手段がなかった。当時の運送会社は企業のみを顧客としていたため、家庭から出る小さい荷物は相手にしなかった。国鉄小荷物と郵便小包はあったが「親方日の丸」でサービスが悪い上、日数もかかるので主婦は敬遠していた。これが第二のヒントであった。第三のヒントは日本航空が売り出した「ジャルパック」であった。航空券、ホテルの予約、市内観光、添乗員など海外旅行に必要なものを全部パッケージにすることで、誰でも気軽に海外旅行を楽しめるという一種の「旅行の商品化」であった。

昌男は、家庭から家庭へと荷物を運ぶサービスをうまく商品化すれば、主婦は喜んで利用するだろうと考えた。主婦を対象にする以上、サービス内容が明快でなければならない。地帯別の均一料金、荷造り不要、原則として翌日配達、全国どこでも受け取り、どこへでも運ぶ。しかし、このような新事業で果たして商売として成り立つのか。家庭の主婦を対象に安定的な需要を確保できるか、真剣に悩んだ。

日本最初の宅配便の誕生

七三年九月、昌男は視察のためニューヨークを訪問した。マンハッタンを歩いている時、十字路の周囲に米大手運送会社ユナイテッド・パーセル・サービスの集配車四台が停車しているのを見た。一瞬、「宅急便は成功する」と確信した。四つ角に車が四台あるということは、ワンブロックにつき一台。車台数をもっと多くし、サービス内容が良ければ顧客は増えるに違いないと考えた。当時の運送業界では昌男の発想は非常識であった。役員会は全員反対。昌男は企業相手に商業貨物輸送を続けたのでは大和運輸は生き残れないと判断し、新しい業態に転換し、新しい市場を開拓するしか道はないと賭けにでた。

一九七五年夏、宅急便開発要綱を作成し、役員会に提案し、反対を押し切って、了承を取り付けた。営業開始をめざして準備にとりかかった。宅急便にとって重要なことは集荷である。集荷のために大量の軽自動車を用意し、取次店は主婦になじみのある酒屋を選び業務委託した。利用者の立場、主婦の視点で考えた戦略であった。わかりやすくするために宅急便はブロックごとに均一料金とした。東京から中国地方行きなら岡山も広島も同じ料金。山村や離島も割増料金にせず、公平なサービスを提供した。ネーミングも重要であった。宅配、速い、便利というサービス内容を表す「宅急便」とした。

一九七六年一月、大和運輸社運を賭けた宅急便の営業を開始した。関東一円を対象地域にし「翌日配達」をアピールした。料金は一個当たり持ち込み四〇〇円、集荷五〇〇円であった。しかし、初日の取扱個数はわずか一一個。一ヵ月で九〇〇〇個未満であった。当分は利益を考えず、サービスを最優先に事業を推進した。宅急便事業では人件費、車両費、営業所の経費などすべてが固定費なので、損益分岐点を超すまでは利益がでない。分岐点を超すためには荷物の個数を増やすしかない。サービスの差別化と集荷および配達のスピード化が課題であった。営業所を増やし、社員を増員し、サービス重視の方針を貫いた。また、これを乗り切るために、「全員経営」を打ち出した。上司が部下に命令、監督するのではなく、第一線で働く運転手が自主的に行動し、客の信頼を得ないと宅急便事業は成り立たないと考えたからである。宅急便は電話一本で家庭まで取りに行き、翌日配達してくれるというサービスが口コミで広がり、開始二ヵ月で取扱個数約三万個、一年間で一七〇万個に達した。一応の目途がついた。

一九七九年は大和運輸にとって転換期であった。五〇数年間取引していた三越の配送業務から撤退し、松下電器産業など大口荷主からも撤退した。意識改革が必要であった。大口貨物輸送は宅急便とまったく性格が異なり、二兎は追えない。大口貨物をやめたため、路線事業は赤字となったが、宅急便の業績は倍々ゲームで伸びた。八〇年度には取扱個数三三四〇万個に達し、国鉄小荷物と肩を並べた。宅急便開始五年で黒字転換となった。八二年には社名を「ヤマト運輸」に改めた。

「官僚と戦う男」～規制緩和のパイオニア～

当時、路線トラックは免許制であった。八〇年八月、国道二〇号線（山梨路線）の免許を申請したが、運輸省は申請書類を引き出しにしまい込んでいた。地元業者の反対が強かったからである。八四年一月、免許の是非を審議する運輸審議会の公聴会が開かれ、昌男は冒頭陳述した。「宅急便は不特定多数の消費者を対象としており、既存業者の商業貨物輸送とは市場がまったく異なる」と主張した。審議会はこれを認め、同年五月に免許が下りた。八一年に申請した北東北路線の免許も棚ざらしにされた。運輸省は「業者の反対を抑えれば、いつでも免許を出してやる」という態度であった。運輸省の対応は行政権の放棄であり、消費者のことは何にも考えていないことに怒りを覚えた。申請から四年後、昌男は運輸相に対して行政不服審査法に基づく異議申し立てをしたところ、「慎重に審査しているので、申請をいったん取り下げよ」という回答であった。八六年八月、橋本龍太郎運輸相を相手取り、東京地裁に「不作為の違法確認の訴え」を起こした。監督官庁に対する前代未聞の行政訴訟であった。運輸省は裁判で勝つ自信がなかったのか、一〇月に運輸審議会の公聴会が開かれ、一二月に免許が発布された。争点がなくなったので、裁判は幻で終わった。この件以来、昌男には「官僚と戦う男」という異名がついた。

運輸省とは路線免許だけでなく、運賃問題でも衝突した。宅急便の料金は一〇キログラムまでのSサイズと二〇キログラムまでのMサイズの二種類あったが、もっと料金の安いサイズの要望があったので、Pサイズ（二キログラムまで）を認可申請した。運輸省の返事はノーであった。運賃認可制の趣旨は特定の荷主だけ安くするなどの不公平な行為がないかチェックすることである。民間企業の商品価格を決める権限はないはずだ。昌男はマスメディアを利用して世論を見方につけることを考えた。一九八三年五月一七日付の新聞各紙に、Pサイズを六月一日に発売するという広告を出した。運輸省に早期認可を促す狙いであった。それでも運輸省は動かなかったので、五月三一日付で「運輸省の認可が遅れているため、発売を延期せざるをえなくなりました」と書き、発売延期の広告を出した。これをみて運輸省は怒った。しかし、役所はマスコミと世論には弱い。これを利用するしかない。高い広告料を払って世論に訴えた。運輸省は結局、規制緩和の世論に押される形で、一九八三年七月に認可を発表した。

ヤマト運輸の宅急便事業が成功すると、同業者が続々と参入した。ヤマト運輸もさらなるサービスの向上が必要であった。一九八一年から「ダントツ三ヵ年計画」を開始し、全国ネットの完成、翌日配達地域の拡大に努めた。在宅時配達制度を開始し、新商品の開発にも力を入れた。ゴルフ宅急便、スキー宅急便、クール宅急便を開始した。ダントツ三ヵ年計画は三回繰り返された。

昌男が戦った役所は運輸省だけでなかった。郵便事業の国家独占を規定した郵便法第五条を盾に郵政省もさまざまな圧力をかけた。宅急便の中のポスターは「郵便法で配達が禁じられている〝信書〟に当たる」。クレジットカードの配達業務は郵便法違反であるなど。郵便法第五条は、国家以外の者がはがきや封書などを送達してはならない、と定められているが、何が信書に当たるのかは法律上明確でない。郵便法違反には三年以下の懲役、または一〇〇万円以下の罰金という罰則規定がある。運送業者だけでなく、荷主も処罰される規定である。郵政省は立件しなかった。しかし認めてもいない。事実上、放置状態なのである。昌男は世論を見方に官僚と戦ってきた規制緩和のパイオニアである。

ヤマト運輸は業界ナンバーワンとなった。二〇〇二年度の国内法人所得番付四八位。昌男はヤマト運輸会長時代の九三年九月、私財を投じてヤマト福祉財団を設立し、現在は理事長として障害者の自立と社会参加の支援活動を行っている。

（永野　慎一郎）

◆参考文献

小倉昌男『経営はロマンだ！　私の履歴書』（日経ビジネス文庫）日本経済新聞社、二〇〇三年
小倉昌男『小倉昌男　経営学』日経ＰＰ社、一九九九年

山内　溥

Yamauchi Hiroshi 1927–

ゲーム市場の誕生と変遷

（任天堂）〔京都府〕

任天堂からNintendoへ

今日ではNintendoブランドのもとで、デジタル・エンターテインメント界の雄として世界に君臨する任天堂。その歴史は一九世紀にまで遡るが、企業としての性格は一九八〇年前後から大きな変貌を遂げ、その前後ではほとんど別会社となったといえる。この一大転換を成し遂げたのは、先代社長の山内溥であった。それゆえ本稿ではあえて同氏を現在の任天堂＝Nintendoの「創業者」として位置づけることにする。

任天堂の歴史は一八八九（明治二二）年に、カルタ職人であった山内房治郎（溥の曾祖父）が設立した「任天堂骨牌」に始まる。もっぱら花札の製造販売を行っていた任天堂の第三代社長として、早稲田大学在学中だった山内溥が就任したのが一九四九年。わが国初のプラスチック製トランプやディズニーの絵柄を織り込んだトランプを発売し大ヒットさせるなど、経営は一応順調だった。しかし一九五六年に溥社長が、当時において世界最大だったカード会社「USプレイングカード社」を渡米視察したことが、その後の路線転換の契機となった。彼はこの会社が業界内では世界最大であるにもかかわらず、その規模があまりに小さいことに愕然としたという。花札・カード路線のうちに留まっている限り、企業としての飛躍は望めない。そう悟った溥は、以後、多角化路線を模索することになる。

当初はホテル経営やインスタント食品開発など、いささか無節操に手を広げようとしたがいずれも頓挫。転機は当時開発されつつあった電子玩具の分野で訪れる。携帯型ゲームの元祖ともいうべき「ゲーム&ウォッチ」を経て、一九八三年に発売された「ファミリーコンピューター」（ファミコン）が大ヒット（日本国内では最終的に一九一五万台を販売）、さらに一九八五年には Nintendo Entertainment System（NES）としてアメリカで発売され（四二五五万台）、Nintendo の名を世界的なものとした。

「アタリ・ショック」の影

その後、一九九〇年に上位機種である「スーパーファミコン」（全世界で四九〇一万台販売）を発売。これもたちどころに圧倒的なシェアを達成し、任天堂はビデオゲーム（「テレビゲーム」は和製英語）界の覇者としての地位を確立していく。しかしその間も常に山内社長の念頭を去らない懸念があった。それはファミコン発売直前にアメリカのビデオゲーム市場で生じたクラッシュ現象、通称「アタリ・ショック」再来の恐怖だった。

ゲーム機本体にプログラムが書き込まれたカセットや光学ディスク（ソフト）を挿入して、さまざまなゲームを遊ぶことができる。現在では普通になっているこの方式を確立したのが、一九七七年に米アタリ社が発売したゲーム機「アタリVCS（Video Computer System）」だった。アタリ社はハード（ゲーム機本体）の仕様を公開し、希望する会社には自由にソフトを作ってもらう方式を採った。ソフトが売れれば自社のハードも売れて利益が増大していくはずだ、というわけである。その結果、当時のハードの性能が限られていたこともあって、類似した粗製濫造ゲームが市場に氾濫して消費者に飽きられてしまう。一九八二年のクリスマス商戦でアタリ・ゲームはまったく売れず、市場はほぼ壊滅状態に陥った。以後NESが登場するまで、米国のゲーム産業は崩壊したままであった。

山内社長はこの事件から二つの教訓を汲み取る。第一に、ゲーム産業で利益をあげる鍵はハードよりもむしろソフトにあること。ハードを提供するメーカー（プラットフォームホルダー）はソフトを厳しく管理し、水準を一定に保たねばならない。またハード自体で利益をあげるよりもソフトによる収益を重視すべきである。第二に、ゲームは生活必需品ではないのだから、いつ人々に飽きられて売れなくなるかもしれない。したがっていたずらに先端技術を追い求めて過剰な投資を行ったりせずに、できるだけ身軽な状態を保っておくべきである。

「任天堂帝国」の構造

任天堂はアタリ社と異なり、他の会社に自由にソフトを造らせるのではなく、ライセンスを与えたソフトメーカーにのみ開発を許し、なおかつすべてのソフト（「マスクROM」と呼ばれる、集積回路を組み込んだカセット型のもの）はソフトメーカーからの委託を受けて任天堂が製造するという方式を採った。これにより粗製濫造ソフトの氾濫を防止するとともに、リスク抜きに収益を上げることが可能になった。任天堂はソフトを製造し、委託したメーカーに卸すだけでマージンを手にすることができるわけである（売れなかったとしても損失を被るのはメーカーのほう）。しかしこの商法が成立するためには、他社と競合する任天堂ハード＝ファミコンが、圧倒的なシェアをもっていることが前提となる。それを可能にしたのは卓抜なソフトメーカーとしての任天堂の力だった。一九八五年九月に発売された任天堂のソフト『スーパーマリオブラザーズ』によって、ファミコンは一挙に大躍進、完全な独占とはいえないにしてもそれに近い状態を創出する。八五年のファミコン本体の売上げ台数は、三七四万台、翌年は、三八三万台。一九八三年から八五年までの販売累計台数が二一〇万台であったことを考えれば、その躍進ぶりが伺えよう。爆発的に売れるソフト（「キラーソフト」と呼ばれる）によって一挙に自社ハードを普及させて独占的状態を形成し、ライセンシーに基づく収益構造を確立する。これが以後の任天堂の基本戦略となる。

また任天堂が典型的なファブレス（fabless＝自社工場をもたない）企業として知られているのは、先の教訓第二点に基づくものだろう。現在まで携帯ゲーム機市場をほぼ独占し任天堂の収益源の一つとなっているゲームボーイ（現時点で全世界で約一二〇〇万台）の開発者として知られる故横井軍平は、「枯れた技術の水平思考」という有名な言葉を遺している。任天堂の強さは最先端のテクノロジーを追い求めるのではなく、すでにピークを過ぎて安価に使用できるようになった技術や機器を、一ひねりして用いるところにあるのだ、と。この姿勢もやはり同様の文脈において理解できるだろう。

ファミコンによって確立されたこのような戦略は、スーパーファミコン（SFC、キラーソフトは「スーパーマリオワールド」「ファイナルファンタジー」「ドラゴンクエスト」両シリーズなど）およびゲームボーイ（同じく「ポケットモンスター」シリーズ）に関してはきわめて有効に機能したといえるだろう。かくして形成された「任天堂帝国」は盤石にして永続的であるかのように思われた。だからこそ一九九四年一二月にソニーが新型ゲーム機「プレイステーション（PS）」をひっさげてゲーム業界に参入してきた時も、山内社長の態度はきわめて冷ややかだった。あんなものが売れるわけがない、ソニーのゲーム機が百万台売れたら自分は社長を辞める云々と述べたとも伝えられる。

新たな勢力図

ソニーがゲーム産業に参与するに当たって採用した戦略の柱は次の二点だった。第一にゲームのプログラムを記録するメディアとして、従来のマスクROMに代わってCD—ROMを用いること。後者は前者に比べレスポンス（データの読み出し速度）という点では劣るものの、はるかに多くの情報を納めることができ、また安価かつ短時間に生産可能だった。第二にライセンシー方式を採りつつもソフトメーカーに対する統制を緩めて、基本的には自由にゲームを作ってもらうことである。

任天堂はこのいずれに対しても否定的な態度を採った。第一点に関しては「枯れた技術の水平思考」で十分であって、最新のメディアなどに手を出す必要はないという建前から、またおそらく本音としては従来のマスクROMの独占委託生産方式を守りたいという意図から、である。第二点に関しては（例によって）、それではアタリ・ショックを引き起こしてしまうという懸念が表明され続けたのである。

結果からいえばこのような任天堂の態度は誤っていた。PSに継続的に供給される多彩なゲームは消費者の心を捉え、普及台数は急速に拡大していった。ソニーはこれにより任天堂を抜いて、ゲーム業界の覇者の地位に就くことになる。当初、PSにはSFCで対抗できると考えていた任天堂も一九九六年六月になって後継機「Nintendo64」（N64）を投入したが時すでに遅く、PSの牙城を崩すことはできなかった。例の戦略に基づいてN64と同時に発売された「スーパーマリオ64」も、ゲーム内容のすばらしさについては誰もが認めるものの、もはやキラーソフトとして機能することはなかったのである。

成熟と喪失

このような勢力変化の背景の一つとして、娯楽としてのビデオゲームの成熟ということがあるのではないだろうか。新たなテクノロジーに基づく娯楽が立ち上がってきた当初は——たとえばかつての「総合芸術」としてのオペラに対して映画が、映画に対してテレビが、テレビに対してビデオが登場した際には——、消費者はその新たなメディアに触れるだけである種の喜びを覚えたはずだ。そのような状態のもとでは特定のコンテンツが万人に広く受け入れられたりもする。たとえば、テレビ普及期におけるプロレス放送のように、あるいは最近の事例でいえばＤＶＤ再生機（ＰＳ２を含む）における『マトリックス』のように、である。しかしそのメディアが広く普及するとともに消費者の好みも多様化し、もはや一つの作品が万人の心を捉えメディアの普及を牽引するということはありえなくなる。この段階においては重要なのはむしろ、多様なニーズに応えることができるよう、豊富で多彩なコンテンツを継続的に供給していくことであろう。

こうしてみると、キラーソフトによって市場を制覇することを前提とする任天堂の戦略は、新たなメディアの立ち上げの時期に合致したものだったことがわかる。おそらく任天堂のキラーソフト戦略の成功は、ちょうどこの位相にさしかかっていたビデオゲームと「娯楽産業は水物でいつ消えるかわからない」との（したがって逆に、一つのメガヒットによって一気に情勢を逆転することもできるという）山内の信念、そして彼の「面白いもの」を嗅ぎ分ける人並み外れた嗅覚とがうまく嚙み合うことによって生み出されたものなのだろう。この希有ともいうべき幸福な合致があったからこそ、ローカルな玩具メーカーが短時間のうちに世界的なエンターテインメント企業へと飛躍するという、類い希な成功が可能になったのである。

しかし今やこの「キラーソフト」中心のビジネス・モデルの神通力も、急速に色あせつつあるようにみえる。おそらく任天堂は、あらたな戦略を模索すべき時期にさしかかっているのではないだろうか。その意味では現在は任天堂の第三の創業期だといえるのかもしれない。ビデオゲームという、全世界を巻き込んだ新たなエンターテインメント分野をほとんど独力で開拓してきた任天堂の巨大な潜在能力をもってすれば、新たな活動スタイルを確立することによってさらなる飛躍の時期が訪れるであろうことは疑いの余地がない。

（馬場　靖雄）

稲盛　和夫

Inamori Kazuo　1932–

セラミック技術に賭けた夢

（京セラ、ＫＤＤＩ）〔鹿児島県〕

誕生から大学入学まで

稲盛和夫は一九三二年、父畩市《けいいち》と母キミの次男として鹿児島市薬師町（現城西町）に生まれた。父は印刷業を営むも、けっして裕福な暮らし向きではなかった。子供時代は反骨精神旺盛なガキ大将であったという。周知のとおり稲盛は、京都セラミック株式会社（現・京セラ株式会社）を起こした卓越した起業家であり、優れたセラミック技術者であるが、現在の栄光を得るまでの道程は紆余曲折に満ちたものであった。稲盛の言葉によれば、「潜在意識まで透徹するほどの強い持続した願望、熱意」が彼に数々の逆境を乗り越えさせ、マイナスをプラスに転換させて来たのである。

稲盛の人生における最初の大きな挫折は中学受験の失敗である。その失意からか、肺浸潤に罹る。当時、結核の一種である肺浸潤はけっして楽観できる病気ではなかった。この病気の体験が後に稲盛に薬学・医学系の道へ進むことを決心させることになる。しかしその夢も医学部受験の失敗により破れ、工学部へと進むことになる。しかしそれが、稲盛に技術者としての途を開かせることになるのである。

一九五一年、大阪大学医学部受験に失敗した稲盛は、試験日程の遅い地元の県立鹿児島大学（現・国立）工学部を受験し合格する。稲盛が鹿児島大学工学部応用化学科で有機化学を専攻したのは、希望していた薬学と関係が深いと思ったからである。大学生時代は文武両道をめざし、図書館に通い勉強すると同時に空手部に所属する。希望大学進学の夢は破れたが、学生時代を無為に過ごしはしなかった。しかし猛勉強した有機化学は後に専門とするセラミック技術とは無関係であったが、常に前向きに考える稲盛の精神は、このように一見不利と思われる状況をプラスに転換させてゆくのである。

セラミック技術との出会い

就職は大学で専攻した有機化学の知識を活かそうと、帝国石油など石油化学業界を志望するが不況による就職難のため採用されるに至らない。焦燥のなか、大学の教官から京都にある高圧電線向けの碍子《がいし》を製造するメーカーである松風工業を紹介され入社する。一九五五年、稲盛二三歳の時である。碍子とは電線を絶縁するために電信柱などに取り付ける陶器でつくられた器具のことである。就職が決まりはしたが、碍子は無機化学の分野であり稲盛が大学で懸命に勉強してきた有機化学とは分野が異なった。また当時の松風工業は銀行管理同然であった。あばら家同然の畳も敷いてない会社の寮に連れてゆかれ、茣蓙《ござ》を買ってきて敷き、その上で味噌汁だけがおかずの食事で過ごした。給料も遅配となり同僚も次々と退社してゆくなか、稲盛はその逆境をバネに、入社して出会ったセラミック技術を創意工夫により新技術へと進化させてゆくことになる。

松風工業での稲盛の配属は製造部研究課であり、高周波絶縁性の高いフォルステライト磁器の研究に携わる。当時の日本経済はテイクオフの段階にあり、テレビの需要が急増していた。松下電子工業からテレビのブラウン管に用いる絶縁用セラミック部品U字ケルシマの注文があった。松下電子工業はその部品を海外（フィリップス社）から輸入していたが、国産品を用いることを検討していたのである。稲盛は一年間の試行錯誤の末、日本で初めてフォルステライトの合成に成功する。合成されたフォルステライトはU字ケルシマに原料として用いられることになった。松下電子工業と取引関係を築き、注文は月を追って増えていった。稲盛が率いる開発チームはその成功により特磁課として独立し、会社を牽引することになる。入社二年目の新入社員が課を統率することになったわけである。そのように仕事が軌道にのった矢先に、突如として重大な転機が稲盛に訪れる。稲盛は松風工業を退社し、ベンチャー企業を起こすことになるのである。

京都セラミックのスタート

松風工業で特磁課の主任となった稲盛の許に、日立製作所からセラミック真空管の開発依頼が舞い込んで来た。稲盛は自分で開発したフォルステライト磁器を用いた試作を繰り返すも、思わしい成果がなかなか出せない。その時、社外から新しく来た上司である技術部長から、「君の能力では無理だな。ほかの者にやらせるから手を引け」といわれた。簡単に諦めず粘り強く試行錯誤を続けることで新技術は開発されるものであり、それを成し遂げることを信条に日々努力している若き技術者にとって、この無理解な言葉は働く希望を失わせるものであった。稲盛は即座に退社を決意する。順風満帆の状況下で、突如として不本意な状況に陥ったわけであるが、マイナスをプラスに転換してゆく稲盛の精神は大きく躍動を開始する。技術者として稲盛の能力は会社の元の上司や先輩そして後輩から信頼されており、人柄は人望を集めていた。それら稲盛を良く知る人々は稲盛の辞意を聞き、同時に退社する決意を固める。稲盛を含めた八人の同志は新たな会社を起こすことを決め、その決意を誓詞血判状に認《したた》めるのである。

一九五八年一二月、稲盛は松風工業を退社。一九五九年四月、出資者を募り、三〇〇万円の資本金と、京都銀行からの一〇〇〇万円の借入金で京都セラミック株式会社を創業する。中卒・高卒の新入社員も雇い、社員は総勢二八人、社長は筆頭株主の宮木男也（宮木電機社長）、専務は青山政次（稲盛の元の上司）、そして稲盛が取締役技術部長という陣容であった。宮木電機が倉庫として使っていた木造の古い建物を借りての創業ではあったが、松下電子工業からテレビ用のフォルステライト磁器製品の注文を大量に受け、創業して一年間の売上高は二六〇〇万円、経常利益は三〇〇万円の黒字決算であった。

新製品の開発と海外進出

名もないベンチャー企業を成長させるために稲盛が採った戦略が二つある。一つは他社が製造できない新製品を開発することであり、もう一つは海外進出である。先発メーカーが製造できるものを作れば、すでに信用を確立している先発メーカーに注文をとられてしまう。したがって京都セラミックは、他社が製造できない製品を開発する戦略を選んだ。また国内では系列取引などが障害となり、新会社である京都セラミックの製品を発注してもらえない。そこでオープンな海外市場に進出し、海外の有力メーカーに京都セラミックの製品が使われることになれば、その評判で国内メーカーからも受注を獲得できるであろうと考えた。海外進出を果たすべく稲盛は一九六二年に渡米するが、受注に結びつく収穫は得られない。しかし一九六五年の渡米の際にはテキサスインスツルメンツ社のアポロ計画に使用する抵抗用ロッドの受注に成功した。それを契機に米国有力企業との取引が増加してゆき、その評判により国内企業からの発注も増加していった。一九六六年にはＩＢＭよりＩＣ（集積回路）用サブストレート基板の受注を大量に受ける。そして同年、稲盛は社長に就任する。

京都セラミックは他社が生産できないものへチャレンジすることで大きく躍進したが、その代表例はフェアチャイルド社から依頼された多層セラミックパッケージの開発である。それは二枚のセラミック板を重ね合わせたICを保護するパッケージのことであるが、当時の京セラの技術を遥かに超えたものであった。しかしこの依頼に対しても、まず「できます」と答え、次にいかに開発するかを必死に模索するという方針を稲盛は貫いた。その結果、苦心の末に一九六九年に多層セラミックパッケージの開発に成功する。多層セラミックパッケージは当初は電卓のICに用いられ、やがてコンピューターのMPUや、通信用半導体のパッケージに用いられるようになる。稲盛は出身地の鹿児島に川内工場を新設し多層セラミックパッケージの大量生産を行いアメリカに輸出し、京都セラミックは大躍進することになる。多層セラミックパッケージの開発は後（一九七二年）に大河内記念生産特賞を受賞する。一九六九年、アメリカに現地法人KIIを設立。一九七一年大阪証券取引所第二部、京都証券取引所に上場。一九七二年、鹿児島に国分工場を新設。一九七四年、東京証券取引所第一部、大阪証券取引所第一部に指定された。京都セラミックは一九八二年、グループ内の技術を有機的に結合させることで経営効率を改善すべく、サイバネット工業株式会社、株式会社クレサンベール、日本キャスト株式会社、株式会社ニューメディカルの四社を合併し、社名を「京都セラミック」から「京セラ」に変更した。

KDDIの設立

日本電信電話公社が民営化（NTT）され通信事業に新規参入が認められるようになると、稲盛は電気通信事業への参入を決意する。一九八四年、京セラ、ウシオ電機、セコム、ソニーなどの合弁で第二電電企画を設立し、稲盛は会長に就任する。翌年、第二電電企画は第二電電（DDI）として発足し、第一種電気通信事業の許可を取得する。しかし一足遅れて、国鉄系の日本テレコムと日本道路公団・トヨタ系の日本高速通信が参入を表明する。国鉄は新幹線の側溝に光ファイバーを敷くことができ、また日本高速通信は高速道路の中央分離帯に光ファイバーを設置できるが、DDIは回線を敷くルートを保有していないという完全に不利な状況に直面した。これに関して稲盛は「逆境に武者震いする思いだった」と述べている。DDIは山から山へ基地局を作り電波を飛ばすマイクロウェーブ方式を採用する。そして稲盛はNTTの対抗勢力が結束する必要を感じ、二〇〇〇年、DDIはKDD、IDOと合併してKDDIが誕生し、NTTとの競争による通話料の大幅値下げが実現することになる。

このように京セラは今ではファインセラミック部品に留まらず、太陽電池、ページプリンタ、携帯電話、カメラまで包摂する事業を展開しており、二〇〇三年、資本金一一五七億円、連結で従業員数四万九四二〇名、売上高一兆六九七億円の規模となっている。稲盛は一九八四年に稲盛財団をつくり京都賞を創設、また一九九七年に京都の円福寺にて得度したが、これらは利他の精神を重んじる稲盛の生き方を物語っている。

（加藤　正昭）

◆参考文献

稲盛和夫『ガキの自叙伝』日本経済新聞社、二〇〇二年
加藤勝美『ある少年の夢―京セラの奇跡』NGS、一九九四年
皆木和義『松下幸之助と稲盛和夫』総合法令出版、一九九八年

寺田千代乃

Terada Chiyono 1947–

アート引越センターの創始者

（アートコーポレーション）〔兵庫県〕

不況をチャンスに変える～引越しをビジネスに～

現在は、引越しとなると専門の引越し業者に頼むことが当たり前の世の中になっている。インターネットを活用して一括見積りをし、引越し業者を選択することもできる。荷造りや荷解きをしなくても新居での新生活を送ることも可能になっている。しかし三〇年前は、トラックを借り、家族、友人、知人らに手伝ってもらいながらすべて自分たちで引越しするのが主流だった。専門の引越し業者がなかったのである。

寺田千代乃は、神戸市長田区で生まれた。実家は小さな化粧品店を営んでいたが、父が知人の連帯保証人になったのが原因で店が人手に渡ってしまう。そのため、高校進学をあきらめ、中学卒業後は社会に出た。技術を身に付けるために難波タイピスト学院で和文ライターを学び、インテリアアドバイザーをめざしてインテリア会社で勤務する。その頃出会ったのが寺田寿男（現在、アートコーポレーション代表取締役会長）である。一九六八年九月にトラックのドライバーであった寿男は独立して、大阪府大東市で二トントラック一台で寺田運輸を創業した。その翌月の一〇月に千代乃と寿男は結婚した。当初は高度成長期にあり、仕事は順調に進んだ。

しかし、一九七三年の第一次オイルショックでガソリンが思うように手に入らなくなり、仕事も激減した。現在あるトラックとドライバーを使ってできることは何か探し求めていたある日、千代乃は「引越し貧乏」の新聞記事を目にする。引越し費用が高くつき、家計を圧迫しているというのである。また、引越しにかかる費用として大阪府で一五〇億円は動いているというデータも目にする。オイルショックに関係なく引越しは行われていたのである（一九七三年の移動率は七・八七％、移動数は八五四万人。総務省『住民基本台帳人口移動報告』）。

ところが調べてみると、大手の運送会社は引越し業に本腰を入れておらず、専門の引越し業者がないことがわかる。運送業者に引越しを頼んでも、荷物は決められた場所に単に運ぶだけである。ちょうどこの頃は三種の神器（白黒テレビ、電気洗濯機、電気冷蔵庫）、３Ｃ（カラーテレビ、カー、クーラー）といわれる耐久消費財が各世帯に普及した時代である。また、団地ブームであったがエレベーターのない所が多く、階段で重い荷物を運ばなければならなかったのである。引越しに伴い、トラックで荷物を運送する以外のことがたくさんある、運送業者が片手間にすることではない、引越しは一つの立派なビジネスになる、と千代乃は確信したのである。

だが、運送取扱事業の登録をするために陸運事務所へ行くと、引越しはビジネスとして成り立たないといわれる。ようやく三回目にして登録でき、一九七六年六月にアート引越センター創業、翌年の七七年六月に「アート引越センター株式会社」を設立して千代乃は代表取締役社長に就任した。ここに運送だけでなく荷造りから搬出・搬入までのサービスをも提供する引越し業が千代乃により開発されたのである。

成功の秘訣は宣伝広告～社名、電話番号、コマーシャル～

ゼロからスタートした引越し業を短期間で成功させ、生活者に身近なものと認識させた秘訣はユニークなPR戦略であった。

事業を始めると、まず引越しというサービスと社名を売り込んで認知度を高めなければならない。引越しをするときはどのように業者を探すか、いわゆるマーケットリサーチを友人や社員などに行うことから始めた。そこで得られたのが電話帳で探すという回答であった。同じ載るなら最初にくるような社名にしたいということで、ひらがなでなくカタカナの「ア」で始まり、その次はカタカナより優先される長音「ー」というふうにしてまず「アート」とした。しかし、それでは何の会社かわからないので「引越」を、そして「センター」という言葉が流行っていたのでそれを加えて「アート引越センター」と社名を決定した。後に「アート」に、芸術品のように大切に家財を運ぶというメッセージをこめている。

電話番号については、語呂がいい「１９１９（イクイク）」「１８８１（イチバンハヤイ）」も候補にあったが、最終的には覚えやすく、ゼロからの出発、右肩上がりという意味がこめられた「０１２３」に決定した。今では、この「０１２３」を全国で統一するために、国内で五〇〇回線を保有している。「０１２３」がすでに使われている場合は直接交渉して譲り受けている。

そして、最も私たちにインパクトを与えたのがテレビコマーシャルである。運送業者がテレビやラジオで宣伝広告することがなかった一九七八年に、寺田夫妻が作詞した「荷造りご無用　０１２３　アート引越センターへ」という、一度聞いたら忘れられない一五秒間のコマーシャルを放映したのである。もとはといえば、千代乃がラジオの取材を受けて反響があったことから、テレビのほうが影響力が強いと考えて挑戦しようとしたのだが、三〇〇〇万円を投じることは大きな賭けであった。これにかかる費用は、社員の協力も得て、積み立てと引き換えに無担保無保証で一人二〇〇万円まで借りられる消費者ローンで調達した。結果的には千代乃の読みが見事に当たり、年商三億円が翌七八年には三〇億円と飛躍的に増加した。

日常の生活感覚と自分の経験から生まれたきめ細やかなサービス

どれだけすぐれたアイデアをもっていても、それを商品化できなければ何も意味がない。千代乃は、引越し業の仕事を運搬だけでなく搬出・搬入、荷造り・荷解きなどへ幅を広げ、その全過程で発生するすべてのニーズをたえず生活者の目線に立ってすくいあげ、時代を見据えながらきめ細かなサービスとして提供することを出発点においた。思いついたアイデアはすぐに実行に移して商品化する、それが着実にサービス業としての引越し業を成功させた決定的な要因であろう。

引越し業を運送業とは異なるものとするために、まず電話の応対から変えた。また、きめ細かなサービスを行うために、旧居の荷物を運び出すときに履いていた靴下を新居に上がるときには真っ白い靴下に履き替える、作業をしているとどうしてもシャツが出てきてしまうので見苦しくないように服装はつなぎ服にするといった工夫をした。携帯電話がまだ普及していなかった頃は、引越しの見積り終了後の会社への連絡で電話を借りなければいけなかったので、一〇円玉二枚が入った袋を電話機のそばに黙って置いて帰るといった配慮もした。引越しを依頼する人の視点で、どうして欲しいかを常に探し求めた。

創業後は引越し業を名乗る同業者が増えたが、差別化戦略を展開して他にはない多彩なサービスを先取りして提供していった。千代乃が自宅でゴキブリに悩まされたことから商品化された「走る殺虫サービス」は、一九七九年三月から行われたもので、運送中はコンテナが密閉されているのでその間を利用して引越し先に着くまでに害虫を退治するというサービスである。「エプロンサービス」は、千代乃自身が一九八五年四月に引越しを経験し、新居で必要な荷物を開梱していく中で思いつき、同年一〇月に商品化したものである。荷解きの作業だけでなく、食器洗いや収納、掃除、ダンボールの整理などをすることによって少しでも早く引越し前の生活ペースに戻れるようにしようというものである。

最近では、二〇〇一年六月に「レディースパック」を開始している。「女性による、女性のための、女性の引越」というたい文句で、現在増加しているシングルの女性を対象に考えられたサービスである。これは、「男性よりも同性のスタッフに荷物を扱ってほしい」という要望に応えたもので、ストーカーに悩む女性からの依頼もあるという。

引越しプランも、「搬出」「輸送」「搬入」「セッティング」を基本に、あとはオプションサービスを自由に組み合わせて自分たちで組み立てることができるようになっている（九三年から開始した「おまかせパック」）。引越しは、進学、結婚、就職などとならぶ人生の中の一イベントであるから、引越しをする主人公が満足のできるものを作り上げることができるよう、希望にそったプランづくりの手伝いをしようという姿勢である。

あくなき向上心

引越し業界のパイオニアである千代乃が作り出すサービスを追随者が真似ていく。「０１２３」の電話番号もコマーシャルも今では目新しいものではなくなってしまった。電話帳をみても「アート」の社名の上に他社が並んでいる。しかし、真似されるのはそれだけいいサービスを提供しているからであり、そのサービスが必要とされているからである。真似をされても、千代乃はさらに新しいものを提案し続けている、というより、真似をされるからさらに提案できる、と考えている。他社と同じサービスだけを提供したり真似たりすることはけっしてしない。既存のサービスもさらにメニューを充実させている。

もちろん、サービスの乱発をするのではなく、社訓である「反省と挑戦」の姿勢で時には立ち止まり、間違いはないか省みて実際に使えるサービスを提供している。

しかし、人口の移動率が一九七〇年の八・〇二%をピークにそれ以降低下しており、二〇〇二年は四・七二%（移動数は五九五万人）にまで落ち込んでいる。引越しをする人が減少しているという背景も踏まえ、一九九〇年六月には、「アート引越センター」は「アートコーポレーション」と社名を改め、引越し専業でなく生活総合産業をめざしていることを前面に出して多角化を進めている。生活者の暮らしをサポートする「暮らしを提案する会社」を目標としている。

引越し業界のトップを走り続けて二六年、一九八四年に年商一〇〇億円、一九九五年に三〇〇億円を達成し、今では四〇〇億円の企業にまで育て上げた千代乃は、一九八五年に関西経済同友会の初の女性会員になったのを皮切りに、税制調査会、国会等移転審議会、経済戦略会議の委員や関西経済連合会理事、関西経済同友会代表幹事など、経済界での重要ポストを歴任している。社会に貢献できるよう、夢と目標をもっていつも前向きに進んでいる。

（濱本　知寿香）

◇参考文献

大石静・島崎ふみ『あなたの人生お運びします』エンターブレイン、二〇〇三年
読売新聞解説部編『ドキュメント時代を拓いた女性たち』中央公論新社、二〇〇二年

孫　正義

インターネット財閥
ソフトバンク創業者

（ソフトバンク）〔佐賀県〕

Son Masayoshi　1957–

一九歳の時、人生五〇ヵ年計画

孫正義は一九歳の時、人生五〇ヵ年計画を立てた。

「二〇代で自分の業界に名乗りを上げて、三〇代で軍資金を貯める。四〇代で一兆円、二兆円と勝負できる何かに賭ける。五〇代でそれをある程度完成させて、六〇代で後継者に継承し、三〇〇年間続く企業に仕上げる。」

この計画は順調に進行している。なにしろ夢がでっかい。しかもスケールが大きい。夢のような計画を実行するのだから、並みの人ではない。常に時代を先取りし、挑戦的な方法と手段で次々と新しい事業を展開し、デジタル情報革命を仕掛けている新しいタイプの企業家である。

孫は、佐賀県で在日韓国人二世として生まれた。高校一年の夏休みの時、英語研修のため訪米し、米国の自由な空気と広大さに刺激を受け、米国留学を決意した。語学研修から帰国して両親を説得し、久留米大付属高校を中退して単身米国に渡った。カリフォルニア州の高校に編入し短期間で高校課程を終了して名門カリフォルニア大学バークレー校に進学した。

大学では経済学を専攻し、特に、コンピューターや物理、数学などを勉強した。孫は大学時代、「ポピュラーサイエンス」誌に載ったインテルのチップの拡大写真をみて涙が出るほど感動した。孫は大学の勉強の傍ら、一日一つの発明を心がけ、実用化を試みた。アイデアが思いついたら、その製品の仕様などについてのフローチャート、規格についての仕組みなどを書き、工学部の友人にそれを実用化させるための設計を依頼した。それらの記録をデジタル化して保存した。一年間でおよそ二五〇件発明した。その中で、商品化に成功したのが音声電子翻訳機であった。海外旅行者などが「トイレはどこですか?」と入力すると、〝Where is washroom ?〟と音声がでる仕組みである。孫は、大学の教授らの協力を得て試作機を完成した。これを米国で特許出願するとともに、日米のトップメーカーに売り込んだ。どこも相手にしてくれなかったが、シャープの佐々木正専務は、孫の真剣さに心打たれ電子翻訳機に興味を示し、フランス語やドイツ語を含めた八ヵ国語対応の追加開発費を含めて約一億円で買い取り契約した。

孫は、一〇〇〇万円を開発協力者の大学関係者に成功報酬として支払い、残り九〇〇〇万円を元手に、七九年二月、ベンチャー企業ユニソン・ワールドを米国で設立した。最初はモバイル機器や学習機器の開発を始めたが、収入が少ないため、当時、日本ではやり始めたインベーダーゲームの中古機を安い値段で引き取り、それを大学のカフェテリアや寮などに置いた。これが大当たりし、カリフォルニア最大のゲームセンター経営者となった。孫はユニソン・ワールドを経営しながら、大学に通った。大学卒業と同時に、盛業であったユニソン・ワールドを同業者であった中国人、ホン・ルーに譲って帰国した。

ソフトバンク設立

孫は帰国後、博多で同じ社名のユニソン・ワールドを設立し、一年かけて日本の産業を徹底的に研究した。また、日米間を往復しながら、産業構造を比較分析した。まったく新しい切り口で、誰もやっていないやり方で、新しい事業ができないかと、考えた。約四〇種類の事業を考えた。しかし、起業する上での条件として次のような事項を自らに課した。

一、ある特定のビジネスを始めると決めたら、少なくとも五〇年間熱中できるかどうか。数年間、夢中になっても現実が見えてくると、その仕事に嫌気がさしてしまうのではなく、年を経るにつれて、ますます熱中できるビジネスであること。

一、そのビジネスは当然、儲かる商売・事業であること。

一、少なくとも向こう三〇年ないし、五〇年間は成長が見込める分野であること。

一、将来、企業グループを作ることを前提とし、その核となりうる事業であること。

一、そのビジネスはユニークであり、かつ誰にもやれないこと。

一、大きな投下資本を必要としない事業であること。

一、一〇年以内にそのビジネスで、少なくとも日本のナンバーワンになれること。

孫が選んだ業種は、パソコンソフトの卸売事業であった。博多の経営セミナーで知り合った数人の講師と東京で人材教育事業の経営総合研究所を設立した。一方では孫は経営総合研究所と折半出資で八一年に資本金一〇〇〇万円の日本ソフトバンクを設立した。創業初日に、二人のアルバイト社員を前に朝礼を行った。孫はミカン箱の上に立ち、「わが社は五年以内に一〇〇億円、一〇年で五〇〇億円、いずれ一兆円企業になる」と演説した。これを聞いたアルバイト二人は驚き、翌日バイトを辞めてしまった。

ソフトバンク設立三ヵ月後、大阪で家電の見本市、コンシューマー・エレクトロニクス・ショーが開催された。孫はある金をはたいて出入口近くの一番大きなブースを確保し、ソフトハウス、ソフトの開発会社に電話をかけまくり、「場所と経費はすべてこちらで負担するから、うちのブースで出展し、販売を任してくれないか」と申し出、一〇社余りが応じた。ソニーや松下以上の人気で、ソフトバンクのブースは連日超満員であったが、エレクトロニクス・ショーの後、まったく注文が来なかった。理由は、来場した人がソフトバンク抜きで直接ソフト開発会社と取引したからである。大損をして落ち込んでいる時に、大阪の大手電気卸売り店・上新電機から「パソコン専門の大きなショップをつくりたいので、相談に乗ってもらえないか」という電話がかかってきた。上新電機の社長の話を聞き終わってから、孫はいきなり自分にすべてのソフトの販売を任せてもらえないかと申し入れた。初対面でのこのような独占的な契約の提案に驚いたが、上新電機社長は孫の情熱と真摯な態度に圧倒され、その場で承諾した。

孫はまた、ソフトバンクの事業とは別に「TAG」という雑誌を出版し、データベースシステム事業にも進出していたがことごとく失敗し、一〇億円の借金ができた。借金返済のために孫はNCC・BOXを発明した。八五年にNTTが民営化され、第二電電や日本テレコムなどが相次いで設立された。しかし、割安な第二電電や日本テレコムを使用する場合、NTTと比べて四ケタの余分な数字をダイヤルしなければならない不便さがあった。NCC・BOXはアダプターのようなものでそれを電話機につけると、自動的に第二電電や日本テレコムに接続する機器であった。孫はこの収入で一〇億円の借金を返済できた。

九〇年代に入り、国際的な視野で事業を拡大するために社名を「日本ソフトバンク」から「ソフトバンク」に変更した。孫は日本国籍を取得し心機一転して日本と米国で挑戦的に企業活動を展開した。

米国流大型買収で企業拡大

孫は交渉の達人である。交渉相手がどんな大物でも気落ちせず、堂々と自己主張し、必ず主導権を獲得してみせた。米国の著名な事業家ロス・ペロー（のちに大統領候補としてペロー旋風を巻き起こした超大物）

との合弁会社の交渉の時、話がほぼまとまった段階で、孫は「提携の条件だが、主導権はこちらで握りたい。その理由は、この会社は日本で活動する会社。あなたが二週間に一度、日本に来られるのなら、あなたが社長でいい。しかしそれが不可能なら、私が社長だ。したがって、出資比率はこちらが過半数を握る」と直談判した。ペローは脱帽し、条件通りの提携を承諾したというエピソードがある。

九四年七月、ソフトバンクは株式公開した。初値は一株一万八九〇〇円、三ヵ月後には二万五九〇〇円まで上昇した。孫の持ち株は約一〇〇〇万株、時価換算すると、二五〇〇億円の資産家となる。インターネット財閥をめざしていた孫は、インターネット分野のトップレベルの企業に集中的に投資し、米国流のM&A（買収・合併）手法で事業を拡大した。九四年一〇月にパソコン業界の展示会部門全米第二位のインターロップを二〇〇億円で買収、九五年二月には全米第一位のコムデックスを八〇〇億円で買収した。展示会の全米一位と二位を掌握した。さらに、九六年二月、米国のパソコン雑誌出版最大手のジフ・デイビス・パブリッシングを二一〇〇億円で買収、同年九月には世界最大のメモリ製品サプライヤーのキングストン・テクノロジー・カンパニーを一六二〇億円で入手した。これらの買収に必要な資金調達は銀行の融資のほか、社債発行によって株式市場で調達した。社債発行にあたっては、従来の慣行を打ち破って社債管理を銀行に任せず、財務管理人方式を採用して手数料を節約した。銀行の猛反発を押し切って始めた日本最初の財務管理人方式はソフトバンクの成功によって、新しい流れとなった。

この買収の結果、ソフトバンクグループは、コンピューター関連の見本市および雑誌出版分野において世界一の地位を獲得した。これらの買収は当時のソフトバンクの財務事情からすれば、むちゃな投資ではないかという批判が多かった。しかし、買収した企業は、その分野の世界トップシェアの企業ばかりであり、年間利益は買収前の四〇億円から四〇〇億円に上昇したと孫は豪語し、デジタル情報革命を達成するための一段階として位置付けている。売上高も五二八〇億円（一九九八年度）であった。

デジタル情報革命めざす

一九九六年はソフトバンクの企業拡大の全盛期であった。孫正義は二〇〇〇年の世界長者番付第八位に入った。日本国内では、世界のメディア王・ルパート・マードックと組んで、「JスカイB」を設立し、旺文社からテレビ朝日株を買い取って話題となった。また、ナスダック・ジャパンの創設、日本債権信用銀行（現・あおぞら銀行）の経営権獲得、高速インターネット事業会社設立など、次々と新事業を展開した。高速インターネットは東京電力、マイクロソフトとの共同出資の事業である。

孫のM&Aは一見無原則のようにみられるが、孫自身はデジタル情報革命を遂行するためのインフラ整備の一環として考えている。孫はM&Aに対する一般的なイメージを変えさせた。普通、日本の企業が買収する場合、本社から役員を送り込むなどして経営陣を入れ替えし、リストラが起こりがちであるが、孫は買収前の経営陣をそのまま存続させて、経営者の交代による不安を解消し、社員に安心と希望をもたせることで、やる気を起こさせ、むしろ業績を上げさせる方針をとっている。

ソフトバンクグループは、ブロードバンド・インフラ事業、イーコマース事業、イーファイナンス事業、メディア・マーケティング事業、放送メディア事業、インターネット・カルチャー事業、テクノロジー・サービス事業、海外ファンド事業、などを推進しており、とくに、ブロードバンド（高速大容量）通信事業にグループを挙げてソフトバンクの命運を賭けて取り組んでいる。

（永野　慎一郎）

◆参考文献

江戸雄介『孫正義とマードックとJ・ヤンの野望』コアラブックス、一九九六年

山田俊浩『稀代の勝負師　孫正義の将来』東洋経済新報社、二〇〇〇年

吉田司＋アエラ取材班『孫正義は倒れない』朝日新聞社、二〇〇一年

編集後記

今日の情報化・産業化社会の淵源を手繰ってゆけば一八世紀後半の英国産業革命に行き着く。世界で最初の産業革命が英国で勃発し、一九世紀には順次欧州や米国に、一九世紀末にはロシアや日本にも波及していった。工場制機械工業の展開を土台とした産業革命は、まず綿業を中心とする繊維産業で進展し、製鉄業、機械工業、鉄道業などへと展開するのと並行して、これら諸産業の動力源として蒸気機関が使用されるようになり動力革命（石炭エネルギー革命）も展開した。また、この第一次産業革命期は、産業の主役は綿業などの製造業（軽工業）であり、また産業企業出現の草創期ということもあって、企業家は個人あるいはパートナーシップの形態で比較的小規模生産（企業）から開始したといえるであろう。ゆえに、本書ではこの期を代表する起業家としては、製鉄業者のシュネデールが挙げられる。

欧米諸国での第一次産業革命が完了した一八七〇年代になると、産業界に新しい技術イノベーションの波が沸き起こった。まず鉄から鋼への素材交代が進行して鉄鋼業が飛躍的に発展し、基幹産業となっていった。次いで、電気・通信（電信・電話）・石油・化学・自動車産業など「新産業」と呼ばれる新しい産業が米国を中心にドイツやフランスなどで継続して誕生し、第二次産業革命が展開した。また動力源においても、この期の電気・石油・自動車産業の発展からも想像できるように、石油エネルギー革命が進展した。重化学工業を中心とした第二次産業革命では、フォーディズムのような「米国的製造方式」と呼ばれるような大量生産方式が採用され、量産品を販売するデパート、チェーン・ストア、通信販売など大量販売システムが整備されて、「大量生産・大量販売時代」が到来した。したがって、この期の企業は最初から大規模設備・生産を特徴としたので、産業企業は株式会社の形態をとり大量の資本を集中したことから巨大企業が誕生することとなった。鉄鋼業のカーネギー、電気産業のシーメンスやフィリップス、通信業のロイター、石油業のロックフェラー、自動車産業のダイムラーやフォードなどがこの期を代表する起業家である。

二〇世紀に入り第一次世界大戦、第二次世界大戦を経過するにしたがって、米国が世界における産業発展、経済発展の圧倒的な一大中心地となり、航空機、コンピューター、宇宙・原子力産業などの新しい産業も生まれてきた。また、第二次世界大戦後はアジア諸国にも欧米の産業革命が次第に波及し、経済のグローバリゼーション(世界化)がますます進展することとなった。こうして一九七〇・八〇年代からは、エレクトロニクス・情報通信産業(IT産業)を中心とする第三次産業革命の時代を迎えることになった。コンピューター(IMB)のワトソン、マイクロソフトのゲイツ、ヤフーのヤンとファイロ、ノキアのヴェステルルンドなどがこの期を代表する欧米起業家である。だが、この期の起業家の特徴としては日本ばかりでなくアジア諸国にも世界を代表する起業家が輩出するところとなった。

日本においてもモノづくり産業から始めた起業家たちが第二次世界大戦後、本格的な企業活動を展開し世界を代表する企業につくりあげた。代表的な起業家は、サントリーの鳥井信治郎、ブリヂストンの石橋正二郎、トヨタ自動車の豊田喜一郎、松下電器の松下幸之助、ホンダ自動車の本田宗一郎、ソニーの井深大と盛田昭夫、京セラの稲盛和夫などである。ソフトバンクの孫正義、オーストラリア出身のマードックは、インターネット時代・マルチメディア時代に成功した起業家である。アジア地域ではいち速く経済発展を成し遂げた韓国、台湾、香港から多数の世界を代表する企業が台頭した。サムスンの李秉喆、ヒュンダイの鄭周永、台湾プラスチックの王永慶、エイサーの施振栄、ウィロックのパオ、長江実業の李嘉誠などが代表的な起業家である。

編集委員会

年表Ⅰ『世界の起業家』

年代	主な出来事
1780	クロンプトン、ミュール紡績機発明（英） カートライト、力織機発明（英）
1790	モウズリーネジ切施盤発明（英） ホイットニー綿繰機発明（米）
1800	トレヴィシック蒸気機関車発明（英） フルトン蒸気船発明（米）
1810	スティーブンソン蒸気機関車製作（英） 英穀物法公布 英金本位制採用
1820	英ストックトン＝ダーリントン間鉄道開通 ニールソン熱風炉発明（英）
1830	ドイツ関税同盟成立 モールス電信機発明（米）
1840	米カリフォルニア金鉱発見 英穀物法廃止（自由貿易政策実施）
1850	ロンドン万国博覧会開催 オーストラリア金鉱発見
1860	ノーベル、ダイナマイト発明（端） 南アフリカ、ダイヤモンド鉱発見 スエズ運河開通
1870	ニューヨーク地下鉄開通 ベル電話機発明（米） エディソン電燈発明（米）
1880	ダイムラー自動車発明（独） 仏エッフェル塔建設
90	レントゲンX線発見（独） マルコ二無線電信発明（伊）

起業家の生涯

…ネイサン・ロスチャイルド 1777-1836…

………ウジェーヌ・シュネデール 1805-1875………

…………ヴェルナー・ジーメンス 1816-1892……………

……パウル・ユリウス・ロイター 1816-1899……………

………アンリ・ジェルマン 1824-1905…………………

…アルフレッド・ノーベル 1833-1896……………

ゴットリープ・ダイムラー 1834-1900…………

アンドリュー・カーネギー 1835-1919…………

ン・ロックフェラー 1839-1937……………

……………………………

………………

………………

………

年表

2000	1990	1980	1970	1960	1950	1940	1930	1920	1910	1

ライト兄弟飛行機発明（米）
パナマ運河開通（米）
第一次世界大戦始まる
ロシア革命
国際連盟成立
ソビエト社会主義共和国連邦成立
ニューヨーク株式大暴落・世界大恐慌
米ニューディール政策
第二次世界大戦始まる
ブレトンウッズ会議
国際連合成立
米マーシャル・プラン開始
朝鮮戦争勃発
エジプト、スエズ運河国有化宣言
欧州経済共同体発足
キューバ封鎖事件
米軍、北ベトナム爆撃開始
米アポロ一一号月面着陸、帰還に成功
ニクソン・ショック
第一次石油危機
第一回先進国首脳会議（仏ランブイエ）
第二次石油危機
米包括貿易法成立
米ソINF全廃条約調印
湾岸戦争勃発
EC、マーストリヒト条約調印
ソ連邦崩壊
米同時多発テロ発生
イラク戦争始まる

ジェームズ・フレッチャー 1886-1974
李　秉喆 1910-1987
鄭　周永 1915-2001
林　紹良 1916-
王　永慶 1917-
Y. K. パオ 1918-1991
辛　格浩 1922-
李　嘉誠 1928-
施　振栄 1944-
ビル・ゲイツ 1955-
ヘンリーフォード 1863-1947
ジェリー・ヤン 1968-
アントン・フィリップス 1874-1
デビッド・ファイロ 1970-
トーマス･ワトソン Sr. 1874-1956
ガブリエル・シャネル 1883-1971
ウォルト・ディズニー 1901-1966
ビョルン・ウェストルンド 1912-
トーマス・ワトソン Jr. 1914-1993
サム・ウォルトン 1918-1992
ウォーレン・バフェット 1930-
ルパート・マードック 1931-
張　瑞敏 1949-

年表Ⅱ『日本の起業家』

年代	主な出来事
1840	天保の改革
1850	ペリー提督来航 薩摩藩外輪蒸気船建造
1860	明治維新 東京＝横浜間電信開通
1870	新橋＝横浜間鉄道開通 太陽暦採用
1880	日本銀行創立 東海道本線開通
1890	東京＝横浜間電話開通 金本位制実施
1900	八幡製鉄所操業開始 南満州鉄道会社設立
1910	第二次条約改正（関税自主権の回復） シベリア出兵
1920	関東大震災 金融恐慌
1930	国家総動員法発令 太平洋戦争始まる

起業家の生涯

渋沢栄一 1840-1931
福原有信 1848-1924
中上川彦次郎 1854-1901
御木本幸吉 1858-1954
矢野恒太 1865-1951
豊田佐吉 1867-1930
小林一三 1873-1957
松永安左ヱ門 1875-1971
鳥井治郎 1879-1962
中島知久平 1884-1949
石橋正二郎 1889-1976
豊田喜一郎 1894-1952
松下幸之助 1894-1989

年表

1940	1950	1960	1970	1980	1990	2000
独占禁止法公布 GHQ経済安定九原則発表	朝鮮戦争特需景気起こる サンフランシスコ平和条約調印 国民所得倍増計画	東海道新幹線開業 東京オリンピック開催	変動相場制に移行 第一次石油危機	消費税実施 プラザ合意	バブル崩壊（平成不況） 阪神・淡路大震災	サッカーワールドカップ日韓共催 米同時多発テロ発生

寺田　千代乃 1947-

稲盛　和夫 1932-

山内　溥 1927-

孫　正義 1957-

長瀬富郎 1905-198

本田宗一郎 1906-19

井深大 1908-1997

盛田昭夫 1921-1999

小倉昌男 1924-

世界の起業家50人

二〇〇四年四月一〇日　第一版第一刷発行

著　者　大東文化大学起業家研究会編©
　　　　永野慎一郎他著

発行者　田中千津子

発行所　株式会社　学文社

〒一五三―〇〇六四　東京都目黒区下目黒三―六―一
電　話　〇三（三七一五）一五〇一（代）
ＦＡＸ　〇三（三七一五）二〇一二
振　替　〇〇一三〇―九―九八八四二

印刷　株式会社亨有堂印刷所

乱丁・落丁の場合は本社でお取替します。
定価はカバー・売上カードに表示してあります。
◉検印省略
ISBN4-7620-1304-8